本书受粮食公益性行业科研专项“粮食收获环节损失浪费调查评估研究”（201513004-2）、国家自然科学基金项目“粮食市场化改革以来农户粮食经营行为及其对粮食市场的影响研究”（71273262）、湖南省自然科学基金项目“‘碳拐点’前期中国碳排放结构嬗变及减排机制优化研究”等资助。

土地经营权流转、资源配置与农户收入增长

STUDY ON THE RESOURCE ALLOCATION AND INCOME EFFECT OF LAND MANAGEMENT RIGHTS TRANSFER

史常亮 著

社会科学文献出版社
SOCIAL SCIENCES ACADEMIC PRESS (CHINA)

序　言

2020年，新中国已经走过71个年头。中国农业的发展大体可以划分为前三十年和后四十年两个阶段。前三十年，主要是指1949年至1978年这个时期，中国的农业发展经历了一段曲折反复的过程。从1949年到1956年，中国处于从土地改革、分田到户、一家一户的家庭生产，到互助组、初级合作社的互助合作生产。这个阶段，农地等农业生产资料属于农户私有。之后，广大农户被强制进入高级合作社、人民公社体制，农地等生产资料收归集体所有，实行政社合一、集体统一经营的模式。由于这种生产关系的变革过于激进，没能调动起广大农民的生产积极性，中国农业生产长期处于缓慢增长甚至停滞状态，人民温饱一直得不到解决。回头看来，人民公社所实行的集体所有、统一经营模式是社会主义阵营国家的一次大规模试错的一部分。后四十年主要是指1978年至今，中国农业发展表现为快速稳定发展阶段。以20世纪70年代末80年代初中国农村改革开放为始点，新中国进入了农业发展的后四十年。众所周知，改革首先是从农村土地的家庭承包经营权开始的，农地经营权重新回到农户手中，农户又重新成为农业生产经营主体。在这四十年中，中国逐步从计划经济向商品经济转变，进而过渡到市场经济体制，农产品、土地、劳动力、资金、技术、农业社会化服务的市场从无到有，商品、要素和服务的价格也一步步走向了市场化。

现在，几乎所有的商品、服务和大多数的要素价格都市场化了，农地是最后一块堡垒。但随着市场化的推进，农地市场也正在松动和改革进程中。法律上对农地流转从禁止到允许再到鼓励、政策上从农地确权到“三权分置”再到“三块地”的改革试点，正在逐步推开。在涉及农村土地的问题上，可以看出政府的每一步都小心翼翼，不敢越雷池半步。我们理解政府对于农村土地改革的谨慎做法，同时也对未来的改革和突破保持乐观。毕竟，党的十八届三中全会确立了市场要在资源配置中起到决定性作用的政策宣示。

从改革伊始，“三农”问题就是改革工作的重中之重，我们取得了举世瞩目的成就，但也面临着一个个严峻的挑战。随着改革进入深水区，已经没有现成的或可复制的经验可循，我们“摸着石头过河”的难度也更大了，对我们“三农”领域的研究者而言，责任也更重了，但也给一切实践者和研究者提供了更多的用武之地和发挥自己聪明才智的机会。改革开放四十余年，我们都亲身经历了这场发生在中华大地上的伟大变革。成长于改革浪潮中的青年一代研究者逐步肩负起思考、研究、阐述中国改革进程中热点、焦点、难点问题的重任。青年学者史常亮博士对中国农村土地问题进行了长期的思考与研究，阅读了海量的文献并开展了广泛的基层调研，坚持将理论与实践相结合，用脚做学问，真正做到了“三农”学者应该坚持的务实态度。看到史常亮博士这样的青年学者能够脚踏实地从掌握大量材料出发有理有据地分析当前“三农”改革遇到的关键问题，并试图对这些问题背后的逻辑进行梳理，提出可供选择的解决方案，这是非常令人欣慰的。史常亮博士这本书，是他对中国农村土地流转问题长期思考与研究的结晶，在详尽分析农户土地流转行为与权利状况的基础上，在理论和实证层面系统地检验了土地流转对农村资源配置及农户收入的影响。不仅提出了完整的“土地流转—资源配置—农户收入增长”理论分析框架，在实证方法上也有所创新，弥补了以往研究在实证方法上的缺陷。无论对于理论研究者、产业实践者，还是对于政府和公众机构，本书都非常具有参考价值。

中国农村土地改革的大幕才刚刚拉开，真正精彩和高潮的篇章还没有到来。中国农地、宅基地和集体建设性用地平稳有序地入市，才是中国农业土地改革的精彩和高潮篇章。为了迎接这些精彩和高潮篇章的到来，需要许多研究者做大量的基础性研究和基于研究结果得出的创造性判断。我们希望，对这些基础性研究和创造性判断的形成能够多一些支持，少一些干扰；我们还希望，这些基础性研究和创造性判断能为决策者提供更多的参考和决断依据。

正如“三农”问题的复杂性一样，我们在改革中所面临的诸多问题，不可能有现成的答案。改革还在进行，改革没有结束，对农村土地问题的研究也在继续。我作为著者的博士指导教师，期望史常亮博士继续深入基层调查研究，勤于述著，争取为中国农村土地的研究和改革多增一块砖，多添一块瓦。

是为序。

中国农业大学 教授 博士生导师

朱俊峰

2020 年国庆节于北京

contents

目 录

第 1 章　导论 ………………………………………………………… 1

1.1　问题提出 ………………………………………………………… 1

1.2　研究内容 ………………………………………………………… 5

1.3　研究方法 ………………………………………………………… 6

1.4　研究意义 ………………………………………………………… 7

1.5　研究创新 ………………………………………………………… 7

第 2 章　文献综述与分析框架 ……………………………………… 9

2.1　国内外研究现状 ………………………………………………… 9

2.2　对已有研究的述评 ……………………………………………… 29

2.3　分析框架 ………………………………………………………… 32

第 3 章　中国农村土地流转政策的演进及其目标 ………………… 34

3.1　中国农村土地流转政策的演进及其特征 ……………………… 34

3.2　中国农村土地流转的政策目标分析 …………………………… 44

3.3　简要结论 ………………………………………………………… 46

第 4 章　农户土地流转行为与土地权利状况调查分析 …………… 47

4.1　引言 ……………………………………………………………… 47

4.2　调查方法与样本结构 …………………………………………… 48

4.3　调查结果分析 …………………………………………………… 54

4.4　本章总结 ………………………………………………………… 76

第 5 章　土地流转的耕地资源优化配置效应分析 …… 78

5.1　引言 …… 78

5.2　数理模型 …… 81

5.3　方法和数据 …… 84

5.4　对土地流转耕地配置效应的检验 …… 95

5.5　对土地流转在生产方面的潜在收益评估 …… 111

5.6　本章总结 …… 113

第 6 章　土地流转对农户劳动力资源配置的影响分析 …… 115

6.1　引言 …… 115

6.2　数据、变量与描述性证据 …… 119

6.3　模型与估计方法 …… 130

6.4　实证结果分析 …… 133

6.5　本章总结 …… 147

第 7 章　土地流转对农户收入的影响分析 …… 149

7.1　引言 …… 149

7.2　理论分析与研究假说 …… 151

7.3　数据来源与模型构建 …… 153

7.4　不同流转类型农户特征与收入差异 …… 155

7.5　实证结果及分析 …… 158

7.6　进一步讨论：谁从土地流转中获益更多 …… 167

7.7　本章总结 …… 175

第 8 章　结论与展望 …… 177

8.1　基本结论 …… 177

8.2　政策启示 …… 179

8.3　研究展望 …… 181

参考文献 …… 182

第1章　导论

1.1　问题提出

当今中国最大的问题仍然是农民问题，而农民最大的问题则是土地①问题（杜润生，2005）。始于20世纪70年代末的家庭联产承包责任制通过土地均分到户的制度安排，将土地使用权从所有权中分离出来，激发了农民的生产积极性，被认为是导致80年代初期中国农业爆发式增长的首要原因（如Lin，1992；Huang and Rozelle，1996）。然而，随着时间的推移，这项以土地均分为特征的制度改革红利已消耗殆尽；其不足之处，如耕地细碎化经营、耕地配置扭曲和利用低效率等，却随着工业化、城镇化的快速推进和农村劳动力的大规模非农化转移而日渐凸显（贾生华等，2003；许庆，2008；罗必良，2016）。

针对现行土地制度的不足，培育农村土地市场、允许农民有偿流转土地，被认为是当前深化农村土地制度改革的必然选择。自20世纪80年代中后期以来，中国农村土地制度的一系列改革也都是围绕着稳定、强化农民的土地承包权和鼓励、激活土地经营权市场化流转两个方向推进的（钱忠好，2003a；罗必良，2014）。尤其是2014年中央“1号文件”提出“三权分置”的农村土地制度改革思路后，“坚持农村土地集体所有权，稳定农户承包权，放活土地经营权”已成为新时期深化农村土地制度改革的基本方向。

① 本书中所有提及的土地指的都是农耕地，不包括农村建设用地和宅基地等。文中所出现的“农村土地”“土地”“耕地”以及“农地”是同一概念。

在中央和地方政府的积极推动下，过去十几年里，中国农村土地流转[①]获得了快速发展。根据农业部经管司、经管总站公布的数据，2005 年，全国家庭承包耕地流转面积只占到家庭承包经营耕地面积的 3.07%，而到 2016 年年底，这一比例已经达到 35.1%，增加了 32 个百分点；流转出承包耕地的农户达到 6788.9 万户，占家庭承包农户数的 29.7%，与 2009 年相比增加了 17 个百分点。如此大规模的土地流转，不仅对农村经济发展产生了巨大影响，而且也深刻改变了农户家庭内部的土地资源和劳动力资源的分配，不可避免地对农户的生产生活产生影响。

本书评估土地流转对农户的影响。作为重新配置资源的重要手段，土地流转同时被赋予了优化耕地资源配置、保障粮食安全、改善农业经营绩效、促进农民增收、促进农村劳动力转移和提高劳动生产率等多重功能和使命。因为土地流转政策目标的多重性，相应的，其影响必定也是多元的。面对如此众多既统一又矛盾的土地流转政策目标，要找到一个综合评判以上各种目标的共同指标，对土地流转的影响给出一个单一的判断是极其困难的，甚至是不可能的。农户是土地流转的直接参与主体，也是土地流转的最大受影响群体；同时，从政策制定者的角度出发，作为“三农”问题的核心，增进农民收益、保障农民土地权益无疑是引导和规范土地流转的重要政策目标之一（陈锡文，2017）。因此，本研究拟从农户的视角出发，通过考察土地流转给农户生产生活带来的影响，进行土地流转效应评估。

本书中土地流转对农户的影响分为两个方面：一是对农户家庭资源配置的影响，包括耕地和劳动力这两类资源[②]；二是对农户家庭收入的影响。理论上讲，农户参与土地流转的过程同时也是一个家庭资源优化配置和家庭收入最大化的过程。由于在农户之间存在着农业生产能力和非农业生产

---

① 本书中土地流转指土地经营权流转，即拥有土地承包经营权的农户在承包权不变的前提下将土地的经营权以转包、出租等形式流转给其他农户或经济组织。文中所出现的“土地经营权流转”“土地流转”是同一概念；“土地转入”与“土地租入”，“土地转出”与“土地租出”是同一概念。

② 选择这两类资源，一是基于农户家庭资本和金融等要素匮乏、土地和劳动力要素仍占主导的现实，另外一个重要原因是中国农村地区所面临的较严重的人地矛盾（李宁等，2017；仇童伟，2017）。

能力的差异，在没有土地流转市场[①]时，农业生产能力高的农户的生产水平是受限的，因为，虽然他们的能力更高，却得不到足够多的土地（陶婧，2009）；而对于具有非农业比较优势的家庭，由于无法在市场中将其多余的土地完全租出，他们的生产水平也是受限的，因为他们需要将原本应该从事非农工作的劳动力配置到农业生产中，以避免丢失土地承包经营权以及从事农业产生的收入（陈媛媛、傅伟，2017）。土地流转市场的发育扩大了农户的机会选择集，想要转入土地扩大生产的农户，可以方便地获得更多可供支配的土地，释放其生产力，并得到更多的农业收益；而想要转出土地的农户，也可以脱离土地的束缚，自由地进行劳动力的非农转移，并获得更多的非农收益。因此，配置是过程，收入则是配置结果的最终体现。

对于中国农户而言，土地流转市场的建立与发展将会对其家庭资源配置和收入产生什么样的影响，对此学术界还没有定论。一些学者相信，市场机制是更有效的配置资源的方式，土地流转市场的发育提高了农户家庭的资源配置效率，而且所有的农户都能够从土地流转中获益；另一部分学者则担心，在市场机制的作用下，可能会出现土地的过度集中，使广大小农户处于最不利的地位，以致农村收入分配结构的恶化。遗憾的是，虽然争论很激烈，但辩论的双方经验证据都不多。本书希望通过研究土地流转对农户家庭资源配置及收入的影响，对这些争论进行检验。本书将集中回答以下几个问题。

第一，耕地资源在农户之间的配置不仅取决于其初始的产权界定，还受农村土地市场发育程度的影响。在中国农村现有土地制度框架下，土地流转是实现耕地资源优化配置的重要手段。那么，目前进行的土地流转是否起到了优化配置农户耕地资源的作用？那些农业生产能力更高的农户能否通过土地流转市场获得与其生产能力相称的土地？

第二，土地市场和劳动力市场密切联系，土地流转市场的发展能消除当前家庭承包经营对劳动力转移的制度性障碍，为劳动力的永久转移提供

① 本书中土地流转市场是指将土地作为一种最基本的生产要素，在土地产权（主要是经营权）流动过程中所发生的土地供求双方的关系及整个产权交易过程中的各种活动和经济关系的总和。文中所出现的“土地市场”“土地流转市场”是同一概念。

基础。然而，当前我国大部分地区的土地流转市场发育程度都很低，一些农户对土地流转的需求仍无法得到满足。土地流转市场的这种不完善性将会给农户家庭的劳动力资源配置带来何种影响？特别是，考虑到目前农村劳动力市场也存在不完善性，这是否同时还会给农户带来劳动生产率的损失？

第三，土地流转同时还具有福利改进的意义。理论上讲，通过让“务工者无羁绊，耕种者有沃土”，土地流转可以最大限度地实现土地的增收价值，增进农户的整体福利水平。但是，绝对收入水平的提高并不代表土地流转对收入分配同样有正向的作用。土地流转对农户收入到底有何影响？不同收入的群体能否平等地获益于土地流转？如果不能，那么究竟是哪部分群体从土地流转中获益更多？

在评估土地流转的影响时，还有一个基本问题尚须回答：现有的土地流转市场是否完善。换句话说，现行市场能否保证那些有意参与土地流转的农户都能够真正参与到土地流转过程中？其背后的政策含义是，消除土地流转市场运转的障碍，允许农户在现有租金水平下实现他们参与土地流转交易的意愿，对农户资源配置效率、家庭收入以及农村收入分配还能有多大程度的改善，抑或产生不利影响。在这方面，已有文献的分析多以一个发育良好的土地流转市场为前提。然而，调查和研究表明，现有的土地流转市场并不那么完善，在土地的供给和需求方面都存在着大量的配给（ration）情况[①]（金松青、Deininger，2004；罗思高等，2006；章奇等，2007），不仅一些有流转愿望的农户在现实中无法真正实现流转（张照新，2002；马瑞等，2011；魏后凯、刘同山，2017），而且还有很大一部分农户对耕地的需求不能得到有效满足，自身的生产经营能力未能得到充分发挥（钱忠好，1999）。本书也同样关心现有的土地流转市场能否保证农户完成他们所愿意进行的所有土地交易，并引入“配给”概念，分析由于市场发育不完善而导致的土地流转配给对农户家庭资源配置效率及收入分配

① 正如在农村信贷市场中所广泛存在的配给现象一样，在当前给定的租金水平下，如果农户具有土地转入需求，但是其需求没有得到满足，我们就说该农户受到了土地流转配给。具体有两种情形：其一是农户愿意参与土地流转，但实际并未发生流转，即需求完全得不到满足，定义为完全配给；其二是农户愿意流转土地，但只流转了小部分土地，实际流转的土地数量低于愿意流转的水平，即需求仅得到部分满足，定义为数量配给。

的影响。

1.2　研究内容

针对中国农村土地流转市场发展及其在耕地资源配置、农民减贫增收方面的作用所存在的诸多争议，本书力求在经验研究的基础上给予正面回答，最主要关注以下五个议题。首先，要回答中国当前的农村土地流转现状如何，呈现哪些特点和规律趋势，这一方面需要从时序角度，对中国土地流转的发展历程、阶段特征做出研判和解读；另一方面需要从截面角度，对土地流转中农户的行为特征、各项土地权利政策的落实情况进行分析和考察。其次，要回答现行土地流转是否起到了优化配置农户耕地资源的作用，尤其是要关注土地流转在提高农业生产率中所起到的作用。再次，从当前农村土地流转市场发育还不够完善、一些农户对土地流转的需求仍无法得到有效满足的现实出发，分析这种市场的不完善性对农户家庭劳动力配置决策的影响，并评估由此可能造成的劳动生产率损失。复次，考察土地流转对农户收入的影响，并分析对于不同收入水平的农户而言，这种影响是否存在异质性，以及哪些农户更可能从土地流转中获益更多。最后，立足于经验研究结论，从培育和完善农村土地流转市场、提高贫困农户参与土地流转市场的能力等方面提出政策建议，从而推动农村土地流转又好又快发展。

总的来说，本书在收集历史统计资料和具有全国代表性的农业部农村固定观察点数据的基础上，对中国农村土地流转市场发展的趋势和特点进行描述，并从农户家庭资源（包括土地和劳动力）配置和收入增长两个方面，分析和评估土地流转对农户生产生活所带来的影响，以厘清对加强土地流转市场建设的认识，从而为进一步深化土地流转制度改革，完善现行农地制度提出有针对性的政策建议。具体来看，本书共分为 8 章，其中前两章为导论和文献综述；第 3 和第 4 章分别从时序和截面角度对中国农村土地流转的阶段特征、趋势和现状进行了描述统计；第 5 ~7 章是对土地流转经济效应的评估和分析，包括对农户耕地资源配置的影响、对农户劳动力资源配置的影响以及对农户收入的影响三个方面；第 8 章是对研究主要结论的总结，并基于经验研究结论提出了相关政策建议，最后还针对研究存在的不足进行了分析。

1.3 研究方法

本书的研究方法主要以经验实证研究为主。当然，在各章具体的分析过程中，也综合采用了其他研究方法。

1. 理论研究

运用经济学理论来分析影响农户土地流转、劳动力配置和收入的变量来源；使用农户模型对土地流转与耕地资源配置的关系进行理论分析；另外，还使用文本分析法对中国农村土地流转的政策目标进行提炼总结，等等。在此基础上，本书对中国农村土地流转问题的现实情况进行剖析，并结合有关发展理论和分配理论，对推进农村土地制度改革做出实事求是的判断，并提出相关建议。

2. 实证研究

本书侧重于利用经验实证的方法来对中国的农村土地流转问题进行研究。首先，通过描述性统计的方法对中国农村土地流转市场发展的最新情况和特征进行考察。其次，运用计量经济学方法来实证分析土地流转对农户资源配置及收入的影响。再次，通过拟实验经济学的方法来设计一组实验，从而在实验室环境下模拟获得个体的反事实假设，进而对农户转入（或流转）土地所能获得的农业生产收益（或收入）进行测算。可以说，无论是在分析农户的土地流转行为，还是在土地流转的影响评估方面，实证研究方法始终贯穿于全书的内容中。

3. 应用研究

在计量与实验方法的基础上，我们通过政策分析来观测和解释近年来中国农村土地流转规模扩大的原因，并科学评估土地流转对农户生产生活的影响程度，从而有针对性地发现政策在制定、实施和反馈过程中的问题，并最终为未来的农村土地制度改革提供依据、提出建议。特别的，我们强调使用数据分析与政策分析相结合的方法，一方面，通过数据分析获得有说服力的证据，并将其作为对土地流转政策效应进行评判的基本依据；另一方面，通过政策分析来观测和解释近十年来土地流转规模迅速扩大的原因。最后，通过这种应用式的研究方法，来获得未来农村土地制度改革的基本取向，从而为制度设计和政策调整提供基础。

1.4　研究意义

本书的研究意义首先体现在其是对现有土地流转问题研究的重要补充。土地流转无疑是关系中国今后相当长时期经济社会发展特别是农村发展的重要课题，但综观这方面的研究，大都仍集中于对农户土地流转影响因素的分析；而反向探讨“土地流转会给农户带来什么影响”的研究并不多见，特别是缺乏严谨的实证分析，导致争论很多而证据很少。在各地土地流转已成事实并迅猛发展的背景下，这种研究现状显然已经与现实要求脱节。本书希望对这一方面做一个重要补充，探讨土地流转对农户家庭资源配置及收入的影响。

本书的现实意义体现在以下方面。第一，目前，我国土地流转探索正步入“深水区”。一方面，全国土地流转的增速自 2014 年开始放缓；但另一方面，还有一些农民想出租土地却没人承接、想转入土地却流转不到土地。深化改革迫在眉睫，而要确定下一步改革的方向，首先必须对这套土地制度安排的绩效予以客观评价。第二，当前土地流转承载了多重期待，讨论很多，分歧也很大。本书围绕土地流转政策的预期目标，对土地流转的影响进行评估分析，相关成果不仅可以为此领域提供新的经验证据，澄清理论界一些旧有的模糊认识；而且可以为政府管理和调节农村土地流转市场提供理论基础和实践启示。

1.5　研究创新

与已有文献相比，本书的贡献体现在以下三个方面。

第一，为加强土地流转市场建设的重要性提供经验证据。在已有的文献中，不少研究已经探讨过土地流转市场活跃性的决定因素，而关于土地流转对农户生产生活影响的研究却较少，研究后者可能更为重要。特别是在全国土地流转加速的背景下，越来越多的农户通过参与土地流转市场以实现家庭资源的最优化配置，土地在农户间的转移变得越来越普遍。本书从农户视角，评估土地流转市场的建立和发展对农户家庭资源配置及收入的影响，拓展了这一领域的研究。

第二，引入“配给”概念，分析了由于市场发育不完善而导致的土地流转配给对农户家庭资源配置及收入分配的影响。农村土地流转市场的运作一直为经济学家所关注，但是大多数分析是以一个发育完善的土地流转市场为前提，讨论的往往是现实中实际发生了土地流转行为的农户，而忽视了对那些“有流转意愿，但没有真正发生流转行为”的农户的关注和考察。就现实意义而言，后一部分农户的需求更应是我们关注的重点，因为它预示了现有的土地流转市场是否完善、现行市场在多大程度上发挥了自己的潜能，以及未来改革所能释放的潜力大小。本书使用的调查数据同时涉及农户的土地流转意愿和实际流转行为，从而允许我们对这一问题进行深入探讨。

第三，研究方法上的应用创新。到目前为止，虽然已经有一些文献关注了土地流转对农户家庭资源配置及收入的影响，但是这些研究大多存在计量方法上的缺陷。譬如，在分析农户土地转入和转出行为影响因素时，将二者割裂开来分别建模，忽视了它们是家庭同时做出的两个决定，都部分取决于家庭的特征或偏好；估计土地流转的收入效应时，对农户参与土地流转时存在的“自选择”[①] 问题讨论不足，结果容易受到内生性的挑战，同时也没有考虑处理效应的异质性问题；计量模型选择缺乏对被解释变量的数据分布特征的关注，等等。本书在实证分析时对这些问题予以特别关注，并引入合适的计量方法，对其进行妥善处理。

① 自选择既可能来自可观测因素，也可能来自不可观测因素。已有文献多借用倾向得分匹配（PSM）方法对自选择进行控制，但是该方法只能解决由可观测因素带来的选择偏误问题，而无法解决基于不可观测因素的选择所造成的估计偏误。

第2章　文献综述与分析框架

土地流转的快速发展是当前中国农村最引人注目的经济活动。在已有的文献中，学者们主要分析了影响农户土地流转行为的诸多因素，而对于土地流转的影响（或效应）的讨论却相对较少。结合本书的研究需要，本章从四个方面回顾土地流转的相关文献①，然后进行文献述评，总结已有研究取得的进展和存在的不足。在此基础之上，我们提出一个整体性的分析框架。

2.1　国内外研究现状

2.1.1　有关农户土地流转影响因素的研究

国内围绕如何推动农村土地流转的政策研究极为广泛。其中，早期的研究或采取宏观叙事的方式，集中于发展方向、道路之类的战略研究（张红宇，1998，2002；马晓河、崔红志，2002）；或采取就事论事的方式，侧重于对具体案例和实践经验的剖析和讨论（《中国土地问题》课题组，2010；孔祥智等，2013；Ito et al.，2016；罗玉辉等，2016）。土地流转的主体是农户。在土地流转中，农户的态度与行为直接决定着土地流转的效率，关系到土地流转市场的运行和发展。近年来，随着微观数据日渐丰富，从农户这一微观层面讨论中国农村土地流转市场发展缓慢的原因的研

① 值得注意的是，中国农村土地实行集体所有制，不存在个体意义上的所有权，土地承包经营权流转或土地经营权流转都是在农村集体土地所有制的前提下产生的。在有关外文文献中，虽然也有学者使用土地流转（land transfer）这个概念，但更多的使用土地租赁（land rental/lease）。

究逐渐增多。从掌握的文献看，这些因素包括以下几个。

1. 地权稳定性

有学者认为，现行土地产权制度最主要的缺陷在于地权的稳定性得不到有效保障（韩俊，1999）。其中土地频繁的行政调整被认为是地权不稳定的主要表现（俞海等，2003）。已经有文献在这一领域进行了大量有益的探讨，这部分文献的注意力主要集中于地权稳定性对农户农业投资尤其是长期性投资的影响（参见综述文献吉登艳等，2014），但是稳定的地权对土地流转市场发育的影响也是同等重要的。虽然有学者指出，由于土地调整所导致的不确定性和较短的计划期限，会减少市场化的土地流转活动（钱忠好，2003a，2003b；陶然、徐志刚，2005；叶剑平等，2006，2010），但缺乏有力的实证支撑。一个广被引用的说法是，村干部可能将出租土地看成是土地太多的信号，从而在下一轮土地调整时导致出租的土地被收回（Yao，1996；Yang，1997），因此农户一般不愿意进入土地市场。但现实中，因为出租土地导致农户土地被收回的情况极少发生（姚洋，2002）。还有一种说法是，土地调整导致的地权不稳定会降低农户转入土地的意愿，进而阻碍土地流转市场的发育（Brandt et al.，2004b；Wang et al.，2015；Yan and Huo；2016）。但是，土地调整有利于农村劳动力的外出流动，会促进农户转出土地，同时也将增加流转市场上的土地供给（田传浩、贾生华，2004；田传浩、方丽，2013）。因此，土地调整对土地流转的影响并不确定。事实上，钟甫宁和纪月清（2009）的经验研究表明，地权的稳定性对土地流转需求和供给的影响都很小，对土地流转总量也没有显著影响。Fafchamps 和 Pender（2000）对埃塞俄比亚的研究也认为，没有直接证据表明土地的定期调整会阻止土地流转市场的发育，那些愿意租出土地的农户也不会因为害怕在下一次调整中失去土地而选择不租出。Brandt 等（2004）、金松青和 Deininger（2004）基于对中国农村土地流转市场的实证分析认为，一个好的土地产权并不是土地流转市场发育的唯一条件。

如果说地权的残缺和不稳定会阻碍土地流转，那么确权是否就一定会促进土地流转呢？恐怕未必见得。从 2009 年开始试点实施的新一轮土地确权制度首次在实测基础上对农户承包地进行登记颁证，许多研究检验了其在促进农户土地流转中的作用①。遗憾的是，尽管舆论的期待非常高，但对于确权所引致的土地流转效应并未获得一致的实证支持。一些文献从“确权降低交易成本”“确权提升土地产权强度”的角度，发现确权确实显著提高了农户的土地转出率以及土地转出面积（Yan and Huo，2016；程令国等，2016；付江涛等，2016；丁玲、钟涨宝，2017；Min et al.，2017）。但也有文献针锋相对地予以反驳，认为确权并未对农户的土地转出行为产生显著性影响（胡新艳、罗必良，2016；林文声等，2017）；与未确权户相比，确权户的土地流转参与率、参与意愿并无明显提高（罗必良，2017）；确权甚至对农户参与土地流转具有抑制作用（蔡洁、夏显力，2017）。从国际经验看，这种分歧同样存在。在 Feder 和 Nishio（1998）对泰国、Galiani 和 Schargrodsky（2010）对阿根廷，以及 Yami 和 Snyder（2016）对埃塞俄比亚的调查研究中，都能够找到确权促进土地流转的证据；但与此同时，Jacoby 和 Minten（2006）对马达加斯加的研究却表明，没有证据可以证明土地登记一定会促使土地转出，那些已进行登记的地块的转出概率反而更小。

如何解释上述不一致？一些学者引入禀赋效应概念，认为确权强化了土地的禀赋效应，进而抑制了土地的流转（罗必良，2016）。也有学者指出，中国农村现有的土地制度并不构成土地流转市场发育的障碍（姚洋，2000），土地的行政性调整和土地市场流转两者具有不同的形成机制，并不必然存在相互阻碍、相互制约关系（刘克春、林坚，2005）。还有学者则认为，一方面，自二轮承包后，全国各地的土地调整已不是很频繁，大范围的“小调整”几乎没有，农户的地权稳定性已经较高（钟甫宁、纪月清，2009），其土地流转不应该再因为地权问题而受到阻碍（刘芬华，2011）；另一方面，无论是从产权期限还是从产权范围看，现阶段农村内部的土地产权都是较为明晰的，确权对产权边界的再确认作用有限，自然影响到流转的可能性也低（罗明忠等，2017）。这些解释在特定的视角下都有各自的说服力（胡新艳等，2016）。

① 还有一种确权度量方式是以“是否发放土地承包合同或承包经营权证书（简称‘双证’）”为标准，这主要对应于 2009 年以前“强化农户经营主体地位，稳定承包经营权”等一系列的确权制度改革（胡新艳、罗必良，2016）。

2. 土地的保障功能

土地，既是农村经济社会的根本，也是大部分农民赖以生存的主要生产资料，是农民的“命根子”。基于此，一些学者认为，在农村社会保障体系不完善的情况下，对土地的生存性依赖是抑制土地流转的重要根源（姚洋，2000；邓大才，2001；陈剑波，2006；钟文晶、罗必良，2013；Yan and Klein，2013；刘云生、吴昭军，2017；邹宝玲等，2017）。只有当农民有稳定的收入来源，或者说不再依赖于土地生存时，土地的市场流转才有基础（张红宇，2002；金松青、Deininger，2004；何国俊、徐冲，2007）。因此，要促进土地流转，必须将土地附属的就业和社会保障作用同土地的生产功能彻底剥离（闫小欢、霍学喜，2013；钟士宇等，2014）；或者建立健全农村社会保障制度，使得制度性社会保障能够有效弱化甚至替代土地的社会保障功能（王银梅、刘语潇，2009；赵光、李放，2014；聂建亮、钟涨宝，2015）。

然而现实是，大部分农民的生存和收入正在逐步摆脱对土地的依赖。过去十几年里，农村居民家庭收入中来自农业的比例明显下降，绝大多数农民已不再以农业为生，农业对于不少农户而言正在由“主业”变成“副业”（周振等，2015）。而由于“三权分置”的提出，农民可以在让出土地经营权的同时保留承包权，某种程度上可以说已经实现了对土地社会保障功能的剥离（孙德超、曹志立，2018），或者说土地流转的大部分形式保留了土地对农户的社会保障和社会保险功能，但本来预期可流转的土地并没有因此得以释放进入市场流转（刘芬华，2011）。更重要的是，有学者质疑土地的社会保障功能被过分夸大了（刘子兰，2003），若果真是这样，那么其在土地流转中的阻力或许就并没有人们想象中的那么大。

3. 交易成本

这里的交易成本（transaction costs，又称交易费用）是指在土地流转过程中，流转双方为寻找流转对象所涉及的搜寻成本，谈判和签订流转协议所产生的谈判成本、合同签订成本，以及执行、监督协议等所产生的履约成本等；在更广的含义上，还包括各种制度瓶颈以及具体操作的行政流程（如游说村干部的成本）等（Otsuka and Hayami，1988；Skoufias，1995；刘克春、苏为华，2006；Kimura et al.，2011；陈媛媛、傅伟，2017）。作为一种非生产性成本，过高的交易成本将降低农户参与土地流转的可能性，导致流转双方的交易量都难以扩大（Skoufias，1995；Dong，1996；Key et al.，2000；Crookes and Lyne，2003；Brandt et al.，2004；Teklu and Lemi，2004；Holden and Ghebru，2005；冀县卿等，2015；Huy et al.，2016）。这可以用图 2－1 来加以说明。图中，*MR* 是农户土地经营的边际收益曲线，*P* 为土地流转价格，C_1和 C_2分别表示由转入方和转出方承担的土地流转交易成本，Q_1、Q_2分别为其初始的土地经营面积。如果不存在交易成本，*MR* 与 *P* 相交于 E_1点，此时最优土地经营规模为 X_1，转入户理想转入土地面积为 Q_1X_1，转出户理想转出土地面积为 X_1Q_2。然而，市场总是不完善的，农户土地流转过程中存在交易成本，并且该成本随着土地交易量的增大而增大。此时，转入户的均衡点由 E_1变为 E_3，转出户的均衡点由 E_1变为 E_2。相应的，转入户的实际转入土地面积变为 Q_1X_3，与理想条件下（不存在交易成本）相比减少 X_3X_1；转出户的实际转出土地面积变为 X_2Q_2，与理想条件下相比减少 X_1X_2。可见，土地市场中交易成本的存在，既抑制了转入户转入土地，又抑制了转出户转出土地，最终阻碍了土地流转市场发育。

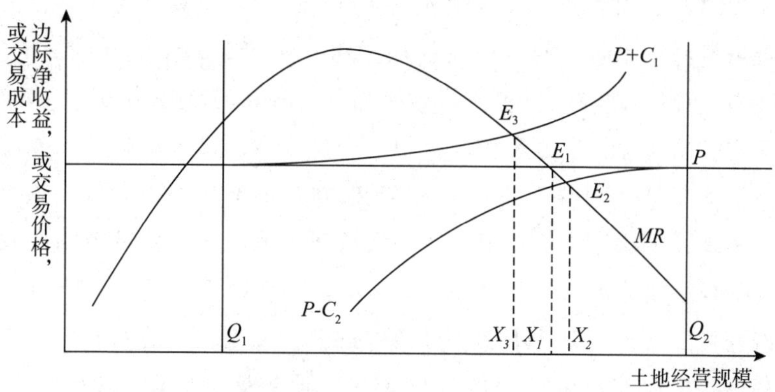

图 2－1　交易成本对农户土地流转行为的影响

资料来源：冀县卿等（2015）。

交易成本不仅影响农户实际的土地流转行为；而且由于交易成本的存在，一些原本有意参与土地市场交易的农户可能就不参加了（姚洋，2000；钱文荣，2003）。Carter 和 Yao（2002）、金松青和 Deininger（2004）基于农户模型的分析表明，由于交易成本的存在，有些原本该进入流转市场的农户将不得不维持自给自足的状态。章奇等（2007）检验了农业税费负担作为交易成本对土地流转的影响，认为税费的存在及其不确定性直接提高了土地流转过程中的交易成本，进而产生土地流转中的需求配给和供给配给。他们基于农业部农村固定观察点1995～1999年10个省份117个村共9000多个农户的混合数据，发现样本农户中60%～90%农户的土地流转需求得不到满足，而粮食定购任务和税费负担在其中起到了重要作用。吴鸾莺等（2014）同样发现，作为交易成本的农业税费减少了农户转入土地的行为，而免除农业税费的改革降低了土地流转过程中的交易成本，从而促进了土地流转。

对当下中国而言，交易成本的高低主要取决于政府或村集体对土地流转的限制和干预（杨丹、高汉，2012；Jin and Deininger，2009；Yan and Huo，2016）。虽然中央政府已经明文规定农户的土地流转权利不受限制，但是法律上规定了的权利并不一定真正转化成农民在实践中真实享有的权利。叶剑平等（2000）对全国17个省份的调查发现，有17%的村民认为只有村民委员会批准后才可以将所承包土地转包或出租给其他村民。钱忠好和冀县卿（2016）对江苏、广西、湖北、黑龙江的调查发现，2006～2013年，村组集体介入土地流转过程的程度呈现强化趋势，其中转入土地需经村集体同意的农户比例从2006年的24.04%上升到2013年的45.50%，转出土地需经村集体同意的农户比例由37.80%上升到47.02%。村级流转管制增加了土地流转过程中的交易成本，显著抑制了土地流转的发生。郜亮亮等（2014）基于2000年和2008年6省1200户农户追踪数据的研究发现，相比于土地自由流转的农户，土地流转受村级管制的农户转入土地的概率要显著低7个百分点。刘承芳等（2017）对5省1240户农户的调查同样发现，相较于不需要村集体批准就能流转土地的农户，认为需要村集体批准才能流转土地的农户转入土地的比例要低3.18个百分点，转出土地的比例要低7.16个百分点。从国外的经验来看，Deininger等（2008a）对印度的研究，以及Holden和Ghebru（2016）对埃塞俄比亚的研究均发现，对土地流转的限制减少了土地市场中流转活动的发生。

也有研究认为，交易成本并不必然是农户土地流转的障碍因素，“那种认为交易费用高是阻碍农户想转入土地却没有转入成功的主要影响因素的观点是不正确的，与事实不符”。其理由是：一方面，农户往往高度集中居住（以村落为单位），生产和生活交往都很频繁，彼此对土地的供求状况也都非常了解，双方在土地流转过程中的信息不对称和由此产生的交易费用并非人们想象的那样严重；另一方面，借助于农民之间长期形成的良好信用，农户之间的土地流转协议一般都能得到很好的履行，很少产生纠纷（刘克春、苏为华，2006）。不过，考虑到该研究使用的样本量只有 212 份，且仅限于江西省，所得结论是否具有普遍意义值得商榷。

4. 其他要素市场完善程度

还有一些研究将土地流转市场的不活跃与劳动力市场和农村信贷市场的不完善、不健全相联系。理论上讲，更加发达的劳动力市场通过降低劳动力非农就业的限制，有助于促使更多的农村劳动力从农业生产中转出，并让渡土地的经营权，促进土地流转市场的发育（Yao，2000；Zhang et al.，2004；Deininger and Jin，2005；Huang et al.，2012；Ji et al.，2018）。但现实是，随着农村劳动力的大规模非农化转移，预期中的土地流转高潮并没有随之到来（De Brauw，2002；叶剑平等，2006；罗必良，2014）。许多研究探讨了造成这种不一致的原因。例如，钱忠好（2008）从男女劳动力的非农边际收益差异角度，认为非农就业并不必然导致土地流转，兼业反而是农户的普遍选择。陈中伟和陈浩（2013）则认为，现有家庭承包土地经营模式是导致二者不一致的关键因素。廖洪乐（2012）、刘芬华（2011）、洪炜杰等（2016）强调了劳动力转移对农户土地流转影响的门槛效应，认为只有当农户劳动力转移达到一定阈值时才能有效促进土地流转。黄枫和孙世龙（2015）研究发现，非农就业对土地流转的影响还取决于转移劳动力的性别结构。还有的研究则表明，劳动力转移对农户土地流转的影响不仅取决于转移本身，更取决于其具体的转移模式。例如，相对于异地外出务工，本地非农就业不需要离开家乡，这就使得农户兼业成为可能，从而限制了土地流转市场的发育（Kung，2002；张务伟等，2009；林善浪等，2010；Che，2016）；又如，与“农闲务工、农忙务农”的季节性外出相比，常年外出务工的农户更可能会选择转出土地而专心从事非农工作（张璟等，2016；Su et al.，2017）。

农户对土地流转市场的参与还受制于信贷市场的完善度（Deininger and Feder，2001）。土地流转往往与扩大农业生产规模相联系，而信贷市场失灵导致农户无法获得所需要的资金支持，从而不得不暂停甚至取消土地转入计划。Deininger 等（2003）、Boucher 等（2005）对洪都拉斯和尼加拉瓜的研究表明，信贷市场的不完善是造成该地区土地流转市场无效率的关键原因；如果能够提高这些国家的农户对信贷的可获得性，将有利于他们进入土地市场，进而活跃土地流转。国内研究也有类似发现。例如，柳凌韵和周宏（2017）对湖南、江西500个水稻种植大户的分析发现，借贷约束显著地抑制了农户的土地转入规模；杨丹和高汉（2012）、侯建昀和霍学喜（2016）、许泉等（2016）考察了信贷的可得性对土地流转的影响，结果一致表明，获得信贷支持能够明显促进农户的土地流转。

5. 农户自身特征与资源禀赋

如果说土地制度从宏观上决定了土地流转市场的发育，那么宏观制度与农户家庭特征相结合则从微观上决定了土地流转在不同农户间呈现的各自特点。几乎所有关于土地流转影响因素的微观研究都会涉及农户的家庭特征变量。首先是户主作为一家之主，其个体特征（如性别、年龄、受教育程度）的影响。一般认为，男性户主的土地流转意愿强于女性；年轻户主的家庭倾向于转出土地，而年老户主的家庭则倾向于转入土地；户主受教育程度越高的家庭，其转出土地的愿望越强烈（有关综述参见李昊等，2017）。

其次是农户的异质性，包括家庭资源禀赋差异和农业生产能力差异两个方面。个体在要素禀赋方面的差异性带来了要素交易的需要（Lin，1995）。农户家庭资源禀赋一般包括家庭所拥有或所能支配的土地、劳动力和资本。在家庭联产承包责任制下，土地按家庭人口数量平均分配（Gaynor and Putterman，1993；Lin，1998；杜润生，2005），农户拥有的土地经营规模与其农业生产能力并不相关（Zhao，2015）。而人口的增减、家庭的更替，必然导致农户间的劳动土地比（labor-land rations）产生差异。在农业劳动力雇工市场不完全的前提下，为取得合适的土地—劳动力比率，土地有从低劳动土地比的农户手中转到高劳动土地比的农户手中的需要（Pant，1983；杨学成、曾启，1994；Skoufias，1995；Kevane，1996；Deininger and Jin，2005；Vranken and Swinnen，2006；Rahman，2010；Chamberlin et al.，2016）。

土地和劳动力之间的不般配，导致农户间的生产力差异越来越大，这也会推动土地流转。现假设有两个代表性农户，他们有相同的就业环境和土地流转环境，但拥有的资源禀赋、生产效率有所差异。其中，农户甲认为自己更具有从事农业生产的资源禀赋和比较优势，农户乙认为自己更具有从事非农就业的资源禀赋和比较优势。显然，对于具有务农优势的农户甲而言，经营土地的收益要高于转出土地的收益，对土地带来的效用评价高；相反，对于具有务工优势的农户乙而言，经营土地的收益则低于转出土地的收益，对土地带来的效用评价低。不同农户对土地带来的效用的评价不同，决定了双方不同的土地竞争选择行为，村庄中土地供求处于一种不均衡状态，诱致了土地流转行为的发生，促使土地流向能够使土地边际产出更高的农户手中（Yao，2000；Brandt et al.，2004；Deininger and Jin，2005；陈珏宇等，2012；胡新艳等，2013；朱文珏、罗必良，2016；Chamberlin and Ricker-Gilbert，2016）。

最后是农户自身的家庭特征。是否参加土地流转是农户基于自身条件、所处环境所做出的选择，与农户自身的家庭结构、生计情况密不可分。例如，以农业为主（用农业收入占总收入比重衡量）的农户在农业活动上更具有比较优势，偏向于转入土地；而从事非农工作的农户则倾向于转出土地（章奇等，2007）。农业资产水平越高的农户越可能转入土地，而不太可能转出土地；而那些非农业资产水平高的农户则更可能转出土地（Deininger and Jin，2005；Rahman，2010；郜亮亮等，2014）。作为潜在的务农劳动力，家庭劳动力数量越多，农户转入土地的概率越大，而转出土地的概率越低（Yan and Huo，2016；何欣等，2016）。而抚养比作为间接反映家庭中可用劳动力数量多寡的一个指标——抚养比越高，家中可用劳动力越少，相应转出土地的概率也越小（Rahman，2010；何欣等，2016；史常亮等，2016，2017b）。

当然，上述因素只是已有研究中讨论较多的几个因素。最近两年，围绕农户的土地流转意愿和行为，学者们开始将研究的触角延伸至劳动力老龄化（杨进、陈志钢，2016；Min et al.，2017；王亚辉等，2017）、社会资本（钱龙、钱文荣，2017；付振奇、陈淑云，2017）、家庭生命周期（诸培新等，2017）等方面，极大地拓展了这一领域的研究。

2.1.2　有关土地流转对农户耕地资源配置影响的研究

中国人多地少的基本国情决定了耕地资源的优化配置对于农业生产具有重要意义。在家庭联产承包责任制下，土地按人分配（杜润生，2005），忽视了不同农户在农业生产上所具有的异质性，客观上造成农户拥有的土地数量与其生产能力不一致（叶剑平等，2006；陈海磊等，2014），导致耕地配置扭曲和效率损失（盖庆恩等，2017）。因此，从“效率”的角度，必须建立一种灵活高效的土地再分配机制，使那些农业生产能力强但土地匮乏的农户能够比较方便地得到他们所需要的土地，使那些农业生产能力弱但土地多的农户能够及时地转出自己无力经营的土地。只有这样，才能确保实现土地分配效率的最大化，使稀缺的耕地资源得到充分、有效的利用（杨学成、曾启，1994；姚洋，2000；金松青、Deininger，2004）。

对于大多数国家和地区的农户而言，最有效的重新分配土地以达到最优配置的方式就是进入土地流转市场。土地流转市场对耕地配置的影响几乎在很多国家都有过研究，如印度（Deininger et al.，2008a）、埃塞俄比亚（Teklu and Lemi，2004；Benin et al.，2005；Deininger et al.，2008b；Chen et al.，2017a）、阿尔巴尼亚（Deininger et al.，2007）、肯尼亚（Jin and Jayne，2013）、匈牙利（Vranken and Swinnen，2006）、马拉维和赞比亚（Chamberlin and Ricker-Gilbert，2016）、越南（Deininger and Jin，2008；Huy et al.，2016）、布基纳法索（Alia et al.，2016）。研究发现，在这些国家或地区，土地流转已成为农户合理配置耕地资源的重要手段。在农村劳动力市场、信贷市场有缺陷甚至不存在的前提下，土地流转市场将土地从农业生产能力低（less-able）的农户转移到生产能力高（more-able）的农户手中，这是一个帕累托改进的活动（有关综述参见 Deininger，2003）。

那么，对于中国农民而言，土地流转市场的发育是否同样能起到优化耕地资源配置的作用，当前的研究对此并未给出令人信服的答案。虽然有学者指出，由于农村社会保障体制的缺位，土地承载了过多的社会保障功能，目前中国农村土地资源的市场化流转机制还未形成（王银梅，2010），通过培育农村土地流转市场来配置土地资源，到目前为止仍然带有试验的性质（《中国土地问题》课题组，2010）。但是，这些研究并没有用数据验证这一点，只是在逻辑上将土地流转作为耕地资源优化配置的前提，理论上相信土地流转可改善耕地配置的效率，并未深入探讨这一可能路径的内在“黑箱”。

在姚洋（2000）看来，土地的自由流转会通过所谓的“边际产出拉平效应”[①]，改善土地资源的配置效率。Carter 和 Yao（1999）、Deininger 和 Jin（2005）、章奇等（2007）、Jin 和 Deininger（2009）、陈海磊等（2014）、史常亮等（2016，2017b）基于农户调查数据，通过更精确的计量模型进一步证明了这一点。他们发现，那些农业生产能力（土地边际产出）高的农户更可能从市场中转入土地，而那些农业生产能力低的农户则倾向于转出自己手中的土地，土地流转市场的运作具有显著的效率改进意义。然而，也有研究认为现阶段农户的土地流转并没有遵循效率原则。例如，李承政等（2015）对浙江省农村固定观察点数据的分析发现，那些农业生产能力越高的农户反而更不倾向于转入土地，并认为之所以产生这种结果，原因是农业比较效益低下、高能力的农户选择退出农业转而从事比较效益更高的非农生产，而低能力农户因没有适当的退出渠道而不得不滞留于农业；贺振华（2006）、何欣等（2016）也表达了类似观点，即高能力农户外出后，土地可能向低能力农户流转。

与土地流转的“配置作用”密切相关的另一个问题是，土地流转究竟能够带来多大的农业绩效改进。理论上讲，土地流转将从两个方面对农业绩效产生促进作用。一方面，正如上面提到的，将土地从农业生产能力低的农户转移给生产能力高的农户，有助于实现土地与劳动力、土地与经营能力的优化配置，最终将提高耕地产出。也就是说，一部分绩效来自对土地的更有效率的使用。另一方面，只有耕地资源有效流转，才能实现土地的集中和规模经营，降低土地细碎化经营所带来的效率损失[②]，因此，还有一部分绩效来自土地收益本身。Chen 等（2017b）对埃塞俄比亚的分析发现，土地流转显著减少了当地的土地错配（misallocation），并提高了农业生产率，与没有土地市场时相比，土地流转给当地农业生产率带来了将近 70% 的增长。Restuccia 和 Santaeulalia-Llopis（2017）研究了马拉维的土地错配情况，发现由于土地流转受到限制，马拉维农户经营的土地数量与其生产率并不相关，土地存在错配现象；而如果土地能够在农户间得到有

① 即土地的自由流转促使土地边际产出较小的农户将土地租让给土地边际产出较高的农户，在边际报酬递减规律的支配下，两者的边际产出趋于相等（姚洋，2000）。简单的理解就是，土地会向能够更有效使用土地的农户手中转移（贺振华，2006）。

② 比如小块土地上不能使用更好的技术；小块土地更容易重复种植，造成浪费；以及有些农作物还需要达到一定的种植规模才有效率等（贺振华，2003）。

效配置，农业 TFP 将至少提高 2.6 倍。

对中国不同样本和地区土地市场的实证考察则显示，关于土地流转能否促进农业绩效[①]的提升，存在相互冲突的经验证据。姚洋（1998）对江西、浙江 2 省 5 县 449 户水稻农户的计量分析发现，对土地流转权的限制对农户的水稻生产起到了约束作用，而如果土地从不允许流转到允许流转，农户的土地平均水稻单产将上升 6.8%。陈志刚和曲福田（2003）进一步从动态角度检验了地权演变对耕地产出的影响，与姚洋（1998）的研究不同，他们用虚拟变量（从 1995 年起赋值为 1，以前各年均为 0）来反映农户拥有的自由流转土地的权利大小，对 1979 ~ 1998 年全国时序数据的岭回归估计发现，赋予农民自由流转土地的权利有利于土地生产率的大幅提高。基于相同的分析思路和方法，郑晶和孙良媛（2009）对广东的调查同样发现，土地流转权的完善对广东耕地产出的作用显著为正，且在三种产权结构（使用权、流转权和收益权）中影响最大。在微观农户层面，陈园园等（2015）、邹朝晖等（2017）建立了二者关系的多元线性回归模型，结果发现，农户参与土地流转显著提高了土地生产率。陈志刚等（2007）结合对苏赣农村的调查数据，从资源配置的角度分析了土地流转对提高耕地利用效率的正面效应，发现将土地配置给决策者经验丰富、文化素质较高的农户家庭，或者整体受教育程度较高、年轻的农户家庭，以及非农参与率较低的农户家庭等，都会在不同程度上有利于耕地利用效率的提高。此外，也有学者通过比较流转户和未流转户的，或者农户在参与土地流转前后的经营绩效，发现大部分农户的土地生产率都比未参与流转时有所改善（Lohmar et al.，2001；贾生华等，2003；刘涛等，2008；戚焦耳等，2015）。Deininger 和 Jin（2005）、Jin 和 Deininger（2009）利用反事实分析思路，对农户转入土地所可能获得的农业生产收益大小进行估算，结果发现，与农户只耕种自己家的土地相比，参与土地流转使农户的农业生产水平提高了 57% ~60%。

但是，也有文献认为，土地流转并不必然带来农业生产绩效的改善。一个最直接的原因是，由于农业比较效益低下，高生产能力的农户选择退出农业转而从事比较效益更高的非农就业（李承政等，2015），土地流转

① 这里的农业绩效主要指耕地的产出率，也称作土地生产率。

可能使得土地流向那些不能有效利用土地的农户，这显然不利于土地生产率的提高（贺振华等，2006）。另外一种解释是，这跟土地流转市场的发育程度有关。朱建军等（2011）对浙江、甘肃两省的对比分析发现，在土地流转市场较为发达的浙江省，土地流转使转入户的土地生产率明显高于未转入户；而在土地流转市场发育程度较低的甘肃省，过高的土地交易成本和农村社会保障体系的缺失，导致无法在更大范围内实现土地的流转，土地流转不仅未显著提高转入户的土地生产率，也未消除转出户与未转出户之间土地生产率的差距。还有一种可能是，土地流转带来的生产率提高更多的是与土地经营数量增加、农户劳动力更充分使用相伴随的劳动生产率的提高，而不一定是土地生产率的提高（宋伟，2006；李力东，2017）。例如，陈训波等（2011）对北京、上海和广东三省市的调查就发现，土地流转显著提高了劳动生产率，但是会降低土地生产率。贺振华（2003）也认为，土地流转的效率应该是来自流转后能够增加新的生产要素或者原有的生产要素发生了质的提高，否则流转不会提高土地的生产率。

2.1.3　有关土地流转对农户劳动力资源配置影响的研究

所谓农户家庭劳动力配置是指，农户对家庭劳动力在农业领域与非农业领域之间的配置。考虑到目前外出非农就业已成为农户家庭配置劳动力的主要形式，研究者一般使用农户家庭在非农业部门就业的劳动力数量反映其劳动力配置状况（刘承芳等，2002）。事实上，在土地流转对农户家庭劳动力资源配置影响的问题上，现有研究考察的也主要是土地流转对农户家庭劳动力非农转移的影响。

一般认为，中国农村劳动力转移的主要障碍是户籍制度，但实际上这种阻碍来自更为广泛的制度安排（蔡昉，2000），例如农村土地产权制度。North（1981）的新经济史学研究表明，有效的土地产权制度是提高农业生产率、推动农村劳动力转移，以及促进城乡二元经济向一元经济转型的重要前提。党国英（2005）指出，固然还有一些制度性因素，如户籍制度、分割的劳动力市场制度以及各种公开的或潜在的对农民的身份歧视制度等，阻碍农村劳动力向城市转移；但最重要的因素仍然是土地制度。唐茂华和黄少安（2009）的研究也强调了土地制度在劳动力转移中的决定性作用。

针对现行土地产权制度存在的缺陷，早先的研究主要讨论了土地产权的稳定性、安全性对农户劳动力转移的影响。Yang（1997）最早注意到，在中国，大量的农村人口要么选择在城市寻找一份临时性的工作，要么选择不迁移到城市，在当地从事非农就业。他认为，这种非永久性的迁移模式与中国农村实行家庭联产承包制的土地制度有关。在这种制度安排下，农民拥有不完整的土地产权，如果农民放弃土地进行永久性迁移，也就相当于放弃了从土地中获得收入的权利，因而更倾向于选择不迁移或采用农业兼业的方式以避免土地价值的流失。该假说提出后，吸引了一大批学者进行论证和检验。虽然尚未形成一致性结论，但主流的看法是，稳定的土地产权可以有效地促进农村劳动力的非农转移；相反，不稳定和不安全的土地产权（比如频繁的土地行政性调整）则抑制了农村劳动力的向外转移，尤其是永久性地转移（陈卫平，2004；刘晓宇、张林秀，2008；De La Rupelle et al.，2009；Mullan et al.，2011；Deininger et al.，2014；Zhao，2015；Ma et al.，2016；李停，2016；Giles and Mu，2017）。

从国外的相关研究来看，Haberfeld 等（1999）对印度农村劳动力迁移行为的研究发现，由于不完全的土地产权制度阻碍了农户间的土地流转，同时也打击了农民永久迁移的热情，使得季节性迁移成为当地农民家庭增加收入的重要方式。Goldstein 和 Udry（2008）对加纳的研究发现，因为担心土地休耕索赔，拥有不完全土地产权的农户家庭不会外出寻找非农工作机会。Valsecchi（2014）对墨西哥的研究也有类似发现：由于担心失去继承的土地，当地农村劳动力并不愿发生迁移；而赋予农民事实上的土地产权则极大地促进了劳动力向美国迁移的可能性。De Janvry 等（2015）研究了墨西哥二次土改对当地社会经济的影响，其中对移民影响的检验发现，通过土地确权取消土地使用和产权之间的联系显著刺激了当地农村劳动力向外迁移，该结果对于不同层面（家庭、地区、全国）的数据都具有相当的稳健性。

然而，也有研究认为，土地产权稳定性的影响可能被高估了（Kung，1999）。抛开流转权，孤立地讨论地权稳定性的影响是不够的（Carter、姚洋，2004）。一方面，土地流转市场的发育改变了地权安全性与劳动力转移之间的关系（Ma et al.，2016）。如果土地可以自由流转，即便土地使用权利有限，农户也可以选择将土地流转出去，然后再进行劳动力迁移（陈卫平，2004）。Mullan 等（2011）对中国农村的研究表明，只有当土地的流转权是完全的时候，更稳定、安全的地权才会显著地促进农户的劳动力向外转移；而当农户的土地流转权利受到限制时，农民土地承包权的资本化收益不能通过土地流转完全体现出来，这使已经转移和打算转移出去的剩余劳动力无法彻底放弃土地使用权，地权稳定性反而抑制了劳动力向城市和非农产业的转移。Ma 等（2016）进一步指出，在农户劳动力转移上，村庄土地流转市场的发育程度比是否拥有土地流转权利发挥了更重要的作用，他们发现，在土地流转市场发育良好的村庄，不论是土地调整还是土地确权，对农村劳动力转移的影响都从显著变得不显著了。另一方面，正如前面提到的，就当前中国的现实而言，大多数地区的土地调整都不是很频繁，农户保有土地产权的稳定性较高（钟甫宁、纪月清，2009）。尤其是现在推行的“三权分置”以及正在进行的新一轮土地确权登记颁证政策进一步明晰了土地产权，强化了农户土地产权的权利强度及其法律保证，农民再也无须担心由于长期不在农村居住而被剥夺土地相关权利。因此，相较于土地产权不稳定，时下中国农村土地的可流转性和变现能力对劳动力转移的影响可能更大（谢冬水，2014；李停，2016）。

具体而言，土地的可流转性对农村劳动力转移具有以下两方面的影响。其一，土地是农民最主要的财产，土地不能自由流转导致外出农户的土地收益得不到补偿，无形中增加劳动力迁移到城市的机会成本；而土地可流转性的改善将保证外出农户能够以地租形式获得对土地承包权的收益，因而对农村劳动力迁移具有促进作用。其二，在农村信贷市场不健全的情况下，土地还是农户迁移最重要的资金来源，为劳动力转移提供“启动资金”（Gray，2009）；而土地的流转性不强则大大降低了土地的财产属性和变现能力，使得农民无法获得迁移所需的“门槛资金”，对劳动力迁移产生抑制作用（Field，2007；黄善林等，2013；谢冬水，2014；李停，2016；辛宝英，2017）。所以，要让依附在土地上的处于隐形失业状态的剩余劳动力转移出去，关键在于让农民所拥有的土地按市场规律流转起来。当然，需要强调的是，这里所讲的可流转性并不仅仅指农户是否拥有自由流转土地的权利；在更宽广的语域上，土地的可流转性还意味着当农户在需要流转土地时总能够顺利地找到交易对象（李杰、张光宏，2013），即存在一个完善的、发育良好的农村土地流转市场满足市场上流转主体对土地的供需。正如 Ma 等（2016）所指出的那样，如果缺乏成熟的土地流转市场，即便农户拥有完全的土地流转权，也可能会因为无人承租土地而不得不暂缓或放弃外出。

现有研究大多从农户是否拥有土地流转权利角度讨论土地的可转让性对劳动力转移的影响。De Brauw 和 Mueller（2012）对埃塞俄比亚的研究发现，土地流转权的完善会激励农村劳动力非农转移。Yan 等（2014）认为，如果农户享有完全有偿流转土地的权利，他们就可以在外出时将土地出租，不仅可以减少失去农业劳动力的机会成本，而且不用担心土地的相关权利会被剥夺，对中国农村的实证分析确认了这一点，研究发现，拥有土地流转权的程度对农户是否发生迁移有显著的正向影响。仅有少数文献将土地市场与农村劳动力转移相联系。Hayashi 和 Prescott（2008）、Emran 和 Shilipi（2010）指出，对土地流转权利的限制大大增加了移民的成本，因为家庭在决定离开农村的同时，也意味着会失去来自土地的收入流。

在中国，中央文件已明文规定农户的土地流转权利不受限制，因而当前的讨论集中在土地流转市场对农村劳动力转移的影响上。唐茂华和黄少安（2009）的理论分析表明，农村土地流转市场的不健全使得农民难以脱离与土地的永久联系，阻碍了劳动力的向外转移；而发育良好的土地流转市场能够消除当前家庭承包经营制对农村劳动力转移的制度性障碍，也有利于促进其家庭式的完全迁移。Yang（1997）、Rozelle 等（1999）和 Kung（2002）、Yan 等（2014）也表达了类似观点，强调了加强土地流转市场建设在促进农村劳动力转移方面的重要性。在经验研究方面，田传浩和李明坤（2014）用“村庄土地流转的数量占村庄耕地总面积的比例”和“村庄被调查农户间进行土地流转时签订流转合同的加权平均期限”衡量当地土地流转市场的发育程度，然后与劳动力个人的非农就业行为（包括是否从事非农就业和从事非农工作的时间）进行回归，结果发现，村庄土地流转合同签订的期限越长、土地流转的数量越多，劳动力越容易选择非农就业，而且非农就业的工作时间也会越长。陈媛媛和傅伟（2017）构造了一个土地流转成本指数①来衡量土地流转市场发育程度，与农户家庭外出务

① 用所有未参与土地流转活动的家庭总数中汇报“有流转意愿但没有流转机会”是其未进行流转活动主要原因的家庭所占比例表示。

工人口数量、劳动力个人是否外出务工，劳动力个人外出务工时间以及外出务工意愿等变量进行回归发现，土地市场上的流转成本越高，家庭外出务工的劳动力规模越小；同时，劳动力个人的外出务工可能性越低，外出务工时间越短，外出务工意愿越低；进一步的工具变量估计表明，这一结果在控制内生性问题后依然稳健。

还有个别文献选择家庭作为分析对象，研究了农户参与土地流转市场对其劳动力转移的影响（杜鑫，2013；张建等，2016；李龙、宋月萍，2016；陈丹等，2017；胡新艳等，2017），但由于家庭本身的土地流转行为与劳动力外出是一种联合决策，在实证中很难识别两者的因果关系（陈媛媛、傅伟，2017）；而且，这些研究实质上更多地讨论的是土地流转后，农户如何实现劳动力的转移问题。

2.1.4　有关土地流转对农户收入影响的研究

影响农户收入的因素很多，其中土地禀赋[①]无疑是最重要的一个。特别是在那些工业化水平较低、传统农业部门比重较大的国家或地区，土地对农民收入的重要性更加突出，是否拥有土地以及拥有土地数量的多少直接决定着农民收入的高低（Bravo-Ureat et al.，2006；Borooah et al.，2006；Winters et al.，2009）。上述结论对于过去的中国无疑也是适用的。但是现在，随着非农就业机会的增多，土地在农民收入增长中的作用也开始降低：既可能是保障，也可能是阻碍（骆永民、樊丽明，2015）。这里，所谓"保障"是指把土地视作一种财富，更多的土地意味着更多的农业收入；而"阻碍"则是把土地作为一种投入，越多的土地，意味着需要越多的劳动力从事农业生产，从而抑制农民外出务工[②]获得更高的非农收入。

土地流转重新配置了耕地资源，通过让"耕种者有沃土，务工者无羁绊"，最大限度地实现土地的增收价值。因此，理论上讲，只要是农民自愿进行的流转，无论是转入还是转出土地，都会增加收入。但实际情况果

---

① 土地禀赋除了土地数量之外还应包括土地质量，本书在此讨论的是土地数量。

② 上述推论有着非常好的实证依据，无论是从国外研究（有关综述参见 Winters et al.，2009），还是从国内研究（参见综述文献黄善林、卢新海，2010）中都能找到实证依据的支撑。另外，在第6章的实证分析中，我们也将看到家庭拥有的土地禀赋越大，外出务工的劳动力数量将越少。

真如此吗？围绕着土地流转的增收效应，Jin 和 Jayne（2013）基于肯尼亚1142个农户的10年面板数据，采用动态面板模型对潜在的内生性进行控制后估计发现，转入土地使当地农户家庭人均农业收入和人均总收入分别增加了25.1%和6.6%。Jin 和 Deininger（2009）使用来自中国9个农业大省8000个样本农户2001～2004年的面板数据进行固定效应回归发现，土地流转使转入户的福利水平提高了约25%，而对转出户的影响只会更大。最近几年，随着各地土地流转的加速，越来越多的学者尝试使用来自不同地区的数据样本和更稳健的计量方法对土地流转的收入效应进行估计，他们的研究结论大都显示参与土地流转能使农户家庭的收入水平有显著提高（薛凤蕊等，2011；王春超，2011；李中，2013；刘俊杰等，2015；刘远风，2016；史常亮等，2017a）。

然而，也有研究认为，土地流转对于农民收入的影响不能一概而论。土地转入户和土地转出户作为两类收入来源截然不同的家庭，在参与土地流转后有着不同的收入增长路径，自然在土地流转中受影响的程度也会有所不同。因此，既可能存在转出户流转土地并未带来家庭收入显著增长的情况（Chamberlin and Ricker-Gilkbert，2016；史常亮等，2017b；杨子等，2017），也有土地流转对转出户家庭收入的影响更大的可能（Jin and Deininger，2009；李庆海等，2011；陈飞、翟伟娟，2015；冒佩华、徐骥，2015；钱忠好、王兴稳，2016）。甚至还有文献发现，土地的流转和集中显著减少了农户家庭的种植业收入（徐志刚等，2017）以及家庭总收入（彭代彦、吴扬杰，2009）。更有文献指出，土地流转是农户收入结构变化的结果，寄希望于土地流转制度改革促进农民增收的预期目标属于因果倒置（冷智花等，2015）。

上述争议不可避免地会涉及方法论问题：研究者所观察到的土地流转与农户收入增加（或下降）在多大程度上能够解释为因果关系。由于农户是“自选择”（self-selection）参与土地流转，这种“选择”既可能是基于一些可观测因素，如家庭禀赋、户主和家庭特征等；也可能是基于不可观测因素，如农户的生产偏好、经营能力或进取精神等。而准确估计土地流转的收入效应的困难就在于，这些影响农户土地流转决策的不可观测因素同样也影响收入，所以我们很难区分究竟是土地流转提高了农户收入还是高收入农户更倾向于土地流转。早期有关土地流转和农户收入关系的研究多采用普通最小二乘法（OLS）进行估计，对可能存在的自选择问题并没有太多留意，所得估计量一般是有偏、非一致的。近期的研究侧重于对估计中的自选择偏差进行纠正，双重差分法（Difference-in-Difference，DID）、倾向得分匹配法（Propensity Score Matching，PSM）和工具变量法（Instrument Variable，IV）等都是常用的方法。但遗憾的是，这些方法都只是在某个方面对上述问题进行了些许处理，同样存在这样那样的缺陷。比如，DID 估计对于样本选择有严格的规定，要求处理组在没有接受处理前必须具有和控制组相同的变化趋势，即处理组的选择应为随机进行，不存在样本选择效应；同时，它还要求处理组与控制组在接受处理前不存在显著性差异，即具有同质性（陈林、伍海军，2015）。显然，这些条件在土地流转收入效应的估计中并不一定能够满足。还有一些研究使用 PSM 法来控制自选择，但该方法同样依赖于条件独立性假设，因此它只能够修正与可观测变量相关的选择偏误，而对于与不可观测的农户特征（如生产偏好、经营能力、进取精神等）相联系的选择偏误则无能为力。至于 IV 法，虽然能够同时处理可观测变量和不可观测变量的选择（Heckman et al.，2006），但应用该方法的挑战在于难以找到这样一个工具：它既能够与处理变量高度相关，又独立于收入方程的误差项。

对土地流转的收入效应进行准确估计面临的第二个计量难题是异质性，是指即使所有可观测的属性都相同，参与土地流转的农户家庭由于一些未观测到的异质性因素存在，其收入效应也不相同。过去，解决选择问题的文献大多没有考虑异质性，它们一般都假设不同农户参与土地流转的收入效应具有同质性。但事实上，每个农户是否参与土地流转的决策以及土地流转对收入影响的机制可能不同。李雪松和赫克曼（2004）证明了，在存在异质性及选择问题的情况下，诸如 OLS 和 IV 的传统方法都无法得到无偏、一致的估计量。更为严格的模型应该是内生转换回归（Endogenous Switching Regression，ESR）模型或者内生处理效应（Endogenous Treatment-Effects，ETE）模型，它们既可以对那些不可观测的选择偏误进行校正，又考虑了处理效应的异质性问题（梁玉成，2010；杨素红，2018）。但是从掌握的文献看，目前只有极个别研究在评估过程中同时考虑了农户的异质性和选择偏差问题（史常亮等，2017a）。

在评估一项政策时，不仅要检验政策的总体效果，更要探究该项政策对于不同群体的影响的差异性。特别是在涉及农村土地流转问题时，由于土地同时承载了农业生产要素功能、经济功能和社会保障功能，相对贫困的低收入群体能否从土地流转中得到实惠理应成为评价这一政策实施效果的重中之重。正是鉴于土地流转对于农民收入分配效应的重要意义，学者们相继对此问题进行了探讨。早先一些研究相信，土地流转是“富农”的选择和行为（冷智花等，2015），越是强势的阶层如基层政治精英和大户越能在土地流转中获益（田先红、陈玲，2013），而那些贫弱农户阶层则会因为能力、资源禀赋上的“先天”不足，不仅进入土地流转市场的可能性较低，而且从土地流转中获益也较少（田传浩、贾生华，2008）。那么，实证结果是否支持这一论断呢？一种“天真”估计的想法是，对收入不同分组的人群分别计算土地流转的平均处理效应，然后进行横向比较。遵循这一思路，史常亮等（2017a）将样本按照收入从低到高排列等分成五组，利用内生转换回归模型估计了土地流转对不同收入区间农户收入的处理效应，结果发现相对于低收入农户，高收入农户从土地流转中获益更多。与此类似，肖龙铎和张兵（2017）在五等分组基础上，将收入最低的两组合并为低收入农户，其他三组合并为高收入农户，使用处理效应模型依次估计了两类农户参与土地流转的收入效应，结果同样表明高收入农户参与土地流转获得的收益要显著高于低收入农户。

需要指出的是，上述做法存在三个问题：①如何分组，标准太主观；②不同段的回归结果不具有可比性；③本质上，这种切分是一种人为利用被解释变量的内生标准截断（truncated）数据，考察的仍然是条件均值而非整体分布。一个更合理的做法是，引入分位数回归（Quantile Regression，QR）技术直接估计处于收入分布不同位置的农户参与土地流转的获益情况。但目前这种方法应用得并不多，仅有的几项研究还存在着结论上的分歧。例如，朱建军和舒帮荣（2012）基于2006年中国社会综合调查数据的分析发现，土地经营权的配置更加有利于处于25～90分位的高收入农户，而对于处在10分位的低收入农户并没有带来收入的提高；然而，郭君平等（2018）对中部6省1604个农户调研数据的分析却发现，土地转入和土地转出都促进了处于10分位的低收入农户的增收。另外，从方法论的角度，上述研究也有值得商榷和讨论的地方：一是都只单纯考虑分位回归，忽视了农户在参与土地流转决策上的“自选择”效应，结论的可信性存疑；二是采用的都是条件分位数回归（Conditional Quantile Regression，CQR）技术，所得结果实际上只告诉我们土地流转对具有某一特征的农户（比如家庭经营主业都为农业）的收入分布的影响，但从政策角度讲，人们可能更想知道无论农户的个体特征如何，土地流转对于整个收入分布的无条件影响（unconditional effect）。因此，要想真正了解土地流转对不同收入水平农户的影响是否存在差异，我们需要新的估计方法。

2.2　对已有研究的述评

以上不完全的文献回顾为我们研究中国农村土地流转的影响问题提供了丰富的研究视角和参考。从文献综述中我们可以看到，关于农户土地流转的影响因素，现有文献已经有了相对充分的讨论，既有规范阐释，也有实证分析。其中，这方面的实证研究归纳起来大致有两个思路：一是对影响农户土地流转行为的各个方面的因素进行检验，意在对影响因素进行全面性考察；二是重点检验某一两个特定变量对农户土地流转行为的影响。在方法上，两类文献基本都是以农户是否转入（或转出）土地的虚拟变量，或者农户转入（或转出）土地的实际数量作为被解释变量，进行单方程的 Probit 或 Tobit 估计。但由于土地流转通常包括了转入土地和转出土地两种情形，这些单方程模型可能无法完整地描述农户的土地流转行为；而且将二者割裂开来分别估计，也忽视了它们是农户家庭同时考虑的两个相互联系的决策。另外，在这类研究中，虽然刻画农户家庭特征、户主个体特征以及所在村庄特征的变量经常被放入计量模型，但不同实证研究往往给出了相互冲突的经验证据。

关于土地流转对农户耕地资源配置的影响，虽然学界和政策制定者都迫切希望通过土地流转推动耕地资源的高效配置，进而实现农业规模化经营和现代农业的转型升级，但很少有研究关注土地流转究竟是如何发挥耕地资源优化配置作用的。由于在现实中，我们所观察到的只是土地流转配置耕地资源的结果，土地流转如何实现耕地的优化配置则是一个“黑箱过程”。对此，一些案例分析只能提出一个过于简单的图景，但不能发现问题；少量的实证分析则因为数据的缺陷或者计量方法的不足，尚不能完全达成共识。对于土地流转究竟是否起到了优化配置耕地资源的作用，需要更细致、认真的研究。另外，人们常说现行土地制度安排下的农村土地资源配置是扭曲的，那么，按照市场化原则重新配置土地资源（即土地流转）能够带来怎样的效率改进？现有的研究也未能给出令人信服和一致的答案。一些文献直接将农户参与土地流转前后的土地生产率进行对比，或者建立土地流转对土地生产率的关系式进行 OLS 回归，但都不可避免地遇到了“自选择”困扰，结果的可信性存疑。

关于土地流转对农户劳动力资源配置的影响，从理论上讲，一个发育良好、功能完善的土地流转市场将扩大农户的选择空间，有助于其根据自身的比较优势合理地配置劳动力资源，而不受到土地的束缚。因此，土地流转市场的发育将在调节农户家庭的劳动土地比（labor-land rations）方面发挥重要的作用，有利于促进农村劳动力的非农转移。然而，当前大部分研究都是从农户微观决策的角度入手，将土地流转视为劳动力转移的原因或前提，实质上讨论的是农户流转（主要是转出）土地后的劳动力转移问题。从文献综述中我们知道，现行土地制度对农户劳动力转移的影响，一种是在家庭联产承包责任制下，由于农民对于土地的产权没有安全感，担心失去土地，从而推迟迁移、不迁移或是部分迁移；还有一种就是缺乏“人动、地动”的良性互动机制。当农户决定外出时，首先必须妥善解决好承包地的处置问题。一个发育完全的土地流转市场保证了农户在需要时能够顺利地找到流转对象，将土地转包出去；反之，不完全的土地流转市场降低土地的可流动性和变现能力，“掣肘”农户劳动力转移。从这个角度讲，“地动不了”可能是导致“人不动”或者目前劳动力转移不充分、不彻底的一个直接原因。但遗憾的是，除少数文献外，大部分研究都纠结于对土地流转和劳动力转移“因”“果”关系的讨论，而忽视了从土地流转市场功能角度看待农户劳动力转移问题。

在土地流转对农户收入的影响问题上，已有研究同样未能给出一致性结论。这种差异既可能源于样本的不同，也可能是因为实证方法使用不当所致。具体而言，首先，在样本层面，以往研究的取样范围往往只集中在某一个或几个省份，在全国范围的研究较少，从而不足以对土地流转的效果有一个全局性的认识和把控。其次，在数据收集上，现有研究大多基于问卷调查的方式采集，其中的收入数据主要依靠被调查农户的回忆或估算获得，准确度欠佳。当被解释变量存在测量误差时，会导致估计系数的方差变大，进而影响统计检验。而本书的收入数据是通过观察点日常记账方式采集的，更为准确。再次，在实证方法方面，由于农户是否参加土地流转是一个自我选择的过程，并不是严格外生的，早期研究普遍缺乏对这一内生性问题的关注，结论的可信性存疑。近几年，随着计量经济手段的改进和数据可获得性的增强，一些前沿的手段，如双重差分法（DID）、工具变量法（IV）、倾向得分匹配法（PSM）、内生转换回归模型（ESR）等开始被用于对土地流转收入效应的估计。这些方法尽管在一定程度上消除了内生性对估计结果的干扰，但依然存在这样或那样的不足。本书同时采用工具变量法（IV）和内生处理效应模型（ETE）对农户参与土地流转的自选择问题及处理效应异质性问题进行控制，并辅助以多种稳健性检验，弥补了以往文献在估计方法方面的不足。最后，在研究内容方面，以往文献大多数关注的是土地流转对农户收入的平均处理效应（Average Treatment Effect，ATE），它是个体处理效应在整个人群上的期望值，描述的是土地流转对农户收入的平均影响效果；而在评价一个政策的实际效果时，人们更关注的往往是政策的分布处理效应（Distributional Treatment Effect，DTE），即更希望知道政策对位于收入分布不同位置（分布低端或高端）人群的异质性作用。针对于此，本书将分位数回归（QR）、工具变量分位数回归（Instrumental Variable Quantile Regression，IVQR）、广义分位数回归（Generalized Quantile Regression，GQR）等前沿方法引入土地流转的收入效应评估中，迈出了新的一步。

总的来看，比起对农户土地流转影响因素的丰富研究，人们对于土地流转市场的功能以及土地流转在优化耕地、劳动力资源配置和促进农户收入增长方面的作用的认识和了解，还是十分有限且模糊不清的，以至于就现阶段中国农村是否应该进行土地流转，学术界也一直有不同的声音。在目前土地流转加速以及政策环境发生变化（比如，“三权分置”政策的提出，土地确权登记颁证工作的开展，等等）的背景下，研究后者可能更为重要。这不仅有助于对当前中国农村土地流转市场的运行效率、效果做出判断，澄清一些片面、主观认识；而且也可以为下一步推进抑或调整现行土地流转政策提供参考。

2.3 分析框架

在全面回顾和评述相关领域的既有文献之后，本节试图将土地流转、资源配置和农户收入增长三大主题有机地联系起来，构建起一个逻辑自洽的分析框架，以统领后续三章的实证研究。本书所选择的基础理论为农户收益最大化理论。也就是说，这里我们假定农户行为是经济理性的；农户通过参与土地流转市场，选择最优的劳动力配置与土地耕作面积，以最大化其家庭收入。本书的理论分析框架如图 2-2 所示。

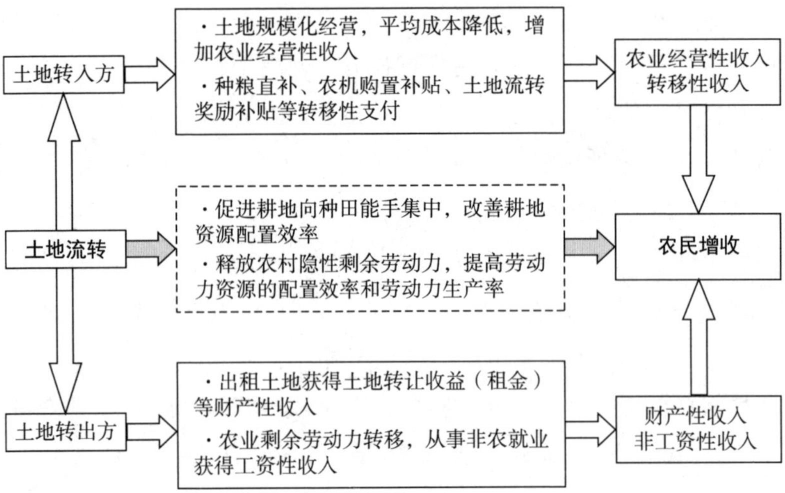

图 2-2 分析框架

在某种程度上，农户的土地流转行为（转入或转出）也可看作资源配置过程，是农户对生产要素的再次合理配置。一方面，倘若市场是完善的，土地的自由流转将能够提高耕地配置效率，使耕地由农业生产能力低的农户向生产能力高的农户转移，产生土地边际产出拉平效应；另一方面，土地流转市场的发育也提高了农户家庭的劳动力配置效率，带来农户劳动力配置方式的变化，使农户从家庭作业转移到社会分工，进而影响农户在农业和非农就业之间的劳动力配置。本书将耕地和劳动力的配置作为土地流转实施的引致结果，通过实证研究验证土地流转是否起到了耕地资源优化配置的作用，以及土地流转市场的建立与发展是否促进了农户劳动力的外出流动、提高了劳动力资源的配置效率和家庭劳动生产率。

在分析完农户资源配置过程后，本书还关注了农户收入变化。土地流转本质上是资源重新分配以更趋于合理化的过程。土地流转的发生不仅改变了土地禀赋在农户间的原有格局，而且还将深刻改变农户的家庭经济决策，包括劳动力配置、土地配置和农业投入、农业经营方式等，影响农户的家庭收入。相较于以往的研究，关于这一议题，本书的创新之处在于，不仅考察了土地流转对农户收入的平均影响，而且还进一步分析了不同分位点处农户参与土地流转的获益情况，以考察土地流转到底是更多地促进高收入阶层收入增加、造成收入差距扩大的“马太效应”，还是更多地促进低收入阶层收入增加、促使贫富差距缩小的“公平效应”。显然，这对于政策的制定和完善更有价值。

第3章　中国农村土地流转政策的演进及其目标

本章首先回顾承包制实施以来中国农村土地流转政策沿革的历程，并基于历史统计数据对不同阶段的土地流转特征进行描述；然后，通过梳理党和国家有关文件中对土地流转目的和意义的政策表述，对中央推动土地流转试图达成的若干政策目标进行总结。

3.1　中国农村土地流转政策的演进及其特征

3.1.1　中国农村土地流转政策沿革历程

中国农村的土地流转在很大程度上是一个政府主导的过程（《中国土地问题》课题组，2010）。如果以国家法律允不允许土地流转和政策对农户流转承包地的态度作为分界的标准，1978 年改革开放以来，中国农村土地流转政策大致经历了从禁止流转到允许流转，再到提倡鼓励和规范流转的变迁过程。表 3－1 给出了不同阶段的标志性政策事件和关键性表述。

表 3－1　不同阶段标志性政策事件及其表述

阶段划分	标志性政策事件	关键性表述
禁止流转（1978～1983 年）	1982 年《宪法》第 10 条	任何组织或者个人不得侵占、买卖、出租或者以其他形式非法转让土地
允许转包（1984～1987 年）	1984 年《中共中央关于一九八四年农村工作的通知》	社员在承包期内，因无力耕种或转营他业而要求不包或少包土地的，……也可以经集体同意，由社员自找对象协商转包，但不能擅自改变集体承包合同的内容

续表

阶段划分	标志性政策事件	关键性表述
依法转让（1988～2002 年）	1988 年《宪法修正案》第 2 条	土地的使用权可以依照法律的规定转让
	1994 年《关于稳定和完善土地承包关系的意见》	在坚持土地集体所有和不改变土地农业用途的前提下，经发包方同意，允许承包方在承包期内，对承包标的依法转包、转让、互换、入股
	1998 年《土地管理法》	农民集体所有的土地，可以由本集体经济组织以外的单位或者个人承包经营
规范流转（2003 年以后）	2003 年《农村土地承包法》	通过家庭承包取得的土地承包经营权可以依法采取转包、出租、互换、转让或者其他方式流转；采取转包、出租、互换或者其他方式流转土地的，应当报发包方备案
	2005 年《农村土地承包经营权流转管理办法》	农村土地承包经营权流转的受让方可以是承包农户，也可以是其他按有关法律及有关规定允许从事农业生产经营的组织和个人
	2008 年《中共中央关于推进农村改革发展若干重大问题的决定》	加强土地承包经营权流转管理和服务，建立健全土地承包经营权流转市场，按照依法自愿有偿原则，允许农民以转包、出租、互换、转让、股份合作等形式流转土地承包经营权，发展多种形式的适度规模经营
	2013 年《中共中央关于全面深化改革若干重大问题的决定》	鼓励承包经营权在公开市场上向专业大户、家庭农场、农民合作社、农业企业流转，发展多种形式规模经营
	2014 年《关于引导农村土地经营权有序流转发展农业适度规模经营的意见》	坚持农村土地集体所有，实现所有权、承包权、经营权“三权分置”，引导土地经营权有序流转

资料来源：根据相关政策文件整理。

第一阶段（1978～1983 年）：“四不准”，“禁止流转”

出于各种政治、非政治因素的考量，土地流转在承包制实施之初是被严格禁止的。这一点体现在 1982 年《宪法》的第 10 条中，即“任何组织或者个人不得侵占、买卖、出租或者以其他形式非法转让土地”。同年的中央“1 号文件”《全国农村工作会议纪要》进一步对农民承包的土地做了“四不准”规定，即“社员承包的土地，不准买卖，不准出租，不准转让，不准荒废”。因此，在这一时期，无论在法律还是政府政策上，农民承包的土地都被严格禁止以任何形式流转。自己耕种或者归还集体是当时农民处置自己土地的仅有方式。

第二阶段（1984~1987年）："允许转包"，流转的开始

以1984年中央"1号文件"《关于一九八四年农村工作的通知》的发布为标志，国家对土地流转的政策限制开始有所松动，土地流转被有条件地允许，即"经集体同意，由社员自找对象协商转包"；但同时文件也规定了"自留地、承包地均不准买卖，不准出租，不准转作宅基地和其他非农业用地"。因此，这一时期土地流转的形式被严格限定为转包。而且，此时土地流转在立法上仍然是被禁止的。1986年出台的《土地管理法》第2条规定"任何单位和个人不得侵占、买卖、出租或者以其他形式非法转让土地"，并在第47条明确规定对"买卖、出租或者以其他形式非法转让土地的，没收非法所得"。同年颁布的《民法通则》第80条亦规定，"土地不得买卖、出租或者以其他形式非法转让"。

因此，在这一阶段，虽然政策上对于农村土地流转限制已有松动的迹象，但只局限于转包；对于农村土地的转让、出租等其他流转形式，在政策和法律中仍然是明确禁止的。1987年下半年，经国务院批复，江苏、山东、北京、广东、浙江等发达省市开展了土地适度规模经营的试验，土地流转突破了家庭承包经营的限制，开始进入新的探索期（李学永，2008）。

第三阶段（1988~2002年）："依法转让"，流转的探索

政策的初步放开为下一步农村土地流转的法律开禁奠定了基础。其中，1988年《中华人民共和国宪法修正案》的通过，标志着法律正式允许农村土地流转。此次宪法修正将原宪法第10条第4款表述中的"不得出租"字样删去，增加了"土地的使用权可以依照法律的规定转让"，为土地流转提供了宪法依据。与此同时，1988年《土地管理法》也做了相应修改，删去原法第2条第2款表述中的"不得出租"字样，增加了第4款"国有土地和集体所有的土地的使用权可以依法转让"。这就从法律层面使土地流转合法化了。

1993年，中央"11号文件"《关于当前农业和农村经济发展的若干政策措施》进一步对"土地的使用权依法有偿转让"做了规定，要求必须符合"三个前提"[①]，并提出在少数具备条件的地区，可以"对承包土地作必要的调整，实行适度的规模经营"。为了贯彻落实"11号文件"精神，农

---

① 即"坚持土地集体所有、不改变土地用途和经发包方同意"。

业部经过一年的深入调研，于 1994 年底形成了《关于稳定和完善土地承包关系的意见》，正式提出“建立土地承包经营权流转机制”，并在继续重申土地流转的“三个前提”基础上，提出“允许承包方在承包期内，对承包标的依法转包、转让、互换、入股，其合法权益受法律保护”。值得指出的是，该意见在丰富了土地流转的模式的同时，也对土地流转施加了一些不必要的限制，例如要求土地流转合同必须报发包方和农业承包合同管理机关备案；在承包经营权转让时，各地要制定土地承包经营权转让费最高限额等。

1998 年修订的《土地管理法》在继续明确“土地使用权可以依法转让”的同时，还规定在满足两个“三分之二”条件[①]并报乡（镇）人民政府批准后，“农民集体所有的土地，可以由本集体经济组织以外的单位或者个人承包经营”。这突破了以往只有本集体经济组织的成员才可以承包土地的限制（郭熙保、苏桂榕，2016），为土地向村外流转打开了口子（程令国等，2016）。但是，在此过程中，一些地方也出现了违背农民意愿强推、强迫流转的问题。为此，2001 年中央下发了《关于做好农户承包地使用权流转工作的通知》，对土地流转的主体、必须坚持的前提和原则、企事业单位租赁农户承包地等进行了严格规定，并明令制止了“反租倒包”这种土地流转形式。土地流转开始进入规范化发展轨道。

第四阶段（2003 年以后）：“规范流转”，流转的成熟

2003 年颁布的《农村土地承包法》进一步以法律文本的形式对土地流转的主体、原则、方式、程序等做了具体规定，为土地流转市场建立和发展提供了法律依据。根据该法，农民“通过家庭承包取得的土地承包经营权可以依法采取转包、出租、互换、转让或者其他方式流转”，并且农民采取转包、出租、互换或者其他方式流转土地的，只需要报发包方备案，而不需要再经发包方同意，这就实现了农民土地流转权利的完全排他（李宁等，2017），是其进步之处；但也应该注意到，该法第 33 条同时规定了土地承包经营权“受让方须有农业经营能力”，第 41 条规定了在土地承包经营权转让中，转让方须有“稳定的非农职业或者有稳定的收入来源”，这些限制条件虽然并不一定阻碍土地流转，但由于缺乏具体的审查标准，

① 即“经村民会议 2/3 以上成员或者 2/3 以上村民代表的同意”。

有可能压缩农民自由流转承包地的权利空间（胡家强、王静波，2008）。

在《农村土地承包法》颁布实施之后，2005 年 1 月，农业部颁布了《农村土地承包经营权流转管理办法》，从流转的原则、当事人权利、流转方式、流转合同、流转管理等方面，对土地流转进行了更具操作性的规定。该办法的亮点是，明确提出了“农村土地承包经营权流转的受让方可以是承包农户，也可以是其他按有关法律及有关规定允许从事农业生产经营的组织和个人”，放开了对土地流入主体的身份限制（田欧南等，2012）。这是当时国家有关土地流转政策的一个重大变化，它允许村民把土地流转给其他新型经营主体，为土地向从事农业规模经营的个人和组织集中提供了条件。

以《农村土地承包法》和《农村土地承包经营权流转管理办法》的颁布实施为标志，农村土地流转进入了规范发展的阶段。此后连续几年的中央“1 号文件”，都重申要加强对土地流转的规范和引导。比如，2005 年“1 号文件”① 提出“承包经营权流转必须在农户自愿、有偿的前提下依法进行”；2006 年“1 号文件”② 强调要“健全在依法、自愿、有偿基础上的土地承包经营权流转机制”；2007 年“1 号文件”③ 提出要“规范土地承包经营权流转”。

2008 年 10 月，党的十七届三中全会通过《中共中央关于推进农村改革发展若干重大问题的决定》，提出“加强土地承包经营权流转管理和服务，建立健全土地承包经营权流转市场”。至此，农村土地制度改革的市场化方向终于通过文件得以确立。与过去强调农户自愿流转不同，这次对土地流转市场体系建设提出了更高要求。围绕如何培育农村土地流转市场，2009 年中央“1 号文件”④ 提出要发展土地流转服务组织；2010 年中央“1 号文件”⑤ 和 2012 年中央“1 号文件”⑥ 提出要建立健全农村土地承包经营纠纷调解仲裁体系和制度；2013 年中央“1 号文件”⑦ 除了继续

① 《中共中央、国务院关于进一步加强农村工作提高农业综合生产能力若干政策的意见》。

② 《中共中央、国务院关于推进社会主义新农村建设的若干意见》。

③ 《中共中央、国务院关于积极发展现代农业扎实推进社会主义新农村建设的若干意见》。

④ 《中共中央、国务院关于 2009 年促进农业稳定发展农民持续增收的若干意见》。

⑤ 《中共中央、国务院关于加大统筹城乡发展力度进一步夯实农业农村发展基础的若干意见》。

⑥ 《中共中央、国务院关于加快推进农业科技创新持续增强农产品供给保障能力的若干意见》。

⑦ 《中共中央、国务院关于加快发展现代农业进一步增强农村发展活力的若干意见》。

重申要加强土地承包经营纠纷调解仲裁体系建设外，还提出要规范土地流转程序，健全县乡村三级流转服务网络。土地流转进入了市场化的阶段。

2013 年 11 月，中共中央第十八届三中全会通过了《关于全面深化改革若干重大问题的决定》，对农村土地流转有了创新性的改革思路和举措。一是明确提出要赋予农民对承包地的占有、使用、收益和流转权利，以及对承包经营权的抵押、担保权利，拓展了土地承包经营权的权能；二是规定土地承包经营权可以在公开市场上流转，代表着农村土地制度改革的市场化方向得到正式认可；三是指明了土地流转的未来方向，即通过市场化的配置方式，使土地“向专业大户、家庭农场、农民合作社、农业企业”等效率高的能者手中集中。

2014 年，中央“1 号文件”《关于全面深化农村改革加快推进农业现代化的若干意见》发布，提出“在落实农村土地集体所有权的基础上，稳定农户承包权、放活土地经营权”，将土地经营权从承包经营权中分离出来，使其成为一项能够进行市场交易、具有使用价值和交换价值并独立于承包权的产权形态（肖卫东、梁春梅，2016），由此确立了我国农村土地产权制度“三权分置”的制度安排。同年 11 月，关于专门规范土地经营权流转的第一个正式文件《关于引导农村土地经营权有序流转发展农业适度规模经营的意见》出台，在重申“坚持农村土地集体所有，实现所有权、承包权、经营权三权分置”的同时，把政策的落脚点锁定在“规范引导农村土地经营权有序流转”。随后，这一政策又在 2015 年 11 月中共中央办公厅、国务院办公厅印发的《深化农村改革综合性实施方案》和 2016 ~ 2018 年的中央“1 号文件”中得到确认。

从以上的政策回顾中，我们可以看到，中国农村土地流转政策演变具有如下一些特征。一是越来越明确地强调土地流转的市场化途径。从最初的只允许土地在本村范围内转包、转让，到后来鼓励土地在公开市场上流转，市场化取向日趋明显。二是土地流转的方式越来越趋于多样化。从最早的转包到后来的转让、互换、入股，再到之后的出租、股份合作，土地流转的具体形式在实践中不断丰富。三是农民对于承包土地的流转权能不断扩大。从一开始的“需经发包方同意后”方可流转，到后来的只需要“报发包方备案”（除转让和互换外），再到“三权分置”政策不再对流转双方做硬性要求（楼建波，2016），这为土地在更大范围内流转创造了条件。

3.1.2 中国农村土地流转发展的阶段特征

与土地流转政策的演变相适应，中国农村土地流转发展也呈现阶段性特征。其中，在20世纪90年代中期以前，全国土地流转的比例一直都是偏低的（张红宇，2002）。根据全国农村固定观察点的调查，1984～1992年，93.8%的农户完全没有转让过耕地，仅1.99%的农户转让了一部分耕地（刘守英，2013）。另据农业部农村合作经济研究课题组（1991）在全国范围内的统计调查，1990年，全国只有208.9万户农户发生了土地转包、转让行为，占全国总农户数的比例不到1%；转包、转让耕地637.9万亩，占全国耕地总面积的比例只有0.44%。

1992年以后，随着市场经济地位的确立，农村内外部环境都发生了变化，土地流转机制的形成具有了基本前提（张红宇，1998）；同时，国家开始着手进行法律、政策层面的创新和实践，土地流转进入试验探索阶段。根据农业部农村合作经济研究课题组（1993）的调查统计，1992年，全国转包、转让了承包土地的农户增加为473.3万户，占全国承包农户总数的2.3%；共转包、转让耕地1153.9万亩，占农户承包土地总面积的0.9%。

1994年是农村改革以来土地承包关系和土地所有权属变动较大的一年，同时这一年参与土地流转的农户比例以及土地流转规模均有所下降。根据农业部农村合作经济研究课题组（1996）的第四次调查统计，1994年，全国转包、转让了承包土地的农户下降为238.4万户，只占到当年全国承包农户总数的1.1%，比上年减少1.2个百分点；共转包、转让耕地955.2万公顷，只占到当年农户承包土地总面积的0.7%，比上年减少0.2个百分点。

1995年后，“建立土地承包经营权流转机制”以文件的形式得以确定，全国范围内的土地流转也开始逐渐兴起。由于缺乏这一时期有关全国土地流转情况的统计数据，我们使用全国农村固定观察点的村庄调查数据加以描述。从表3－2中可以看到，1995～2002年，平均每个村庄发生流转的耕地面积占全村耕地总面积的比例最高不超过5%，无论是转入土地还是转出土地的农户数都很少。这也符合当时中央在土地流转问题上的政策特征——试验探索。

2003 年以后，影响农村土地流转的政策、制度因素和社会经济环境都发生了很大变化，其中影响最大的事情有二：一是《农村土地承包法》颁布实施，二是 2003 年国家宣布取消农业税。受此影响，土地流转出现了一些新变化。由于土地负担的取消，以及后来执行的各种惠农补贴政策，种地突然变得有利可图（《中国土地问题》课题组，2010），从数据中我们也看到，2003 ~ 2004 年，转入耕地的农户继续增加，占比由 2003 年的 3.81% 增加至 2004 年的 3.97%；但转出耕地的农户却大大减少了，与 2003 年相比，2004 年占比下降了 1.65 个百分点。

表 3－2　1995 ~ 2009 年村庄平均土地流转情况（全国农村固定观察点）

年份	全村年末总户数（户）	全村耕地总面积（亩）	年内流转耕地面积（亩）	流转耕地面积占比（%）	转出耕地农户占比（%）	转入耕地农户占比（%）
1995	410.72	2362.39	68.25	2.89	2.61	2.90
1996	420.64	2330.34	60.86	2.61	2.84	2.88
1997	419.28	2322.50	77.39	3.33	3.68	3.35
1998	430.42	2344.71	83.58	3.56	3.73	3.60
1999	434.01	2296.92	92.65	4.03	3.58	3.26
2000	410.28	2315.15	104.03	4.49	3.52	3.43
2001	425.55	2450.93	113.72	4.64	3.79	3.23
2002	428.07	2460.71	121.29	4.93	4.42	3.20
2003	445.36	2466.94	188.54	7.64	6.22	3.81
2004	458.13	2506.02	198.07	7.90	4.67	3.97
2005	481.91	2586.49	205.22	7.93	6.58	3.53
2006	500.70	2624.40	282.8	10.78	6.92	3.48
2007	516.36	2633.78	309.08	11.74	6.82	3.35
2008	521.91	2688.92	314.69	11.70	7.65	3.49
2009	530.94	2677.81	377.33	14.09	9.63	3.77

注：年内流转耕地面积等于年内转入耕地面积和年内转出耕地面积之和。流转耕地面积占比以全村耕地总面积为基础计算，转出（入）耕地农户占比以全村年末总户数为基础计算。其中耕地总面积不仅包括了农户家庭经营耕地面积，还包括了集体统一经营、合伙承包经营和其他经营的耕地面积。

资料来源：根据《全国农村社会经济典型调查数据汇编（1986—1999）》《全国农村固定观察点调查数据汇编（2000—2009 年）》整理。

2008 年是土地流转的分水岭，在地方政府的行政推动下，全国土地流转速度明显加快（赵阳，2011）。根据农业部经管司、经管总站统计的数据，2006～2007 年，全国耕地流转面积年均增长速度约为 14%，但到 2008 年突然猛增至 70%，此后一直到 2013 年，这一增速都保持在年均 20 个百分点以上，呈现“一路狂奔”之势。

2014 年，土地流转再次出现“拐点”——流转面积增速、流转出承包耕地的农户数增速双双下降。2014 年，全国耕地流转面积为 4.03 亿亩，增速由前一年的 22.7% 下降为 18.2%；2015 年、2016 年这一增速进一步回落到 10.9%、7.2%；流转出承包耕地的农户数 2014 年为 5833 万户，增速从前一年的 18.5% 降到 10.9%，2015 年、2016 年进一步下降为 8.5% 和 7.3%。

表 3－3　2005～2016 年全国农村土地流转情况

年份	家庭承包耕地流转面积（亿亩）	占全国家庭承包耕地面积比例（%）	流转出承包耕地农户数（万户）	占全国家庭承包农户数比例（%）
2005	0.38	3.07	—	—
2006	0.56	4.57	—	—
2007	0.64	5.2	—	—
2008	1.09	8.9	—	—
2009	1.52	12.0	2924	12.8
2010	1.87	14.7	3321	14.5
2011	2.28	17.8	3877	16.9
2012	2.78	21.2	4438	19.3
2013	3.41	26.0	5261	22.9
2014	4.03	30.4	5833	25.3
2015	4.47	33.3	6330	27.5
2016	4.79	35.1	6789	29.7

注：2005～2008 年流转出承包耕地的农户数统计缺失。

资料来源：2005 年、2006 年数据援引自张路雄（2009）；2007～2016 年数据根据农业部网站及历年全国农村经营管理情况统计年报整理而来，这些报告大多可从《农村经营管理》杂志下载。

图 3－1 是中国农村土地流转发展的阶段特征与政策演变。可以看到，由于法律的禁止，一直到 20 世纪 90 年代中期以前，全国土地流转的比例

一直都是偏低的。从 1995 年开始，随着土地流转制度改革进入试验探索阶段，全国土地流转才变得活跃起来，但发展相当缓慢，面积也没有增加多少①。2003 年以后，随着《农村土地承包法》的颁布实施，土地流转有了较大提速。来自全国农村固定观察点的村庄调查数据显示，2003～2007 年，全国土地流转面积年均增长约 5.1%。但是，土地流转的真正起步还是在 2008 年十七届三中全会提出“建立健全土地承包经营权流转市场”以后。根据农业部经管司、经管总站公布的数据，2008～2014 年，仅 7 年时间全国耕地流转面积比例就上升了 21.5 个百分点，这一时期平均每年的土地流转面积比例的增幅基本都保持在 3 个百分点以上。2014 年以后情况又发生了变化，虽然参与流转的耕地面积仍然在增加，但增加的幅度已出现回落。

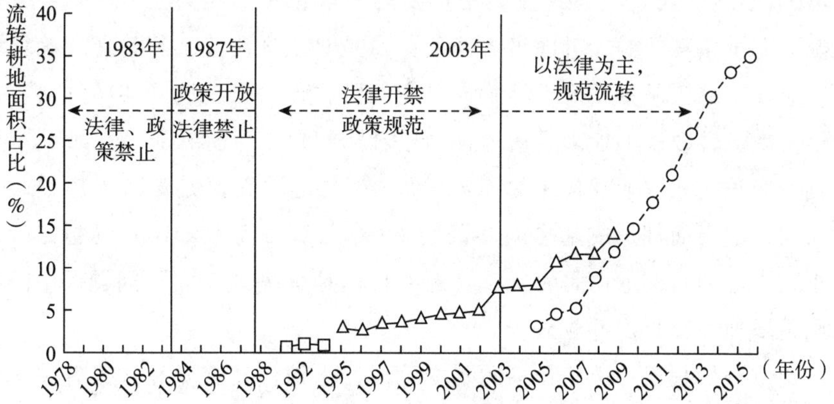

图 3－1　中国农村土地流转政策变迁与阶段特征

注：1990、1992、1994 年数据来自农业部农村合作经济研究课题组（1991；1993；1996），1995～2009 年数据来自全国农村固定观察点的村庄调查，2005～2016 年数据来自农业部经管司、经管总站的统计年报。不同段数据不可比。

对于土地流转增速下降的原因，已经有研究做了些许分析（孔祥智，2016；魏后凯、刘同山，2017）。但是，这些研究大多忽略了土地流转市场发育不完全的问题。有调查显示，虽然这两年全国土地流转的增速在放缓，但现实中还有一些农民想出租土地却没人承接。在被调查的 767 个有

① 另据《全国人大常委会执法检查组关于检查〈中华人民共和国农村土地承包法〉实施情况的报告》，到 2002 年年底，全国农村土地流转面积约占到承包地面积的 4.44%。

效农户样本中，有42.5%的农户愿意但未能出租承包地，其中在给出具体原因的214户受访农户中，回答“没人租”的农户占了50%（魏后凯、刘同山，2017）。该结果一方面意味着尚存在巨大的未能满足的土地流转需求；另一方面也凸显出现行土地流转市场的不完善之处，即土地流转市场发育迟缓，使得农民潜在的土地流转需求难以得到满足。

3.2 中国农村土地流转的政策目标分析

所谓政策目标，顾名思义，就是一项政策要达成的目标。对土地流转的影响进行评估，一个基本思路就是以土地流转政策目标为导向，衡量目标实现的程度。那么，现行土地流转的政策目标是什么？对此，姜法芹（2010）认为，可以把土地流转中重要的政策目标归纳为三大要点：一是稳定家庭承包责任制，巩固集体经济；二是对土地用途实行管制，确保粮食国家安全；三是推动规模经营，提高农民收入。张良悦（2016）对不同阶段土地流转政策的梳理后认为，土地流转的根本目标在于“工业化、信息化、城镇化和农业现代化的同步发展”，这是“无论是学术界还是政策层面与实践层面都形成基本的共识”。赵峰和黄寿海（2016）则指出，农村土地流转的目标取向是农民，其最终目标是解决“三农”问题，中间目标则是增加农民财产性收入。

文节分析是研究政策目标的基本手段，土地流转在党和国家有关文件的表述是探究其政策目标的基本依据（姜法芹，2010；房建恩，2017）。通过梳理有关土地流转的政策、文件，我们可以发现，中央早期关于土地流转的政策目标比较单一，带有明显的效率导向。比如，1984年的中央“1号文件”提出“鼓励土地逐步向种田能手集中”，其目的就是想通过土地流转，将耕地配置于能够更有效使用耕地的种田能手，使耕地产出效益最大化。在1986年的中央“1号文件”[①] 中，在提到“必须努力提高土地生产力”时，文件也强调要“鼓励耕地向种田能手集中，发展适度规模的种植专业户”。可以说，一直到最近，按效益原则配置耕地资源、将耕地向高效率的经营主体集中，仍然是中央农村土地流转政策的主要目标之

① 《关于一九八六年农村工作的部署》。

一。比如，2013 年的中央“1 号文件”和当年颁发的《关于全面深化改革若干重大问题的决定》就同时提出，鼓励和支持农户的承包土地向专业大户、家庭农场、农民合作社、农业企业等新型经营主体流转。

20 世纪 80 年代中后期，随着农村大量劳动力转移到非农部门就业，很多地方出现了耕地撂荒的现象。此时，由于农业税还没有被废除，受粮食上缴任务的制约，农村许多人不愿意耕种土地。因此，这一时期的土地流转主要被用于解决耕地撂荒问题（张良悦，2016），且带有强制性流转特点（张曙光、程炼，2012）。比如，1987 年的《中共中央关于把农村改革引向深入的通知》中就提道“长期从事别的职业，自己不耕种土地的，除已有规定者外，原则上应把承包地交回集体，或经集体同意后转包他人”。

而将土地流转与农业现代化发展联系在一起则是 21 世纪之后，特别是党的十七届三中全会和十八大之后的事情了（张良悦，2016）。这一阶段，中央对土地流转与规模经营、现代农业发展已经有了比较全面和理性的认识，并着手进行了相应的政策设计。2008 年党的十七届三中全会在继续重申允许农民以各种形式流转土地承包经营权的同时，提出要“发展多种形式的适度规模经营”。2009～2010 年的中央“1 号文件”也都强调了要在土地流转基础上，发展多种形式的适度规模经营。2012 年的中央“1 号文件”进一步指出要“引导土地承包经营权流转，发展多种形式的适度规模经营，促进农业生产经营模式创新”。可见，土地流转已经开始与规模经营、现代农业经营体系的构建结合在一起。

十八大以后，土地流转被确定为今后农村土地改革的重大战略部署。与此相适应，中央关于土地流转的政策也经历了由“体制”问题到“发展”问题的转变（张良悦，2016），对土地流转的态度更加积极，土地流转也有了更明确的目标导向。2014 年 11 月，中共中央办公厅、国务院办公厅印发的《关于引导农村土地经营权有序流转发展农业适度规模经营的意见》，在文件开头就开门见山地写道：“土地流转和适度规模经营是发展现代农业的必由之路，有利于优化土地资源配置和提高劳动生产率，有利于保障粮食安全和主要农产品供给，有利于促进农业技术推广应用和农业增效、农民增收。”显然在这里，国家希望通过推动土地流转破除当前耕地资源配置扭曲、农业发展低效、农民收入增长乏力和农村劳动生产率低下的“顽疾”。

从以上分析中可以发现，对于土地流转，政策文本和学术话语协力构建了诸多功能性目标（叶敬忠等，2016），包括：优化耕地资源配置、保障粮食安全、促进农民增收、改善农业经营绩效、促进农村劳动力转移和提高劳动生产率等。这些目标深刻根植于“三农”问题的解决，既是个体目标和社会目标的结合（徐卫，2015），但同时也导致了不同土地流转政策目标之间的冲突，比如，保障粮食安全①与促进农民增收目标的冲突（罗晓东，2005）。

3.3 简要结论

本章回顾了中国农村土地流转政策的演进历程和土地流转发展的阶段特征。梳理发现，从 1982 年《宪法》禁止转让土地，到 1984 年中央“1 号文件”允许有条件土地转包，再从 1988 年《宪法》允许土地使用权依照法律规定转让，到 2003 年《农村土地承包法》将土地流转政策上升为法律形式确立下来，中国农村土地流转经历了从“法律、政策禁止”到“法律禁止、政策松动”再到“法律开禁、政策规范”以及“法律为主，规范引导”的大致演变轨迹。在此过程中，中国农村土地流转发展也经历了一个从不活跃到活跃，再到迅猛增长的过程。其中，在 20 世纪 90 年代中期以前，全国土地流转的发生率一直都是偏低的；2003 年《农村土地承包法》出台后，土地流转有了较大提速；2008 年党的十七届三中全会后，土地流转速度明显加快。

通过梳理有关文件中对土地流转目的和意义的政策表述，本研究还发现，目前土地流转被赋予了多重期待，实现耕地资源优化配置、保障粮食安全、促进农民增收和农业增效、提高农村劳动生产率等都成为土地流转的预期政策目标。这些目标深植于国家“三农”问题的解决，既是个体目标和社会目标的结合，但同时也导致了不同目标之间的冲突。

① 当然，关于土地流转是否一定会危及粮食安全，并没有确定的证据。至少从我们使用的数据来看，土地流转与“非粮化”之间并无必然的联系（见第 4 章 4.3.2 小节）。

第4章　农户土地流转行为与土地权利状况调查分析

由于具有全国代表性的农户家庭微观数据十分稀缺，目前中国农村土地流转市场的真实状况还难以把握。本章利用中国农业大学和农业部农村固定观察点办公室2016年组织的对全国25省份农户调查数据，对中国农村土地流转市场发展的最新现状和特征进行描述，以客观反映中国农村土地流转的概貌与趋势。此外，本章还将对当前中国农村土地权利政策的落实情况和农户拥有的土地权利状况进行详细考察。

4.1　引言

在评估土地流转带来的影响前，对土地流转市场的发展现状及特点进行全面的统计分析是十分必要的。目前虽然已经有一些文献对中国农村土地流转的特点、存在问题及趋势进行了描述，但绝大多数研究都是基于对单个或少数几个省份的调查分析，可能无法准确反映全国的情况；而且由于中国地区间差异巨大，土地流转的地区差异也相当明显，基于这些调查得到的研究结论很可能不具有一般性。1999年，中国人民大学和美国农村发展研究所（RDI）合作进行了首次中国17省份农村土地权利情况调查，之后于2001年、2005年、2008年、2010年和2011年又陆续进行了5次调查（叶剑平、田晨光，2013；丰雷等，2013），这可能是国内已知规模最大的关于农村土地问题的调查研究。但由于该项调查公开的数据最新只截至2011年，对于中国农村土地流转市场中出现的一些新情况、新问题可能未及时反映；而且该调查主要针对农村土地权利政策的落实情况展开，涉及农户土地流转的内容并不多。

农业部全国农村固定观察点数据库是1986年由中央农村政策研究室牵头建立的一个关于中国固定农户的微观家计调查数据库，其数据有以下三个鲜明的特征和优势：一是持续固定跟踪，稳定性好；二是调查范围广，样本量大；三是变量丰富（程名望等，2016）。而且，观察点特有的农户记账制度保证了数据的真实可靠。农村固定观察点调查详细记录了每个农户家庭占有和经营的耕地情况，包括承包耕地面积、年初经营耕地面积、年内增加（减少）耕地面积、年末经营耕地面积等。其中，年内增加（减少）耕地面积指标下面还进一步以“转包入（出）”记录了每个家庭的年内耕地变动情况及耕地流向。它包含的丰富的样本值和统计变量给我们考察农户的土地流转行为及其影响提供了很好的机会。依托该数据库，史清华和贾生华（2002，2003）分析了苏鲁浙3省和浙晋2省的农户土地流转趋势及特点；王亚楠等（2015）考察了农户的土地租金收取行为；吴鸾莺等（2014）、杨进和陈志钢（2016）分别检验了农业税费改革、劳动力价格上涨和老龄化对农户土地流转的影响；李庆海等（2011）估计了农户参与土地流转的福利效果。

因为固定观察点的数据集不包含农户土地流转意愿和原因、土地调整、土地确权和土地产权状况方面的信息，在固定观察点数据的基础之上，中国农业大学“农户粮食产后收获损失调查”课题组委托农业部农村经济研究中心于2016年6～7月对其中28个省（自治区、直辖市）4000多户家庭（不含牧户）又开展了一次回溯补充调查，丰富了研究所需的信息量。回溯调查获得的数据与固定观察点已有的2015年农村情况调查数据进行合并，形成本研究最终使用的数据。下面，本章将利用这些数据对我们关注的一些问题进行统计分析。这个描述性分析几乎涵盖了已有研究中有关农户土地流转和土地权利状况的常见描述内容。为了能从趋势上说明问题，本研究还将本次调查结果与以前的几个调查分析进行了对比。

4.2 调查方法与样本结构

4.2.1 调查方法

本研究使用的数据来自中国农业大学“农户粮食产后收获损失调查”

课题组和农业部农村经济研究中心于2016年6～7月份组织的一次大规模的农户抽样调查。调查的抽样范围是农业部的农村固定观察点，它是根据中央有关要求建立起来的一个在全国范围内、按类型和抽样相结合选定村庄和农户进行连续跟踪调查①的农村社会经济典型调查系统。截至2016年，该调查系统已覆盖中国大陆31个省（直辖市、自治区）357个县（市、区），共有359个调查村21159户记账农（牧）户②。课题组从其中随机抽取了4000多户农户（不含牧户）作为新的调查样本，进行回溯补充调查。补充调查的内容除了涉及抽样户2015年度的粮食生产、储藏、消费及损失浪费情况，还特别附加了关于农户对于土地权属的认知状况、土地权利保护意识、土地流转意愿以及土地调整、土地确权情况的内容。补充调查获得的数据与固定观察点已有的数据进行合并，形成本研究最终使用的数据。

此次补充调查依托农村固定观察点调查系统进行，调查的样本也是利用固定观察点的网络，对各个省份加以分层随机抽样得来的。抽样样本的母群体涵盖了全国除上海、海南和西藏的28个省（区、市）的335个固定观察点村的20398户固定观察点农（牧）户，每个村布点的农（牧）户数在10～150户不等。课题组在事先确定的这28个样本省（区、市）内，首先基于农作物种植品种差异和适当向粮食主产区倾斜的原则，挑出了217个固定观察点村作为调研村。然后，在抽取的样本村中，再根据每个村的布点情况，由基层调查员随机抽取10～40户固定观察点农户（不含牧户）作为被调研农户。最终，我们从20398个固定观察点农户样本构成的抽样框中，共抽取了4170户农户发放问卷进行回溯调查（见表4－1）。调查以村为单位进行，由每个观察点配备的村级调查员亲自入户发放问卷进行现场数据采集。为保证问卷填写质量，课题组于2016年4月底和5月底分两次对调查人员进行了关于如何实施调查的集中培训，并向他们提供了调查问卷操作手册（细则）。此外，在调查过程中，课题组还组织专门

① 调查采取分层随机抽样的方法，首先在各个省份按照收入的高低顺序选取富裕、中等和低三种不同收入水平的县，然后在县一级选取一个具有代表性的村庄，最后按照村庄规模的大小，在每个被选取的村庄中再随机抽取若干农户逐年进行跟踪调查。

② 根据农业部农村固定观察点办公室提供的2015年农村情况调查数据统计，剔除了重复样本。

人员对调查员寄回的问卷进行复核，以最大限度地保证调查结果的真实可靠性。

本次调查共收回问卷3739份，回收率为89.66%。然后，为了配合本次补充调查，农业部农村固定观察点办公室为此开放了2015年这28个省份的常规调查数据供课题组使用。我们以“省码+村码+户码”为标识码(ID)，将回溯调查取得的数据与固定观察点已有的调查数据（包括住户数据和家庭成员数据）进行合并，在剔除因村码、户码误填或漏填的249份无法匹配问卷后，最终我们获得了3490份有效匹配问卷。这些样本散布在全国28省（区、市）201个固定观察点村（见表4-1），构成了本章实证分析的原始数据资料。通过回溯调查所获得的数据和已有的固定观察点调查数据反映的均是样本地区、农户和个人在2015年的情况。

表4-1　调查样本的省份分布及抽样、匹配情况

省份	观察点村数（个）	观察点农户数（户）	发放问卷村数（个）	发放问卷农户数（户）	匹配村数（个）	匹配农户数（户）
北京	3	97	1	15	1	15
天津	7	320	2	60	2	53
河北	11	1092	8	185	8	151
山西	12	956	9	125	8	107
内蒙古	4	170	4	80	3	52
辽宁	12	1200	11	250	11	245
吉林	20	1000	17	290	17	277
黑龙江	14	954	13	255	11	177
江苏	11	808	8	210	8	175
浙江	10	497	1	10	1	8
安徽	17	1214	10	220	10	175
福建	11	911	5	95	5	95
江西	11	940	8	155	8	151
山东	26	1040	8	170	8	147
河南	16	999	15	375	15	318
湖北	15	897	12	245	12	232
湖南	10	454	9	195	8	137

续表

省份	观察点村数（个）	观察点农户数（户）	发放问卷村数（个）	发放问卷农户数（户）	匹配村数（个）	匹配农户数（户）
广东	9	742	6	100	5	74
广西	14	694	10	155	10	144
四川	16	792	10	180	8	123
贵州	10	789	7	120	5	84
云南	10	750	8	140	7	111
重庆	10	482	5	85	5	72
陕西	25	999	11	160	11	157
甘肃	13	457	8	125	6	89
青海	4	250	3	40	3	35
宁夏	5	225	3	60	2	48
新疆	9	669	5	70	3	38
合计	335	20398	217	4170	201	3490

资料来源：作者根据农业部农村固定观察点办公室提供的 2015 年农村情况调查数据和回溯调查的问卷发放、回收及匹配情况进行整理而来。

4.2.2　数据处理

在成功配对问卷后，我们按照以下程序对数据进行清理：首先，由于本书研究的是农村土地流转问题，为避免调查结论偏差，故舍弃北京、天津两个直辖市（但保留了重庆市①）的样本；其次，根据指标间平衡关系，剔除数据前后逻辑不一致且与其他指标数据核对不上、无法纠正的问卷样本；再次，根据问卷的作答情况，剔除关键信息不完整或回答问题不足被调查问题 20% 的问卷样本；最后，为避免由于抽样的代表性不足而引起的可能偏差问题，剔除样本量不足 8 户的村样本（浙江省由于只抽调了 1 个村的 8 户农户，予以舍弃）。经过上述处理后，我们最终获得的有效样本共涉及 25 个省（区、市）、186 个观察点村的 3278 个观察点农户，约有

① 主要原因是北京和天津的农业功能不同于其他省份，以现代都市农业为特色，种植业在农业发展中并不占主要地位；而重庆市作为农业直辖市，其农业发展和其他省份几乎没有什么差别。

6%的观测值被清理出样本，问卷有效率为93.93%。下面将使用这3278份样本①对2015年中国农村土地流转市场的发展现状和特点进行描述。其中，绝大部分数据都来源于“固定观察点调查”；只有土地调整和确权、土地产权认知、转包出（入）耕地意愿和原因、村庄地理位置方面的信息来源于回溯调查。由于回溯的内容主要是农户的态度、看法，且同样是由每个观察点配备的村级调查员亲自走访入户调查，使得调查的质量也能够得到保证。

4.2.3 样本分布

被调查的3278个农户平均家庭规模为4.01人，相当于二代户即夫妻两人加两个孩子，这一规模要高于同期国家卫计委公布的3.35人/户的全国家庭平均规模②，这可能与农村自1984年起实施的“一孩半”政策有关（王子成，2015；史常亮等，2017a）；15岁以上（不含15岁）劳动年龄人口③平均每户约为3.39人，同样高于根据《中国统计年鉴(2016)》计算的2.80人的全国平均水平；平均每个劳动力负担人口（含本人）1.18人，略低于根据《中国统计年鉴（2016)》计算的1.20人的全国平均水平。

调查样本在各省份的分配见表4－2。由于在各省份布点的观察点村数、观察点农户数不等，造成样本在各省份的分布也很不均匀。其中，青海、宁夏和新疆3省份回收的样本量较小，都在50户以下；而辽宁、吉林、河南和湖北回收的样本量则较大，都在200户以上。不过，由于在调查中，调查员是以村为单位采用随机起点抽样调查的方法选取农户样本，总体上，数据能反映中国农户家庭土地流转的基本情况。

---

① 在余下的章节中，还将继续使用到这3278份样本，并根据相应研究目标陆续从固定观察点数据库中匹配样本。由于不同章节使用了不同的变量，相应各章匹配到的样本存在不同程度的缺失，因此会出现样本数量前后不一致的现象。

② “2015家庭发展报告：中国家庭平均3.35人”，中国社会科学网，2015年05月13日。

③ 考虑到在农村，只要身体健康，许多老年人即使过了法定劳动年龄仍然会参加劳动，因此我们将“劳动年龄人口”作为“劳动力”的代理变量。根据郭继强等（2014）的定义，这里“劳动年龄人口”界定为年龄在15岁以上（不含15岁）的家庭人口。

表 4-2　样本农户及样本村在各省份的分配

省份	样本村数（个）	样本农户数（户）	占比（%）
河北	7	148	4.51
山西	8	105	3.20
内蒙古	3	50	1.53
辽宁	11	240	7.32
吉林	17	274	8.36
黑龙江	10	171	5.22
江苏	8	174	5.31
安徽	8	165	5.03
福建	5	93	2.84
江西	8	147	4.48
山东	8	147	4.48
河南	13	290	8.85
湖北	11	213	6.50
湖南	7	129	3.94
广东	4	63	1.92
广西	10	143	4.36
四川	7	111	3.39
贵州	5	82	2.50
云南	7	109	3.33
重庆	4	64	1.95
陕西	11	154	4.70
甘肃	6	89	2.72
青海	3	33	1.01
宁夏	2	47	1.43
新疆	3	37	1.13
合计	186	3278	100

资料来源：作者根据问卷清理结果整理。

被调查农户中，约有 67% 的家庭位于距离最近的乡镇或县城 5 公里以内，这之中又有一半以上家庭位于距离最近的乡镇或县城 2 公里以内；而距离最近的乡镇或县城超过 10 公里的样本家庭只占 12% 左右。如图 4-1 所示。

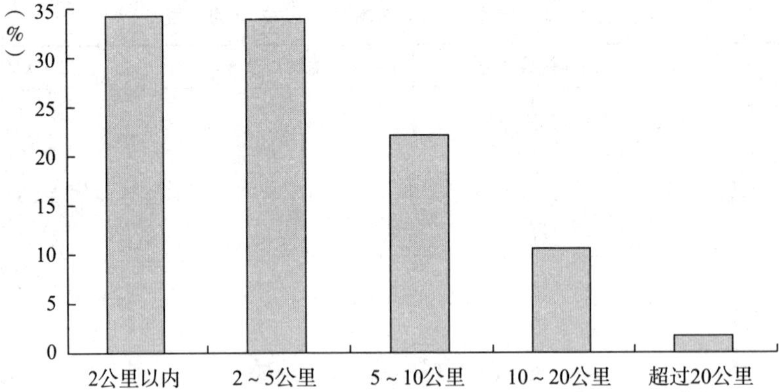

图 4-1　被调查农户家庭到最近的乡镇或县城的距离

4.3　调查结果分析

4.3.1　耕地经营情况

调查样本的平均承包地数量及 2015 年的耕地经营情况见表 4-3。统计显示，被调查农户平均每户拥有承包耕地 9.09 亩，高于根据《中国农业年鉴（2015）》计算的 5.77 亩/户[①]的全国平均水平。这并不奇怪，因为本次调查面向的主要是粮食主产区。从家庭经营土地的来源看，农户经营耕地中，通过市场流转获取的转包地面积比例年初为 14.56%，年末则增加到 21.34%；与此同时，承包地比例则由年初的 80.65% 下降到年末的 73.61%，说明有越来越多的农户选择脱离农业并转出手中的土地。

表 4-3　调查样本 2015 年耕地经营情况

单位：亩

项目	样本量	均值	标准差	最小值	最大值	合计
承包地总面积	3278	9.09	12.62	0	120	29808.62
年初经营耕地面积	3278	11.01	16.28	0	227	36073.82
其中：承包地	3278	8.88	12.62	0	120	29095.12
承包村内机动地	3278	0.21	1.83	0	50	697.20
转包地	3278	1.60	8.39	0	227	5252.50

① 《中国农业年鉴（2015）》数据反映的是 2014 年的情况。

续表

项目	样本量	均值	标准差	最小值	最大值	合计
年末经营耕地面积	3278	11.66	19.45	0	297	38210.12
其中：承包地	3278	8.58	12.56	0	120	28127.82
承包村内机动地	3278	0.23	2.13	0	67.5	744.10
转包地	3278	2.49	12.04	0	297	8154.50

注：家庭年末（初）经营耕地面积包括实际承包集体生产的耕地面积、家庭自营耕地面积（自留地、饲料地和零星开荒地），以及经营转包耕地面积。因此，表中的年末（初）经营耕地面积一般大于等于承包地、承包村内机动地和转包地三者面积之和。

资料来源：作者根据农业部农村固定观察点 2015 年农村情况调查数据整理。

4.3.2　土地流转情况

1. 土地流转参与率

本研究主要分析农户之间的自发土地流转交易行为[①]，包括土地转入和土地转出两种。在全国农村固定观察点的农户调查表中，反映这两方面信息的指标主要是：①“年内增加耕地面积——转包入”指标，指年内从其他经营主体新转入而在年末转包行为尚未结束的耕地面积，该指标反映了农户在调查年度新增转入土地的情况；②“年内减少耕地面积——转包出”指标，指年内已转包给他人（包括企业、农民专业合作组织、其他农户以及村外农户、企业和其他各类经济组织）耕种的耕地面积，该指标反映了农户在调查年度新增转出土地的情况；③“年初（末）经营耕地面积——转包地”指标，指从其他经营主体转包入的耕地面积，包括年初已转包入的和年内新转入而在年末转包行为尚未结束的两部分，该指标可以反映出农户在过去和截至调查年度通过土地流转市场获得土地的情况。基于这 3 个指标，我们定义：如果“年内减少耕地面积——转包出”大于 0，则表示该农户家庭当年转出了土地；如果“年内增加耕地面积——转包入”大于 0，则表示该农户家庭当年转入了土地。

表 4 -4 报告了对样本农户家庭在 2015 年的土地流转参与情况的统计。

① 在农村固定观察点调查数据中，除了农户间的土地流转交易外，还有一种属于农户与村集体之间的流转交易，即承包村组内机动地。考虑到这种交易模式无论是在规模、所涉及的农户数，还是在流转合约、交易成本和经营方面都存在一定的差异（田传浩、贾生华，2004；田传浩、方丽，2013），本书的分析不包括这种交易情况。

数据显示，2015 年，共有 501 户家庭参与了土地流转，占样本农户总数的 15.28%。其中，有 257 户家庭转出了自己的耕地，占 7.84%；有 252 户家庭从其他农户手里转入了耕地，占 7.69%；另有 8 户家庭同时转入和转出了耕地，占 0.24%。总体看，有近 1/6 的农户在 2015 年进入了流转市场。

表 4－4　2015 年参与土地流转的农户频数分布

单位：户，%

是否转入/转出耕地	年内没有转出耕地	年内转出了耕地	合计
年内没有转入耕地	2777（84.72）	249（7.60）	3026（92.31）
年内从其他农户手里转入了耕地	244（7.44）	8（0.24）	252（7.69）
合计	3021（92.16）	257（7.84）	3278（100）

注：括号内数值是占样本总数旳比例。

资料来源：作者根据农业部农村固定观察点 2015 年农村情况调查数据整理。

表面上看，与已有同类文献相比，本次调查获得的农户土地流转参与率偏低，不仅低于黄枫和孙世龙（2015）在 2013 年的调查（32.09%），而且也低于叶剑平等（2010）在 2008 年所做的调查（30.53%）。究其原因，一个很重要的细节就是本次调查统计的是样本农户在调查年度当年新发生的土地流转，也就是当年新进入土地流转市场的农户数，属增量概念；而前述两个调查统计的却是截至调查时间农户的土地流转经历，也就是说只要被调查农户在此期间发生了土地流转行为即统计在内，因此更像是一个存量概念。事实上，当我们把统计的范围扩大为截至 2015 年所有流转过耕地的农户，则仅就土地转入①而言，农户参与比例将达到 18.49%。也就是说，有接近 1/5 的农户同时耕种着自家地和转入地。这与早期调查结果具有较好的衔接性。表 4－5 汇总报告了这些调查结果。

表 4－5　农户对土地流转市场的参与情况

单位：%

项目	1992 年[a]	2005 年[b]	2008 年[c]	2013 年[d]	2015 年[e]	2015 年[f]
参与流转农户比例	14.77	32.89	30.53	32.09	—	15.28

① 根据固定观察点的农户调查表，我们可以从“年初经营耕地面积——转包地”指标中判断出某一农户此前是否转入了耕地，而对于该农户此前的耕地转出情况则无从得知。

续表

项目	1992 年[a]	2005 年[b]	2008 年[c]	2013 年[d]	2015 年[e]	2015 年[f]
其中：转出土地农户	4.09	15.86	14.97	16.92	—	7.84
转入土地农户	10.68	18.21	16.48	15.99	18.49	7.69

注：调查 a、b、c、e 统计的是截至调查时间发生过土地流转的农户数，调查 d 统计的是在调查时间前 5 年内发生过土地流转的农户数，调查 f 统计的是在调查时间当年参与了土地流转的农户数。

资料来源：a. 农业部农研中心 1993 年对全国近 3 万户农户的抽样调查（参见张红宇，2002）；b、c. 中国人民大学和美国农村发展研究所（RDI）2005 年、2008 年组织的 17 省农村土地调查，前者涉及 1773 个村的 1962 户农户，后者涉及 1656 个村的 1773 户农户（参见叶剑平等，2006，2010）；d. 上海财经大学 2013 年组织的“千村调查”，涉及 21 个省份 120 个村庄的 6203 户农户（参见黄枫和孙世龙，2015）；e、f. 为农业部全国农村固定观察点 2015 年的常规调查。

2. 土地流转规模

虽然有越来越多的农户家庭开始脱离农业并转出土地，但数据表明，绝大多数农户都只是把自己的一小部分土地流转了出去。结合表 4－3、表 4－6 提供的数据看，2015 年样本农户家庭新增流转耕地 4624.8 亩，占其家庭承包耕地总面积的 15.51%，即相当于有 1/6 的承包地进入了流转市场，其中新增转入耕地 3465.4 亩，新增转出耕地 1159.4 亩。进一步的，在截至 2015 年转入了耕地的农户中，有高达 67.99% 的家庭转入耕地的面积超过了其年末经营耕地面积的一半；而在当年参与土地转出的农户中，有 47.08% 的家庭转出了半数以上的承包地，仅有 16.73% 的家庭转出了家里所有的承包地。

表 4－6　农户 2015 年新增转入和转出耕地面积

项目	平均值	标准差	最小值	最大值
年内新增流转耕地面积（亩）	4624.8[a]	497.34	—	—
1. 土地转入：				
其中：年内新增转入耕地面积（亩）	3465.4[a]	482.94	—	—
户均转入耕地面积[b]（亩）	13.75	27.45	0.1	181.6
2. 土地转出：				
其中：年内新增转出耕地面积（亩）	1159.4[a]	119.47	—	—
户均转出耕地面积[b]（亩）	4.46	6.04	0.1	50

注：a 统计的是所有参与流转（转入/转出）农户在当年新增流转耕地面积的总和。b 统计的是实际参与流转农户的土地流转面积，而非全部样本农户。

资料来源：作者根据农业部农村固定观察点 2015 年农村情况调查数据整理。

从土地的平均流转规模上看，参与土地转出的农户平均每户转出耕地4.46亩，其中最大转出耕地面积为50亩；而参与土地转入的农户平均每户转入耕地13.75亩，其中最大转入耕地面积达到181.6亩。户均转入耕地规模较大而户均转出耕地规模较小，原因可能是转入土地的农户将流入的分散、小块耕地进行了整合。另外，我们看到，无论是在总量上还是在平均流转规模上，土地转入的数量差异均明显高于土地转出的数量差异（前者的标准差远远大于后者）。这是由中国人多地少的资源禀赋和按人口平均分配土地的农村土地制度安排所决定的：由于土地按人口均分，每户分到的土地数量都很少，这就决定了农户一旦选择转出土地，其数量的调整幅度是十分有限的；相对的，对于转入方来讲，因为可以从多个农户手中转入土地，其数量的调整幅度相对较大（黄枫、孙世龙，2015）。本次调查中，转入过耕地的农户样本里，有40.92%的家庭转入耕地的面积超过了其初始承包地面积，且超出1～30倍不等，佐证了这一点。

3. 土地流转对象

从土地的流向可以看出参与土地流转的主体。一般认为，为了降低耕地地力被破坏或用途被改变的风险，绝大多数的土地流转交易都倾向于发生在普通农户之间，特别是在本村农户之间（张照新，2002）。本次调查同样揭示了这一点，如表4－7所示。在当年新增转出的1159.4亩承包耕地中，83.47%的耕地被转包给了本村的其他村民，只有7.54%的耕地流转到了村外。这些数据与叶剑平等（2010）在2008年的调查结果（79.2%的土地转出给同村的亲戚或其他村民）差异不大。这说明在过去的几年里，中国农村土地流转仍然以发生在本村村民之间的自发性流转、非正式流转为主，跨村流转的情况十分少见。

与此同时，外地工商企业、农民专业合作组织等其他经营主体也开始参与到土地流转过程中来。2015年，有8.99%的耕地流转给了这些新型农业经营主体。相比于普通农户之间的小规模自发流转，农民专业合作组织、企业一般流转的土地数量都很大，并往往采取整村租赁、反租倒包的形式，对土地流转市场的冲击也是普通农户不能相比的。对此，需要我们重视。

表4-7　土地流转的对象

项目	合计	村外	村内	转包给企业	转包给农民专业合作组织	转包给本村其他农户
面积（亩）	1159.4	87.4	1072	51.6	52.6	967.8
占比（%）	100	7.54	92.46	4.45	4.54	83.47

资料来源：作者根据农业部农村固定观察点2015年农村情况调查数据整理。

4. 土地流转后的用途

从国家的角度，对土地流转的主要担忧是“非粮化”。近几年，土地流转“非粮化”越来越频繁地进入公众的视野，相关表述也从早期的“现象”逐渐变化为“倾向”“趋势”（张宗毅、杜志雄，2015）。人们认为土地流转会导致“非粮化”的逻辑非常直观：由于粮食生产的比较效益较低，为了有利可图，转入土地的农户一般会选择种植比较收益较高的经济作物。本研究同时从农户和地块两个层面对土地流转后的用途进行分析，判断是否存在“非粮化”。这里的“非粮化”是指农户转入土地后，将大部分土地都用于种植非粮食作物，而用于种植粮食作物的土地面积很少。与已有同类研究一样，我们使用“非粮食作物播种面积占农作物播种面积的比例”描述“非粮化”程度，其中界定的粮食作物只包括了小麦、水稻和玉米三大主粮。

在农户层次上，我们的基本思路是比较转入户和非转入户在农作物种植结构上的差异。其中，转入户和非转入户是根据年末经营耕地面积中转包地的比例来区分的，如果该比例大于0，则定义为转入户；否则记为非转入户。表4-8表明，转入户与非转入户在粮食种植上并无明显差异，其中转入户“非粮化”种植比例为23.70%，仅比非转入户高0.63个百分点，而且这种差异是统计不显著的。可见，并没有充足的证据支持转入土地的农户存在“非粮化”种植偏好。

表4-8　土地流转的用途（农户层面）

项目	总样本	转入户 ①	非转入户 ②	均值差 ①-②
户数（户）	3108	584	2524	—
年末经营耕地面积（亩/户）	11.57	23.71	8.76	14.95***

续表

项目	总样本	转入户 ①	非转入户 ②	均值差 ① - ②
其中：转包地面积（亩/户）	2.51	13.35	0	13.35 ***
非粮化种植比例（%）	23.19	23.70	23.07	0.63

注：剔除了年末经营耕地面积或农作物播种总面积为0的样本。初始样本中含有少量承包村内机动地的农户，考虑到相对于农户之间的自发交易，这种交易模式无论是在流转规模还是在合约、交易成本和经营等方面都存在较大差异（田传浩、贾生华，2004），在分析时我们剔除了这部分样本。第（4）列为转入户与非转入户在各个变量上均值的两样本 t 检验（不同方差）结果，***、**、* 分别表示在1%、5%和10%显著性水平上有显著差异。

资料来源：作者根据农业部农村固定观察点2015年农村情况调查数据整理。

在地块层次上，我们主要比较农户在自家地和转入地上种植的作物品种有何差异。回溯调查时，我们询问了每个农户面积最大的6个地块的来源和种植作物品种信息。其中地块来源包括“自家地”“租村集体的地”和“租其他农户的地（即转入地）”3种。为了与农户层次的数据保持一致，这里只关注自家地和转入地①。表4－9的数据表明，在9543个样本地块中，有781块属于转入地，占8.18%。从种植的作物类型看，绝大多数的地块流转后仍然用于粮食种植，在781个转入地块中，只有12.8%的地块用于种植非粮食作物；而在自家地中，这个比例达到16.39%。这表明，在利用土地方面，农户在决定粮食和非粮食作物之间如何分配土地问题上，地块的来源或许不是一个主要的考虑因素，农户在种植决策时将自有和转入的耕地统一分配给各种作物。

表4－9　土地流转的用途（地块层面）

单位：块，%

种植作物类型	自家地	转入地	合计
非粮食作物	1436（15.05）	100（1.05）	1536（16.10）
粮食作物	7326（76.77）	681（7.14）	8007（83.90）
合计	8762（91.82）	781（8.18）	9543（100）

注：剔除了在同一年内套种粮食作物和非粮食作物的地块，以及数值缺失的地块。括号内数值是占样本总数旳比重。

① 在我们调查的地块样本中，“租村集体的地”约占7.32%。

5. 土地流转租金

土地租金被认为是体现土地流转市场化的重要信号（王亚楠等，2015）。相比于无偿流转，土地的有偿流转更能体现土地流转市场的交易特征（何欣等，2016）。表 4－10 的数据显示，虽然无偿流转依旧普遍存在，但有偿流转①也得到了一定的发展。在 400 个流转户样本中，有 189 个农户向他人收取或支付了土地租金，占 47.25%。这暗示我们，一个以价格为导向的土地流转市场正在缓慢形成。

进一步分土地转入和土地转出看，在参与土地转入的 252 户家庭中，支付了土地租金的农户比例为 48.81%；而在参与土地转出的 257 户家庭中，收到流转补偿的农户比例为 49.42%，二者比例不相上下。从流转规模看，无论是有偿转入还是有偿转出②，其流转规模均普遍高于无偿流转；并且虽然有偿转入户的数量较少，但户均转入面积却很大，平均达到 23.70 亩/户。这反映了当前有偿流转地呈现向少数种田大户集中的趋势（王亚楠等，2015）。

表 4－10　土地流转的租金收取情况

项目	样本数（户）	农户占比（%）	户均转入/出面积（亩）
1. 土地转入			
其中：有偿转入户	123	48.81	23.70
无偿转入户	129	51.19	4.26
2. 土地转出			
其中：有偿转出户	127	49.42	4.89
无偿转出户	130	50.58	4.13

资料来源：作者根据农业部农村固定观察点 2015 年农村情况调查数据整理。

6. 土地流转区域差异

但在不同地区之间，农村土地流转市场发育和土地流转规模不平衡的

① 这里定义有偿流转为“收取或支付了租金的土地流转交易”，包括以实物（比如粮食等）支付的补偿。固定观察点数据统计了每个农户家庭当年的“耕地转包收入”和“转包农户土地支出”信息，如果其不为 0，我们就认为该农户为有偿流转。

② 定义有偿转入为支付了租金的土地转入交易，即“转包农户土地支出”不为 0；有偿转出为获得了租金的土地转出交易，即“耕地转包收入”不为 0。

现象依然突出。参考国家统计局的最新划分标准，我们将被调查农户所在的省份划分为东北、东部、中部和西部四大地区①。分析发现，比起中部、西部地区，东北和东部地区的土地流转市场明显更活跃一些，不仅参与土地流转的农户比例更高、流转的耕地规模更大；而且在流转的正规性上，采用有偿流转的农户比例也要相对更高。

首先，在农户土地流转参与率（参与土地流转农户占样本农户的比例）上，从表4－11可以看出，在东部地区，由于土地流转开展得较早、经验较为成熟，农户参与土地流转的比例也相应很高，达到17.28%；而东北地区，由于人少地多，农户间的土地流转行为也相当活跃，样本中约有16.50%的家庭发生了土地流转行为；与上述两个地区相比，广大的中部、西部地区参与土地流转的农户比例偏低，分别只有15.44%和12.84%。从转出和转入的比较来看，东北地区转入耕地的农户比例（10.22%）明显地高于其他地区，但转出耕地的农户比例相对较低，只有6.86%；而东部和中部地区正好与之相反，均表现为较多农户转出而较少农户转入；西部地区转入和转出耕地的农户比例都较低，分别只有6.09%和6.86%，明显低于其他地区。

其次，从土地流转发生率（已流转耕地面积占承包耕地面积的比例）和平均流转规模看，除东北地区外，东部、中部和西部地区的土地流转发生率均低于参与率，说明这三个地区的土地流转规模都相对较小。事实上也是如此。东北地区由于拥有着广阔的土地资源，不仅土地流转的发生率最高，达到19.64%，而且土地流转的规模也最大，户均转入、转出耕地面积分别为34.45亩和9.94亩，均远远高于其他地区。而东部地区耕地资源少、农户家庭经营的耕地面积有限，因此尽管农户的土地流转参与率最高，但土地流转的发生率却很低（10.84%），且无论是户均转入耕地面积（3.45亩）还是户均转出耕地面积（3.11亩），都要小于其他三个地区。中部地区的土地流转发生率为13.24%，低于东北地区但高于东部、西部地区，不过就户均流转面积而言，中部地区却要低于西部地区，平均每户转入、转出耕地面积分别为5.33亩和3.22亩。西区地区的土地流转发生

① 按照国家统计局公布的区域划分标准，本书中东北地区包括黑龙江、吉林和辽宁3省，东部地区包括河北、江苏、福建、山东和广东5省，中部地区包括山西、安徽、江西、河南、湖北和湖南6省，西部地区包括内蒙古、广西、四川、贵州、云南、重庆、陕西、甘肃、青海、宁夏和新疆11省份。

率虽然在四个地区中处于最低（10.58%），但户均转入、转出规模却相对东部和中部大很多，分别为 8.83 亩、3.58 亩。这可能是因为西部地区参与土地流转的农户数较少但土地流转规模较大。

最后，从参与有偿流转的农户比例来看，东北和东部地区有偿流转的农户比例相对较高，分别达到 69.91% 和 63.89%；而中部、西部地区则偏低，分别只有 35.19% 和 36.44%。另外，观察四个地区发现，东北和东部地区有偿转入的农户比例虽然很高，但有偿转出的农户比例却并不高，而中部、西部地区正好相反。

表 4－11　不同地区农地流转市场的差异

项目	东北	东部	中部	西部
年内参与土地流转农户比例（%）	16.50	17.28	15.44	12.84
年内新增流转耕地总面积（亩）	2878.6	356.6	669.5	720.1
新增流转耕地占承包耕地面积比重（%）	19.64	10.84	13.24	10.58
有偿流转农户比例（%）	69.91	63.89	35.19	36.44
1. 土地转入				
年内转入耕地农户比例（%）	10.22	8.32	7.05	6.09
年内新增转入耕地总面积（亩）	2411.4	179.6	494.7	379.7
户均转入耕地面积[a]（亩）	34.45	3.45	5.13	8.83
有偿转入农户比例（%）	77.14	65.38	29.73	23.21
2. 土地转出				
年内转出耕地农户比例（%）	6.86	9.12	8.58	6.86
年内新增转出耕地总面积（亩）	467.2	177	289.8	225.4
户均转出耕地面积[a]（亩）	9.94	3.11	3.22	3.58
有偿转出农户比例（%）	55.32	63.16	38.89	47.62
样本数	685	625	1049	919

注：a 统计的是实际参与流转农户的土地流转面积，而非全部样本农户。

资料来源：作者根据农业部农村固定观察点 2015 年农村情况调查数据整理。

7. 土地流转原因

收入既是土地流转的结果又是原因。表 4－12 的数据显示，90.10% 的农户之所以转入土地就是考虑到“能增加收入”；而从转出户的角度，68.39% 的农户之所以转出土地则是因为“种地收入低”。一部分农户因为种地不划算而转出土地，另一部分农户则为增加收入而转入土地，两类农户对于参与土地流转表现出的截然不同的选择偏好反映出农户在土地耕种能力上的异质性（最终体现为种地收入差异）是土地在农户之间自由流转的前提。这在以往研究中已被反复证实（比如 Yao，2000；金松青、Deininger，2004）。

农户参与土地流转的另一个重要原因是家庭土地分配与劳动力的不平衡。初始分配和人口变动使农户的劳动土地比产生差异，为取得合适的土地—劳动力比率，农户有通过土地流转对土地进行再配置的内在需求和动机。本次调查显示，在需求方有 53.99% 的农户因为“有多余劳动力”而选择转入土地；与此相对应，在供给方有 59.29% 的农户则因为“缺乏务农劳动力”而选择转出土地，很好地证明了这一点。

基于农业、非农业比较收益的考虑也是促使农户转出土地的一个主要原因，41.25% 的农户表示因“主要从事非农工作，没时间种地”而转出土地。此外，因“种地太辛苦”而转出土地的农户也占一定的比例。因“打算以后在城里定居”而选择转出土地的农户只有很少一部分，这可能是因为目前绝大多数农户都还没有能力将家庭整体迁入城市。

表 4－12　农户进行土地流转的原因

单位：%

转入土地的原因	比例	转出土地的原因	比例
能增加收入	90.10	种地收入低	68.39
有多余劳动力	53.99	缺乏务农劳动力	59.29
村里或政府有鼓励种粮大户政策	26.39	种地太辛苦	53.46
租种地可以得到更多的农业补贴	20.49	主要从事非农工作，没时间种地	41.25
其他	29.17	打算以后在城里定居	3.53
—		其他	13.57

注：比例的计算只针对回答了该问题的农户，而非所有被访者。此项为多选题，故总比值之和不等于 100%。

资料来源：中国农业大学和农业部农村固定观察点办公室 2015 年开展的回溯性调查。

作为对比，我们也考察了农户未进行土地流转的原因。统计结果如表 4－13 所示。在没有转出土地的原因中，“想自己种”的比例最高，达到 87.24%；其次是“租金太低”，为 42.31%。而在没有转入土地的原因中，“种地不赚钱”排在了第一位，80.26% 的农户选择了该项，意味着土地耕种能力弱的农户不倾向于转入土地；其次是“家庭劳动力不足”，占 61.10%。这跟前面农户转入土地的逻辑是一致的。

另外，值得注意的是，有 28.34% 的农户表示是因为“没有人愿意租种”而未转出土地；与此同时，有 10.64% 的农户表示是因为“流转不到土地”而放弃了转入土地。农户有转入（出）土地的希望和潜在需求，但却被排除在了流转市场以外，表明现实中存在着一些障碍因素，妨碍了那些有意参与土地流转的农户真正地参与土地流转过程。

表 4－13　农户没有进行土地流转的原因

单位：%

未转入土地的原因	比例	未转出土地的原因	比例
种地不赚钱	80.26	想自己种	87.24
家庭劳动力不足	61.10	租金太低	42.31
想从事非农工作	35.99	没有人愿意租种	28.34
流转不到土地	10.64	租出后担心拿不到补贴	25.96
租金高	10.17	租出后怕收不回来	16.35
害怕引起纠纷	8.10	其他	22.52
其他	16.61	—	

注：比例的计算只针对回答了该问题的农户，而非所有被访者。此项为多选题，故总比值之和不等于 100%。

资料来源：中国农业大学和农业部农村固定观察点办公室 2015 年开展的回溯性调查。

4.3.3　土地调整情况

1. 过去的土地调整情况

在土地流转市场蓬勃发展的同时，土地的行政性调整也在并行不悖地进行着。土地调整破坏了土地使用权的稳定性，不仅不利于土地长期投资（姚洋，1998；Li et al.，1998；俞海等，2003；Brandt et al.，2004），而且阻碍了潜在的土地流转和农地市场发育（钱忠好，2002，2003a）。本次调查问卷中设计了“自二轮承包（或 1995 年）以来，你村里是否对您家地调整过[①]”“如果有，调整了几次”“最近一次调整是什么时间”3 个问题，从农户层面对样本地区历史上的土地调整情况进行考察。表 4－14 左

① 中国农村土地调整包括“大调整”和“小调整”两种方式。本书对此不做区分。

半部分的数据统计显示，在针对该问项的3270个有效样本中，有10.09%的农户反映自二轮承包以来所在村集体至少进行过1次土地调整。由于以上数据都是在各个村庄内随机调查取得的，考虑将该数据在村庄层面进行汇总，从而相应地得到具有村庄代表性的土地调整数据。统计发现，在抽调的186个固定观察点村中，共有55个村组至少实行过一次土地调整，占29.57%。与叶剑平等（2010）在2008年的调查结果（34.6%）相比，下降幅度不是很大。说明直到最近，在许多地方土地的行政性调整依然没有完全停止，中央政府多次强调的“现有土地承包关系保持稳定并长久不变”的政策目标并没有得到完全实现。

可喜的是，土地调整的频次在减少。表4-14右半部分对土地调整次数的统计显示，在发生过土地调整的农户样本中，平均土地调整次数为1.52次。这跟Brandt等（2004）在1996年的调查结果（平均为1.7次）相比，有一定下降。从调整的频率看，68.65%的被受访农户反映所在村集体自“二轮承包”以来至少进行过1次土地调整；14.52%的农户反映所在村子进行过2次土地调整；14.19%的农户反映所在村子进行过3次土地调整；进行过4次或4次以上土地调整的农户比例极少，只有2.64%。

表4-14　二轮承包以来是否被调整过土地以及调整的次数

单位：户，%

项目	二轮承包以来是否被调整过土地		土地调整次数			
	没有	有	1	2	3	4次及以上
涉及的农户数	2940	330	208	44	43	8
比例	89.91	10.09	68.65	14.52	14.19	2.64

注：比例的计算只针对回答了该问题的农户，而非所有被访者。

资料来源：中国农业大学和农业部农村固定观察点办公室2015年开展的回溯性调查。

土地调整波及的范围在不同省份有所差别。在农户层面上，自二轮承包以来土地调整最多的省份是青海，在被调查的33户农户中有约2/3进行过土地调整；江西省的土地调整也相对比较活跃，其间超过三成的农户被重新调整过土地；贵州、内蒙古、安徽、宁夏4省（区）的所有被调查农户都没有进行过土地的再调整；河北、吉林、黑龙江等地进行过土地调整的农户比例也很低，均在15%以下。而就村级层面而言，江西发生土地调整的比例最高，在抽调的 8 个固定观察点村中有 6 个村组进行过调整；其次是湖北，在所调查的 11 个村子中有 8 个村组进行过土地调整；内蒙古、安徽、贵州、宁夏 4 省（区）的所有样本村都没有调整过土地；吉林、黑龙江发生土地调整的村也很少，仅占被调查村的 10% 左右。

分区域来看，东部、中部地区土地调整相对更频繁。其中在农户层面上，东部地区发生土地调整的农户比例最高，达到了 15. 20%；其次是中部，进行过土地调整的农户比例为 10. 87%；西部地区为 9. 14%；东北地区最少，只有 5. 40% 的农户进行了土地调整。而在村级层面上，则是中部地区最高，在抽调的 55 个固定观察点村中有 24 个村发生过土地调整，占比 43. 64%；其次是东部地区，在所有 32 个样本村组中有 10 个村组进行过土地调整，占比 31. 25%；西部地区发生土地调整的村组有 15 个，占样本村总数的 24. 59%；东北地区同样最少，所有 38 个样本村中只有 6 个村进行过土地调整，占比 15. 79%。

2. 对未来土地调整的预期

农民对地权稳定性的看法，不仅取决于以往土地调整的经历，而且还取决于今后再次发生土地调整的可能性（龚启圣、刘守英，1998）。本次调查问卷设计了问题“在您看来，承包期内还会进行土地调整吗”来考察农民对未来土地调整发生可能性的预期。与此相关联，我们还询问了被调查者对中央稳定土地承包权关系“增人不增地，减人不减地”政策的看法，并以此来考察农民对土地调整的认可程度。表 4 – 15 中的数据统计表明，农民对中央“增人不增地，减人不减地”政策的态度是复杂而矛盾的，表现为认为该政策“合理”、“说不好”和“不合理”的都有相当的比例。在填写了问卷的 3227 份有效样本中，有 22. 03% 的被访者认为“增人不增地，减人不减地”政策“合理”；与此同时，认为“不合理”的被访者比例却高达 51. 66%；另有 26. 31% 的被访者回答“说不好”。从总体上说，认为“增人不增地，减人不减地”政策“不合理”的被访者比例超过了“合理”或“说不好”的被访者比例①，说明大部分农民内心深处都

① 农业部 1994 年对全国 100 个县的抽样调查（转引自张红宇，1998），徐旭等（2002）对浙江的调查，陶然等（2009）对吉林等 6 省的调查，“农村土地问题立法研究”课题组（2010）对江苏等 10 省的调查，马敬桂等（2016）对湖北的调查，都有类似发现。

有着重新调整土地的意愿（或者说诉求）。

当接着问及“承包期内是否还会进行土地调整”时，有46.85%的受访农民对此给予了肯定“不会”的回答；另有8.92%的农民则认为肯定还“会”调整；其余44.69%的农民对此的态度是模糊的，认为“说不好”。综合来看，预期承包期内不会调整土地的意见占上风。这跟丰雷等（2013）在2005年的调查结果相比发生了逆转性变化：认为“肯定还会调整”的比例大幅下降了，由32.6%降低为8.92%；而认为“肯定不会调整”的比例则大幅上升了，由19.0%增加到47.26%。这表明，农民对未来地权稳定性的信心在增强。这是中央稳定地权政策特别是“不得调地”政策逐步收紧的必然结果。

表4－15　农民对不得调地政策的态度及未来土地调整预期

单位：户，%

项目	农户数	比例
1. 在您看来，“增人不增地，减人不减地”是否合理？		
合理	711	22.03
不合理	1667	51.66
说不好	849	26.31
2. 在您看来，承包期内是否还会进行土地调整？		
会	288	8.92
不会	1525	47.26
说不好	1442	44.69

注：比例的计算只针对回答了该问题的农户，而非所有被访者。

资料来源：中国农业大学和农业部农村固定观察点办公室2015年开展的回溯性调查。

如果逻辑上把调地诉求作为调地的动因，把对调地的预期作为结果的话，那么，这里一个应当引起注意的矛盾现象是：虽然有一半以上（51.66%）的农户对“增人不增地，减人不减地”政策表示不认同、不合理，认为应该进行土地调整；但在对今后土地调整的预期上，同样有接近一半（47.26%）的农户却认为承包期内肯定不会再调整土地。这一看似矛盾的结果，反映了当前中央稳定地权的政策取向与广大农民的真实诉求之间存在着偏差。这既可能与农民偏好这种土地安排（指定期或不定期地调整土地）有关，因为他们觉得这是公平的做法（龚启圣、刘守英，

1998；徐旭等，2002）；也可能是由于人口变动带来的土地调整压力一直存在，而这种压力并不会因中央强调土地承包权稳定的政策而消除（刘守英，2000；陶然等，2009）。

表 4－16 比较分析了调整过土地的农户与未调整过土地的农户在“增人不增地，减人不减地”政策评价和未来土地调整预期上的差异。首先，与陶然等（2009）对吉林、河北等 6 省的调查结论一致，我们发现，相较于未调整过土地的农户，调过地的农户更倾向于对“增人不增地，减人不减地”政策做出“不合理”的评价。也就是说，以前调过地的农户更有继续调整土地的意愿和诉求。其次，对“过去土地调整经历”与“未来土地调整预期”的交叉分析发现，比起未调过地的农户，在调过地的农户中，预期承包期内还会进行土地调整的比例要更高一些。这表明，农户对未来土地调整的预期在很大程度上会受到以往土地调整经历的影响。这与曲福田等（2001）、徐旭等（2002）的调查结论相一致。最后，在上述两个问题上，未调过地的农户回答“说不好”的比例均明显高于那些调过地的农户，意味着没有发生过土地调整的被调查农户，更可能会在“调”与“不调”之间难以抉择。

表 4－16　不同农户对不得调地政策的态度及未来土地调整预期

单位：%

项目	选项	自二轮承包以来有无调整过土地？	
		调整过	未调整过
1. 在您看来，“增人不增地，减人不减地”是否合理？	合理	20.70	22.21
	不合理	62.74	50.43
	说不好	16.56	27.36
2. 在您看来，承包期内是否还会进行土地调整？	会	32.17	6.34
	不会	25.80	49.15
	说不好	42.04	44.52

资料来源：中国农业大学和农业部农村固定观察点办公室 2015 年开展的回溯性调查。

4.3.4　土地承包确权政策的落实状况

1. 农民对土地承包确权政策的知悉程度

“确权是基础，流转是核心。”土地高效顺畅流转的前提是土地的产权得以清晰界定并受到有效保护（程令国等，2016）。自 20 世纪 80 年代以来，国家一直试图通过出台一系列稳定农村土地承包关系的法律法规和政策，来强化农民对承包土地的占有、使用、收益权利（黄季焜、冀县卿，2012；付江涛等，2016）。从调查看，中央政府的宣传非常成功，相关政策信息已经成功地传达给了绝大多数基层农民。表 4 – 17 显示，在填写了问卷的被调查农户中，有 79.38% 的受访者听说过《农村土地承包法》，该比例显著高于叶剑平等（2006，2010）在 2005 年和 2008 年的调查结果（分别为 49.8% 和 64.7%），说明经过多年的不懈宣传，农民对《农村土地承包法》的知悉程度已有明显提升。与此同时，受访农户对开展的新一轮农村土地确权登记颁证政策也颇为熟悉，86.63% 的被调查农户表示听说过该政策。究其原因，一方面与各级政府机关不遗余力地宣传土地确权政策有关；另一方面也可能是因为，作为国家为维护农民土地权利的一项重要措施，土地确权登记颁证直接牵扯到农民的切身利益，因而在实际工作中受到农民的极大重视。

表 4 – 17　农民对土地承包确权政策的知悉程度

单位：户，%

项目	农户数	比例
1. 您听说过《农村土地承包法》吗？		
有	2591	79.38
没有	673	20.62
2. 您听说过土地确权登记颁证政策吗？		
有	2831	86.63
没有	437	13.37

注：比例的计算只针对回答了该问题的农户，而非所有被访者。

资料来源：中国农业大学和农业部农村固定观察点办公室 2015 年开展的回溯性调查。

2. 土地承包经营权的书面证明发放情况

对农户而言，农村土地产权的书面证明文件主要是土地承包合同（以下简称“合同”）和土地承包经营权证书（以下简称“证书”），前者通过合同的形式明确约定了农户和发包方各自的权利与义务，是土地承包经营权发生流转的法律依据；而后者则是对土地承包经营权物权性的确认，是土地承包合同生效后，政府与农户之间关于产权保护关系的具体体现（“农村土地问题立法研究”课题组，2010）。一直以来，国家都高度重视农村土地承包经营权证书的颁发工作。早在 1997 年，《中共中央办公厅、国务院办公厅关于进一步稳定和完善农村土地承包关系的通知》（中办发［1997］16 号）中就明确要求：“延长土地承包期后，乡（镇）人民政府农业承包合同主管部门要及时向农户颁发由县或县级以上人民政府统一印制的土地承包经营权证书。”此后，1998 年修订的《土地管理法》、2003 年颁布实施的《土地承包法》、2007 年发布的《关于开展全国农村土地突出问题专项治理的通知》，以及 2008 年中央“1 号文件”，都一再强调要加快农村土地承包经营权证书的颁发工作，确保发放到户。

从本次调查来看，截至 2015 年，在填写了问卷的样本农户中，已有 78.98% 的受访农民明确表示持有土地承包合同，另有 75.46% 的受访农民表示持有土地承包经营权证书。这与叶剑平等（2006）在 2005 年的调查结果（分别为 42.8% 和 48.2%）相比，有很大提高。另外，同时持有“合同”和“证书”（以下简称“两证”）的农户比例达到 69.93%，同样明显高于叶剑平等（2006）在 2005 年的调查结果 33.4%。这些数据表明，经过十多年的政策努力，农户承包土地的颁证工作已有很大进展。

表 4－18　农民土地承包经营权的书面证明发放情况

单位：户，%

项目	农户数	比例
1. 您有《土地承包合同》吗？		
有	2612	78.98
没有	654	20.02
2. 您有《土地承包经营权证书》吗？		
有	2466	75.46
没有	802	24.54
3. 是否同时有《土地承包合同》和《土地承包经营权证书》？		
两者都有	2274	69.63
只有其中之一	528	16.17
都没有	464	14.21

注：比例的计算只针对回答了该问题的农户，而非所有被访者。

资料来源：中国农业大学和农业部农村固定观察点办公室 2015 年开展的回溯性调查。

但各省份在“两证”的发放进度上有较大的差异。有的省份“两证”发放率已接近100%，如云南、内蒙古、青海；一些省份，如江苏、四川、宁夏、新疆的“两证”发放率也已经达到农业部“到2007年底达到90%以上”的要求；但也有部分地区“两证”发放率却只有40%左右，如福建、河南。不同省份的“两证”持有情况也不尽一致。有的省份“证书”的发放少于“合同”的发放，如山西、贵州、陕西、甘肃；而有的省份却正好相反，“合同”的发放少于“证书”的发放，如湖北、重庆。不过，从总体上看，在25个样本省份中，有22个省份的“两证”持有率超过了50%，相比于叶剑平等（2010）在2008年的调查结果（17个被调查省份中有6个省份的“两证”持有率超过50%），已有很大提升。这种变化与最近几年国家终于将土地承包经营权证书的颁发工作提到贯彻的日程上来密切相关（黄季焜、冀县卿，2012）。

尽管如此，我们也应该看到，仍有14.21%的受调查农户既未持有土地承包合同也未持有土地承包经营权证书。这个比例并没有比叶剑平和田晨光（2013）在2011年的调查结果（23.07%）下降多少。分省份看，福建、河南两省的“两证”持有率均低于50%，意味着在这两个省份，尚有超过一半的农户没有任何土地承包经营权相关证明文件。显然，这与2007年农业部、国土资源部等五部门《关于开展全国农村土地突出问题专项治理的通知》中明确提出的“农村土地承包经营权证到户率2007年底达到90%以上”的要求，还存在不小的距离。这种差距反映的可能不单单是执行中的技术问题，还可能是地方政府和村集体组织的利益分配和冲突问题，双方的动力性都不够足（叶剑平、田晨光，2013）。

3. 新一轮土地确权登记颁证工作进展情况

从2009年开始试点实施的新一轮土地确权登记颁证是由中央决策、自上而下，在《物权法》法律框架下对农民土地权利内容的更进一步明确和界定（付江涛等，2016）。与以往通过颁发“两证”对农户享有的土地产权和使用权进行确认不同（何欣等，2016），新一轮土地确权的目的是在既往土地赋权改革成果的基础上，通过明晰地块面积、四至等地理空间信息，从技术上“把承包地块、面积、合同、权属证书全面落实到户”（胡新艳、罗必良，2016；付江涛等，2016）。从2009年试点到2011年正式启动至今，新一轮农村承包地确权登记颁证试点已基本在全国铺开。本次调查显示，截至 2015 年，已有 2224 户农户完成土地确权登记颁证，占总农户数的 68.12%（见表 4－19）；涉及承包地面积 19783.7 亩，占全部承包地总面积的 66.37%。这与全国农村承包地确权登记颁证试点工作的推进情况是吻合的[①]。新一轮土地确权工作普遍采取整村推进方式（黄振华、杨明，2017），将农户调查数据以各个村庄为单位汇总整理，结果显示，在 186 个有效村庄样本中，尚未开展土地确权登记工作的村庄只占到 18.82%。总体上看，土地确权登记颁证工作进展顺利。

表 4－19　农户新一轮土地确权登记颁证情况

单位：户，%

项目	农户数	比例
您家土地是否确权登记颁证？		
是	2224	68.12
否	1041	31.88

注：比例的计算只针对回答了该问题的农户，而非所有被访者。

资料来源：中国农业大学和农业部农村固定观察点办公室 2015 年开展的回溯性调查。

4.3.5　农户土地产权认知情况

在中国现有的农村土地制度安排下，土地产权被解构为所有权、承包权、经营权（或称使用权），以及在经营权基础上衍生的收益权、流转权（也成为转让权、交易权或租赁权）等一系列权利。本研究对农户土地产权认知状况的调查，主要包括了对土地所有权归属的认知、对自行转让或出租自家承包地权利的认知，以及对承包土地经营权的认知三部分，如表 4－20 所示。

1. 对承包土地所有权归属的认知

应当说，我国现行法律对农户承包土地所有权归属的规定是非常明确的。2004 年修订的《土地管理法》第 2 章第 8 条规定，“农村和城市郊区的土地，除由法律规定属于国家所有的以外，属于农民集体所有”。然而，

① 根据农业部披露数据，截至 2016 年底，全国已有 70% 的承包土地完成确权登记颁证。

从本次调查来看，在一些地区、一些农户中，土地所有权的模糊性已经产生。在填写了问卷的3258户被调查农户中，只有37.72%的受访农户认为所承包土地的所有权属于集体，其余62.28%的受访农户均不能够正确地回答出“农村土地所有权归集体”这一根本制度。其中，53.16%的农户认为分到的土地归自家所有，4.45%的农户认为归国家所有，而另外4.67%的农户则表示不知道。这种对土地所有权主体的不确定指称，反映出农民在承包土地所有权归属认识上的混乱，是当前农村土地关系的现实写照。同时，这一调查结果也折射出随着集体经济组织职能的日渐式微，集体作为法律意义上的农地产权主体的身份正在被不断弱化的事实（陈胜祥，2009）。

另外，我们注意到，有高达53.16%的农户认为所承包的土地归自家所有。农民的这种较强烈的土地“私有”情结，一方面可能源于农民期望在关涉土地权利的问题上具有较强的话语权，并希望自己在行使土地承包经营权时能够具有更多的自主性（“农村土地问题立法研究”课题组，2010）；另一方面也可能是因为相当多的农户家庭自分田到户以来土地的承包权和经营权就一直归自己所有，造成潜意识中认为土地的所有权也归自己所有。但不管怎样，农民对所承包土地的所有权具有明确的归属意识，那么在面对相关土地政策时，他们就能够清楚地认识到其中的权利分配问题以及自己能够从中获取的收益，从而采取积极的行动。因此，以上调查结果也从另一个侧面说明，抛开对土地所有权归属（究竟归谁所有）的争论，只要保障农户拥有长期而稳定的承包权和经营权，依然能够形成与土地个人化一样的激励作用（徐旭等，2002）。

2. 对承包土地经营权的认知

事实上，对农民来说，其中最为重要的并不是土地的所有权，而是经营权，它是决定农地资源能否得到有效利用和农业生产效率能否提高的关键（冒佩华等，2015）。在本次调查中，对土地经营权的认知主要是指农民是否拥有自由决定种植何种作物，即“种什么”的权利。调查资料显示，与村集体土地所有权主体的不断弱化和虚化相对应，农民对土地的经营权却得到了充分的发展。在填写了问卷的3257户受访农户中，97.57%的农户相信他们在“种什么”的问题上能够完全自主决定。这跟在有粮食定购任务的年份相比，变化是巨大的。根据杨学成等（2008）对山东省94

个县（市、区）的调查数据，1995 年，只有 53% 的农户相信自己在“种什么、种多少、怎么种”的事项上能够完全自主决定；同年，在 Brandt 等（2004）针对浙江、四川等 8 省 215 个村庄的调查中，只有 74.4% 的村庄中农户可以自由选择作物组合，一些地方（如湖北、山东和云南的一些乡村中）甚至存在地方领导控制农民的这些决策的现象。

通过这些比较可以发现，与有粮食定购任务的年代相比，现在对土地经营权的限制几乎已经不存在，农民已经拥有土地自主经营权。这种变化是与国家政策越来越强调尊重农民独立的自主经营权相吻合的（冀县卿、黄季焜，2013）。

3. *对承包土地流转权的认知*

土地流转的前提是农民拥有合法的流转权。本次调查中，土地流转权涉及的是村里对土地的有偿转让、流转和代耕方面给予农民的自由度。从前面第 3 章中我们看到，经过数十年的政策演变，目前我国农民已经拥有了较完全的土地自由流转权利。但是法律规定了的权利，并不一定成为农民现实中所享有的权利；或者即使享有，程度上也有差别。实践中，农户流转土地经常面临一些限制，最常见的形式是对于农户出租土地施以约束，比如需要事先从村集体那里得到批准。本次调查同样揭示，虽然绝大多数农民都认可自己有权自行决定转让或出租自家承包地，但对于在流转时是否需要村组同意方面，却存在较大分歧。其中，63.31% 的受访农民表示可以自行决定流转自家土地且不需要经任何组织同意，但同时也有 28.46% 的农民认为在流转土地时需要征得村组同意；其余 8.23% 的农民则认为自己完全无权利自行转让或出租自己承包地。也就是说，仍有近四成农户的土地流转权是受到限制的。

好消息是，这种限制随着时间的推移在减弱。1999 年，在叶剑平等（2000）针对安徽、福建等 17 省份的调查中，只有 36% 的村民认为他们有无条件转包或出租自己承包土地的权利；而到 2015 年，根据我们对全国 25 个固定观察点省份的调查，这一比例已经上升至 63.31%。这说明，经过十多年的发展，我国农户土地承包经营权流转的自由度已大大增加。

表 4-20 农户土地产权认知状况

单位：户，%

项目	农户数	比例
1. 在您看来，农民分到的土地归谁所有？		
自家所有	1732	53.16
集体	1229	37.72
国家	145	4.45
不知道	152	4.67
2. 在您家经营的土地上种什么由谁决定？		
响应政府宣传	76	2.33
自己决定	3178	97.57
其他	3	0.09
3. 您是否有权把承包的土地转包或出租给其他人？		
有，且不需要任何组织同意	2062	63.31
有，但需要村组同意	927	28.46
没有	268	8.23

注：比例的计算只针对回答了该问题的农户，而非所有被访者。

资料来源：中国农业大学和农业部农村固定观察点办公室 2015 年开展的回溯性调查。

4.4 本章总结

本章利用一个特别设计的、包含全国 25 省份 3278 户农户的调查数据，对中国农村土地流转市场的现状和特点进行描述，并详细考察了农村承包土地确权政策的落实情况和农户的土地权利状况。有以下几点发现。

第一，中国农村土地流转市场正在经历快速发展，样本中已有接近 1/5 的农户同时耕种着自家地和转入地。目前土地流转交易主要还是发生在本村村民之间。土地流转后的用途仍然以“粮地粮用”为主。虽然土地无偿流转仍然普遍存在，但有偿流转也得到了发展。土地流转市场发育的地区差异明显，比起中西部地区，东北地区和东部沿海地区的土地流转市场明显更活跃一些，土地流转的正规性也更好些。

第二，现阶段我国农村土地流转市场发育仍不完善，一个突出表现是：有相当比例的农户本来愿意参与土地流转市场的交易，但因为缺少机会和途径（如流转不到土地，没有人愿意租种），最终未能参与。土地流转市场的进一步发展存在着巨大的可能性。

第三，虽然土地的行政性调整依然没有完全停止，仍然有超过一成的农户自二轮承包以来发生过土地调整；但与以前相比，土地调整的频次在减少。与此同时，尽管农民对土地调整的意愿仍然十分强烈，但是从他们对土地调整预期的反馈看，未来调地的可能性已经很低。

第四，与 2005 年相比，农村承包土地的确权工作已有较大改善，近七成农户同时持有土地承包合同和土地承包经营权证书；但也有个别省份的发证工作还存在滞后。新一轮土地确权登记颁证工作进展顺利，绝大多数村庄和农户都已完成土地确权登记颁证。

第五，多数农民对承包土地所有权归属的认识是模糊的，但对土地经营权的认识比较清楚，且自主性非常强；农民参与土地流转仍然较大程度地受到来自村组的干预或限制，虽然这种限制随着时间的推移趋于减弱。

第 5 章　土地流转的耕地资源优化配置效应分析

土地不仅是农业生产中最主要的生产要素，也是广大农民生存的保障，实现土地资源的高效配置无论是对于国家的政策制定者还是对于农民自身，都具有十分重要的意义。土地经营权的流转是当前盘活农民土地资产的重要方式之一，本章利用最新的全国性大样本调查数据，对土地流转市场的耕地资源优化配置效应进行检验，旨在回答：在现行土地流转市场，那些农业生产能力更强的农户能否通过土地流转获得更多与其生产能力相匹配的土地？在此基础上，本章对农户参与土地流转所能实现的农业产出增长进行量化。

5.1　引言

对于中国这样人多地少的国家而言，如何实现耕地资源的有效配置一直都是全社会关注的重点，也是广大农民作为土地的经营者需要思考的大事。耕地资源配置效率可以用不同的指标来衡量，如耕地细碎化程度、耕地集中程度等。不过，我们关注的是，耕地配置于不同生产能力农户所产生的效率。在家庭联产承包责任制下，土地“按人分配”（杜润生，2005），忽略了农户在农业生产能力上的异质性，造成耕地资源配置扭曲和效率损失（盖庆恩等，2017）。而土地流转按“效率”原则重新配置土地，被认为是在“三权分置”改革背景下，农户优化配置耕地资源、提高耕地利用效率的最有效方式。

由此，一个首先需要回答的问题是：当前中国农户间自发的土地流转是有效率的吗？就这个问题，虽然有学者指出，由于农村社会保障体制的缺位，土地承载了过多的社会保障功能，目前中国农村土地资源的市场化流转机制还远未形成（王银梅，2010），通过培育农村土地流转市场来配置土地资源，到目前为止仍然带有试验的性质（《中国土地问题》课题组，2010），但是，完善的土地流转市场就必然会提高耕地配置效率吗？他们并没有用数据验证这一点。Deininger 和 Jin（2005）发展了一套检验方法，认为检验土地流转市场对耕地配置效率的影响，等价于检验农户农业生产能力如何影响了其土地流转决策。利用来自贵州、云南、湖南 3 省 1001 个农户的调查数据，他们发现农户的农业生产能力水平显著地正向影响了其土地转入决策，但对其土地转出决策具有显著的负向作用，因此，土地流转促进了耕地由农业生产能力差的农户向农业生产能力强的农户转移，有助于改善耕地配置效率。随后，这一结论在 Jin 和 Deininger（2009）、陈海磊等（2014）、史常亮等（2016）针对中国其他省份的研究中，得到了进一步的确认。

然而，也有研究对此持反对观点，认为现阶段农户的土地流转并没有遵循效率原则。李承政等（2015）使用 Deininger 和 Jin（2005）的配置效率检验方法，对浙江农村固定观察点数据的分析显示，那些生产率越高的农户更不倾向于转入土地。类似地，何欣等（2016）检验了 2013 ~ 2015 年中国家庭金融调查（CHFS）数据，同样发现，土地并没有从农业生产率低的农户手中流出，反而是农业生产率越高的农户，转出土地的概率越大。

矛盾之处说明现有研究对于土地流转的耕地优化配置效应尚存模糊。因此，无论是出于解释现实问题的需要还是为了厘清学术争议分歧，都有必要对此进一步加以研究。本章将在已有研究基础上，采用新的研究方法和数据，对土地流转的耕地配置影响进行再检验。与 Deininger 和 Jin（2005）在其论文中的研究相似，本研究也将农户的农业生产能力与其土地流转决策相联系，通过对二者之间的关系式进行回归来检验土地流转的耕地配置效应。但区别于该研究，我们通过模拟农户的随机前沿生产函数（Stochastic frontier production）得到反映其农业生产能力水平高低的指标，这使得我们可以改进配置效率检验，使其能够应用于横截面数据的分析中。此外，包括 Deininger 和 Jin（2005）在内的现有文献的另一个缺点是，在检验时没有考虑农户在两类土地流转决策（转入和转出）中可能产生的相关性。就一个家庭对转入土地和转出土地的选择而言，这两种决策过程通常是相互关联的。也就是说，存在一些观察不到的因素既影响农户的土地转入决策，也影响其土地转出决策。但是，已有研究普遍采用单变量Probit模型或单变量Tobit模型对转入方程和转出方程分别进行估计，将二者割裂开来，忽视了它们是家庭同时做出的两个决定，都部分取决于家庭的特征或偏好。相较之下，本研究使用的双变量Probit模型（Bivariate Probit Model）和双变量Tobit模型（Bivariate Tobit Model）既能够解决影响因素识别过程中的方程内的联立性问题，又考虑了样本“遗漏问题”[①]，从而使得我们可以无偏地识别出影响农户土地流转的因素，并允许对土地流转的耕地配置影响进行更严格的计量检验。

其次，已有关于中国农户土地流转效率问题的实证文献存在结论分歧，很可能与所选样本的地区差异有关。例如，金松青和Deininger（2004）、陈海磊等（2014）分别采用的是中国西南最贫穷的3个省份和山西省的农户调查数据，当地非农就业相对不发达；而在李承政等（2015）研究的浙江省，非农产业十分发达，给农村劳动力非农化提供了非常多的机会。因此，有理由怀疑，其研究结论的不同很可能是地域间社会经济环境差异的体现。本研究使用的数据来自农业部农村固定观察点调查，样本涵盖了全国25个省级行政区域，较好地避免了由于样本地区选取导致的地域间社会经济环境差异对实证研究结论的影响。[②]

最后，本研究还对农户参与土地流转市场在生产方面所能获得的潜在收益大小进行了量化。新近的研究虽然揭示了农户的土地流转是有效率的（陈海磊等，2014；史常亮等，2016），然而并没有进一步对农户转入土地所能获得的生产收益大小进行估算。金松青和Deininger（2004）通过对比农户转入土地前后的产出水平，估计了农户参与土地流转所能实现的总产出增长。但他们研究使用的数据是2000年农户调查数据，彼时我国法律仍未正式支持土地流转，土地流转市场发育程度较低（杨丹、高汉，2012）；而且，这个时期仍在推行的粮食收购政策和农业税征收政策，也极大地影

① 在单变量模型中，我们无法考察同一农户在转入土地的同时也转出土地的情形（李庆海等，2011）。

② 在稳健性检验部分，我们还进一步分发达地区和欠发达地区、东部沿海地区和内陆地区进行回归。

响了农户对土地流转市场的参与（章奇等，2007；吴鸾莺等，2014）。如前所述，2004 年以来，中国农村的政策、制度环境都发生了很大变化（比如，农业税的全面取消、《农村土地承包法》的出台、国家明确鼓励支持土地流转等），土地流转市场进一步发育。因此，非常有必要对运转更好的土地流转市场所能带来的经济收益重新进行量化评估。

5.2　数理模型

本研究采用 Carter 和 Yao（2002）、Deininger 等（2008）发展的理论模型框架分析农户的土地流转市场参与行为，并从中推导出可用于计量检验的理论假说。考虑一个代表性农户 i，该农户有两种初始禀赋：劳动力禀赋 L_{i0} 和土地禀赋 T_{i0}（即农户从集体分到的承包地面积），以及一定的农业生产能力 α_i。假定不存在农村雇工劳动力市场，但农户可以在农业与非农业两种生产活动中合理地分配自己的劳动力，包括分配一部分劳动力 L_{ia} 继续从事农业生产活动，另一部分劳动力 L_{in} 在给定 w 的工资率下外出或在本地从事非农业生产活动。为实现劳动力和土地的最优配置，农户可以根据自己拥有的劳动禀赋、土地禀赋和农业生产能力的高低来决定转入或转出一部分土地，我们用 T_{id} 和 T_{is} 分别表示农户转入和转出土地的数量。由于土地市场不完善，农户流转土地伴随着一定的交易成本 c，为不失一般性，我们假定该成本对于流转双方是对称的，并且与土地流转数量成正比。用 r 表示单位土地租金或说土地租金率，那么，农户转出土地实际获得的收益为 $(r-c)T_{is}$，转入土地实际支付的成本为 $(r+c)T_{id}$。最后，为简化分析，我们将农产品的价格标准化为1。基于以上约束条件，农户 i 面临的最优化问题可以表述为：

$$
\begin{aligned}
\underset{T_{id},T_{is},L_{ia}}{Max}\ \alpha_i f(L_{ia},T_i) + wL_{in} - I^{in}[(r+c)T_{id}] &+ I^{out}[(r-c)T_{is}] \\
st: T_i &= T_{i0} + T_{id} - T_{is} \\
L_{ia} + L_{in} &\leq L_{i0} \\
0 \leq T_{is} &\leq T_{i0} \\
0 &\leq T_{id} \qquad (5-1)
\end{aligned}
$$

式中，I^{in} 为农户选择转入土地的二元指示变量（转入 =1，否则为 0），

I^{out}为农户选择转出土地的二元指示变量（转出 =1，否则为 0）；T_i是农户当前实际耕种的土地面积；$\alpha_i f(L_{ia}, T_i) = \alpha_i T_i^{\beta} L_{a,i}^{1-\beta}$ 为农户的农业生产函数，满足以下一些标准假设（为方便表述，在以下的推导中均略去了下标 i）：$f_{L_\alpha} > 0$，$f_T > 0$，$f_{L_\alpha L_\alpha} < 0$，$f_{TT} < 0$，$f_{L_\alpha T} > 0$，$f_{L_\alpha L_\alpha} f_{TT} - f_{L_\alpha T} > 0$ 以及 $f(0) = 0$，$f'(0) = \infty$。其中，$f'(0) = \infty$ 保证了 T_s必须小于 T_0，也就是说农户不会放弃耕种。求解上述最优化问题，可以得到如下的一阶条件：

$$\alpha f_{L_a}(L_a, T) = w \tag{5-2}$$

$$\alpha f_T(L_a, T) = r + c \text{（选择转入）} \tag{5-3}$$

$$\alpha f_T(L_a, T) = r - c \text{（选择转出）} \tag{5-4}$$

上式表明，农户对家庭劳动力资源的配置取决于其从农业生产中所得到的边际收入 $\alpha f_{L_a}(L_a, T)$ 与非农工资率 w 的比较；而对家庭土地资源的配置取决于其土地的边际产出 $\alpha f_T(L_a, T)$ 与土地净租金水平（$r \pm c$）的比较。具体说来，如果农户的土地边际产出大于土地净租金水平［即 $\alpha f_T(L_a, T) > r + c$］，则农户将选择转入土地；而如果农户的土地边际产出小于土地净租金水平［即 $\alpha f_T(L_a, T) < r - c$］，则农户将选择转出土地。对于选择既不转入土地也不转出土地的农户（即自给自足者），其决策条件满足：

$$r - c < \alpha f_T(L_a, T) < r + c \tag{5-5}$$

将不等式（5－5）两边同除以 $f_T(L_a, T)$，可以得到农户生产能力的两个边界点 $\alpha_l = (r - c) f_T^{-1}(L_a, T)$ 和 $\alpha_u = (r + c) f_T^{-1}(L_a, T)$。它们同时定义了转入户和转出户的临界效率：大于 α_u的农户是转入者，小于 α_l的农户是转出者，介于两者之间的是自给自足者。

显而易见，村庄里不同农户之间的异质性是土地市场存在的前提条件。若是所有人都有着同样的禀赋，采用同样的技术，并且生产能力相同，那么便不会有任何对于土地交易的需求。与 Yao（2000）一样，我们这里假设，农户之间的区分在于他们的农业生产能力 α 和初始土地禀赋 T_0。为了能进一步得到农业生产能力 α 的变动对于农户转入（出）土地数量的影响，我们将式（5－2）两边同时对 α 全微分，有：

$$f_{L_a}(L_a, T) + \alpha\left(f_{L_a L_a} \frac{\partial L_a}{\partial \alpha} + f_{L_a T} \frac{\partial T}{\partial \alpha}\right) = 0 \tag{5-6}$$

将式（5－3）或式（5－4）两边同时对 α 全微分，有：

$$f_T(L_a, T) + \alpha\left(f_{TT}\frac{\partial T}{\partial \alpha} + f_{TL_a}\frac{\partial L_\alpha}{\partial \alpha}\right) = 0 \tag{5-7}$$

由式（5－6）可以求解得到关于 $\partial L_a / \partial \alpha$ 的表达式。将之代入式（5－7），并合并同类项，可以解得：

$$\frac{\partial T}{\partial \alpha} = \frac{f_{TL_a} f_{L_a} - f_T f_{L_a L_a}}{(f_{TT} f_{L_a L_a} - f_{TL_a} f_{L_a T})} = \frac{f_{TL_a} f_{L_a} - f_T f_{L_a L_a}}{\alpha[f_{TT} f_{L_a L_a} - (f_{TL_a})^2]} > 0 \tag{5-8}$$

式（5－8）表明，农户的实际耕种土地数量 T 与其农业生产能力 α 正相关。设转入土地农户转入土地的数量为 $T_d = T - T_0$，将其两边同时对 α 全微分，有：

$$\frac{\partial T_d}{\partial \alpha} = \frac{\partial}{\partial \alpha}(T - T_0) = \frac{\partial T}{\partial \alpha} > 0 \tag{5-9}$$

同理，设转出土地农户的转出数量为 $T_s = T_0 - T$，两边同时对 α 全微分，有：

$$\frac{\partial T_s}{\partial \alpha} = \frac{\partial}{\partial \alpha}(T_0 - T) = -\frac{\partial T}{\partial \alpha} < 0 \tag{5-10}$$

式（5－9）、式（5－10）表明，农户的土地转入（出）数量随其农业生产能力的高（低）严格增加。将以上推导结合起来理解，可以认为，由于市场上农户的农业生产能力千差万别，决定了不同农户对土地所带来的效用的评价不同：对于在农业活动上具有比较优势的农户而言，经营土地的收益高于转出土地的收益，对土地的效用评价高；相反，对于农业能力弱、不具有农业生产比较优势的农户而言，经营土地的收益低于转出土地的收益，对土地的效用评价低（胡新艳等，2013）。农户间生产能力差异与转让土地潜在收益的权衡比较，决定了双方不同的土地竞争选择行为，村庄中土地供求处于一种不均衡状态，诱致土地的流转。而一旦土地采用市场化方式配置，具有农业能力优势的农户会选择转入土地，专事农业生产；而不具有农业能力优势的农户会选择转出土地，从农业生产领域中退出。土地流转将土地配置于农业生产能力强的农户，形成“能者经营”，由此实现配置效率增进。

上述结论可以拓展至 n 个农户的情形，但基本结论不会有质的改变。

由此得出一个基本命题：假定农户具有异质性的农业生产能力，通过市场化的流转，土地最终将配置给那些最具有农业生产比较优势的农户，构成土地流转效率的来源。也就是说，假定农户农业生产能力存在异质性，土地配置方式及其最终流转在谁手里，是影响耕地配置效率改进的重要变量。

5.3 方法和数据

5.3.1 实证方法

为检验上述命题，本章实证过程由农业生产能力变量提取和计量检验两个环节构成，并依序设定计量模型。

1. 农业生产能力估计

就本章的检验而言，一个关键变量就是农户的农业生产能力水平 α。在文献中，农业生产能力一般用农户的耕地经营净收入来体现（田传浩、贾生华，2004；Huy et al.，2016），或者用通过估计平均生产函数求得的全要素生产率来衡量（陈海磊等，2014；侯建昀、霍学喜，2016）。这两种方法得到的生产能力都是一个绝对数。本质上讲，农户农业生产能力的优劣，外在表现为与其他农户生产经营的效率与效益比较（朱文珏、罗必良，2016）。因此，一个可替代的方法是使用随机前沿分析方法（Stochastic Frontier Approach，SFA）估计农户生产函数得到农户 i 从事种植业生产的技术效率指数（Technical Efficiency，TE），以此来近似反映该农户的农业生产能力大小。由于技术效率等于农户实际产出占前沿面产出的比例，是一个相对值，不受经营规模和行业特征的影响，研究结论更为可靠。根据技术效率的定义，TE 越大，意味着农户实际能力与对应的前沿面的生产能力之间的差距越小，农户从事种植业生产的能力越高。

利用 SFA 估计农户技术效率时，需重点考虑对生产函数的选择。常见的有 Cobb-Douglas 生产函数和超越对数（Translog）生产函数。其中，Cobb-Douglas 函数尽管假定生产弹性为常数和替代弹性为 1，但具有简洁、易于分解和经济含义明显的优势；而 Translog 函数虽然形式更灵活、包容性强，但对样本自由度和数据质量的要求高。由于本研究的旨趣在于测量农户的技术效率，简单的 Cobb-Douglas 函数就已经足够（Taylor and Shonkwiler，1986）。因此，与中国农业生产研究的绝大部分文献一样（如 Fan，1991；Lin，1992；李谷成等，2009；盖庆恩等，2014），这里以 Cobb-Douglas 函数作为前沿生产函数的具体形式，即：

$$\ln Q_i = X_i\beta + v_i - u_i \tag{5-11}$$

式中 $i=1,\ 2,\ \cdots,\ n$ 表示生产单元（这里为农户）；Q_i为第 i 个农户的种植业总产出；X_i是一个由投入（包括土地、资本和劳动力）的对数组成的 $K\times1$ 维向量；β 表示待估计参数向量；$(v_i - u_i)$ 为回归方程的随机误差项，由两个独立部分组成，其中 v_i为传统意义的随机误差项，主要包括测量误差及各种不可控随机因素（如气候、运气等），假定其服从对称的正态分布，即 $v_i \sim iidN(0,\sigma_v^2)$；$u_i$是与技术无效有关的非负随机变量，反映农户 i 离效率前沿的距离，假定其服从均值为 λ 的指数分布①，即 $u_i \sim iidG(\lambda,0)$。同时，我们还假定 u_i与 v_i之间相互独立，而且都独立于解释变量 X_i。

对于式（5－11）确定的 SFA 模型，可采用极大似然法（ML）同时对 u_i和 v_i以及待估参数向量 β 进行联合估计。当估计出 SFA 模型中的参数后，第 i 个农户的种植业生产技术效率值就可以由下式测算得出：

$$TE_i = \frac{Q_i}{\exp(X_i\beta + v_i)} = \frac{\exp(X_i\beta + v_i - u_i)}{\exp(X_i\beta + v_i)} = \exp(-u_i) \tag{5-12}$$

由式（5－12）测得的技术效率在 0～1 取值，它等于第 i 个农户的实际产出与完全有效农户使用相同投入所能得到的有效产出（$u_i=0$）之间的比。因此，可以用来反映农户 i 从事农业生产活动比较优势和农业生产能力水平的高低。

2. 计量检验模型

正如引言中提到的，如果土地流转是按照资源优化配置的要求进行

① 当然，我们还可以假定服从半正态分布、截断正态分布、伽马分布等其他单边分布形式。虽然不同的分布假设会导致不同的技术效率估计结果，但在前沿生产函数设定没有出现大的偏差时，技术非效率项分布形式假设的不同并不是关键性区别，而且估计出来的效率秩也是一致的（蒂莫西·J. 科埃利等，2008）。在这种情况下，比较简单的指数分布模型就更符合简单原则。van den Broeck 等（1994）的研究表明，相较于其他分布假设，指数分布对先验假设具有较弱的敏感性。

的，那么农业生产能力更高的农户应该转入土地，而农业生产能力低的农户应该转出土地。因此，循着 Deininger 和 Jin（2005）的配置效率检验思路，我们也将农户的农业生产能力和土地流转决策相联系，通过对二者之间的关系式进行回归，来检验土地流转的耕地配置影响。为此，我们分别以被调查农户“是否流转土地”和“实际流转土地数量”为因变量建立计量检验模型。农户的土地流转行为包括了转入土地和转出土地两种，而这两种行为相互并不独立，都部分取决于农户的个人特点或偏好（Rahman，2010；李庆海等，2011），因此，为避免影响因素识别过程中的方程联立性问题和样本遗漏问题，本研究引入双变量 Probit 模型和双变量 Tobit 模型进行方程估计。具体地，我们使用双变量 Probit 模型来探讨农户选择转入（转出）土地的概率，以双变量 Tobit 模型来分析农户选择转入（转出）土地的数量。

定义 R_{in} 表示农户是否转入土地，R_{out} 表示农户是否转出土地；T_{in} 表示农户转入土地数量，T_{out} 表示农户转出土地数量；R_{in}^*、R_{out}^* 与 T_{in}^*、T_{out}^* 为隐藏变量（Latent variable），满足：

$$\begin{cases} R_{in}^*(T_{in}^*) = \delta_0 + \delta_1 \alpha + \delta_2 Z + \varepsilon_1 \\ R_{out}^*(T_{out}^*) = \phi_0 + \phi_1 \alpha + \phi_2 Z + \varepsilon_2 \end{cases} \tag{5-13}$$

则双变量 Probit 模型定义为：

$$R_{in} = \begin{cases} 1 & \text{如果 } R_{in}^* > 0 \\ 0 & \text{如果 } R_{in}^* \leqslant 0 \end{cases}, \quad R_{out} = \begin{cases} 1 & \text{如果 } R_{out}^* > 0 \\ 0 & \text{如果 } R_{out}^* \leqslant 0 \end{cases} \tag{5-14}$$

双变量 Tobit 模型定义为：

$$T_{in} = \begin{cases} T_{in}^* & \text{如果 } T_{in}^* > 0 \\ 0 & \text{如果 } T_{in}^* \leqslant 0 \end{cases}, \quad T_{out} = \begin{cases} T_{out}^* & \text{如果 } T_{out}^* > 0 \\ 0 & \text{如果 } T_{out}^* \leqslant 0 \end{cases} \tag{5-15}$$

为方便起见，我们将式（5-13）中的第一个方程称为转入方程，将第二个方程称为转出方程。由于不能明确区分哪些因素影响了农户的土地转入、哪些因素影响了农户的土地转出，两个方程使用了相同的解释变量矩阵 α 和 Z。其中，α 是我们关心的核心解释变量，是用农户种植业生产技术效率代表的农业生产能力水平，其源自计量模型（5-11）中的残差，是一个随机独立变量，理论上与式（5-13）中的误差项不相关；Z 表示影响农户土地流转的其他因素，如户主个体特征、家庭特征、所在村庄特征等，作为控制变量；δ、ϕ 为待估计参数（向量）；误差项 ε_1、ε_2 包含了一些未能完全控制的因素，如生产偏好、风险态度或进取精神等，假设二者服从均值为 0、标准差为 σ_1 和 σ_2、相关系数为 ρ 的联合正态分布。

上述模型表明，农户在面对转入土地还是转出土地的选择时，有四种可能的结果：只转入土地、只转出土地、既不转入土地又不转出土地，以及既转入土地又转出土地。为提高估计效率，我们采用模拟最大似然法（Simulated Maximum Likelihood，SML）对式（5-13）中的转入方程和转出方程同时进行联合估计。相关系数 ρ 度量了方程中误差项（遗漏因素）之间的相关性，如果 $\rho=0$，则此模型等价于两个独立的单变量 Probit 模型或单变量 Tobit 模型，分别对其进行估计即可；如果 $\rho\neq0$，则说明两个方程的误差项相关，二者的决策受到某些不可观测因素的共同影响，$\rho>0$ 说明增加农户转出土地可能性和数量的不可观测因素同时会增加其转入土地的可能性和数量，$\rho<0$ 说明增加农户转出土地可能性和数量的不可观测因素也会同时减少其转入土地的可能性和数量。

在式（5-13）中，我们通过关注代表每个农户固有的农业生产能力 α 的系数 δ_1、φ_1 的显著性和符号来判断农户土地流转是否具有效率意义，或者说是否起到了优化配置耕地资源的作用。由于这种能力无法在市场上转移，保持其他因素不变，如果有 $\delta_1>0$ 且 $\varphi_1<0$ 同时成立，那么就说明在土地流转过程中，土地是从农业生产能力低的农户向农业产能力高的农户流转的，显然，这样的流转有助于实现耕地的优化配置，因此是有效率的；反之，则说明土地流转市场是无效率的。本研究做法跟金松青和 Deininger（2004）的研究类似，但不同的是，我们在模型估计时，考虑了农户在转入和转出土地选择中可能产生的相关性。

5.3.2　变量的选取与定义

1. 被解释变量

按照研究设计，我们把“是否转入土地”和“是否转出土地”作为双变量 Probit 模型的两个因变量，分别用 R_{in}、R_{out} 来表示；把“转入土地面积”和“转出土地面积”作为双变量 Tobit 模型的两个因变量，分别用

T_{in}、T_{out}来表示。根据“全国农村固定观察点农户调查表”中的指标设计，我们定义：如果家庭当年的转包入耕地面积大于0（即 $T_{in}>0$），则 $R_{in}=1$，否则 $R_{in}=0$；类似地，如果家庭当年的转包出耕地面积大于0（即 $T_{out}>0$），则 $R_{out}=1$，否则 $R_{out}=0$。

2. 核心解释变量

本研究的核心解释变量为农户的农业生产能力 α，数据来源于使用SFA估计得到的农户种植业①生产技术效率。为估计 α，需要首先确定式（5-11）中的投入产出指标，其中的投入 X 包括了土地（S）、劳动（L）和资本（K）三项。

（1）产出变量 Q。由于不同农户种植的作物品种存在差异，不可直接在产量层面上进行加总，但固定观察点数据统计了每种作物的经营总收入（包括主产品收入和副产品收入），我们以此进行加总，用汇总后的种植业经营总收入来表示产出 Q。这跟李谷成等（2009）、朱喜等（2011）、盖庆恩等（2014）的处理是一样的。

（2）土地投入 S。用种植业播种总面积表示，是指农户家庭调查年度内实际播种农作物的面积，不考虑后期因自然灾害或耕地转作他用而导致收获面积减少的情况。

（3）劳动投入 L。用种植业经营投工量表示，指农户年内直接从事本家庭种植业生产、经营的劳动力所投入的累积劳动力日数（1天按8小时计），包括雇工和自投工两部分。

（3）资本投入 K。用农户年内在种植业生产、经营上所投入的物质费用总和表示，主要包括种子种苗费、农家肥折价、化肥费、农膜费、水电及灌溉费、畜力费、机械作业费、小农具购置费、土地租赁费、固定资产折旧及修理费和其他费用合计。这种处理方法与章奇等（2007）将化肥、塑料薄膜等中间投入分项纳入生产函数相比，不仅更符合经济学原理，而且在估计SFA模型时还可以减少多重共线性的困扰。

3. 控制变量

除了上面讨论的核心解释变量 α 外，基于农户模型，我们的回归还引

① 主要包括调查年度内种植的粮食作物和经济作物。其中，粮食作物主要包括小麦、稻谷、玉米、大豆和薯类，经济作物主要包括棉花、油料、糖料、麻类和烟草作物等。

入了以下 3 组控制变量 Z。这些变量有些是现有文献研究过的，有些则是全新的，从而既方便我们与现有研究成果相关印证，又可以产生一些新发现。

第一组变量由户主个体的特征组成，包括性别、年龄和受教育程度。在实际回归中，为控制户主年龄对家庭土地流转决策的“U”型或倒“U”型影响，还加入了年龄的平方项。

第二组包括了 5 个家庭变量，它们是：劳动力数量、土地/人口禀赋、生产性固定资产原值、家庭经营主业是否为农业以及是否党员干部户。①劳动力数量用 15 岁以上的家庭常住人口表示。作为潜在的务农劳动力，家庭劳动力数量越多，意味着越适合开展农业生产，因此越可能转入土地，而不可能转出土地。②土地/人口禀赋用家庭的人均土地量（按常住人口[①]计算，下同）衡量，且只包括村里分配的土地（即承包地）。土地/人口禀赋决定了农户在初始土地资源上的异质程度。在“均田承包”的土地制度安排下，农户所能够分到的土地数量主要取决于其家庭人口数量，而与其农业生产经营能力无关（Zhao，2015）。而土地流转按效率原则重新配置土地，对参与流转的农户来讲，无论是转入还是转出，都可视为对家庭最优土地经营规模的一种适应性调整，即通过转入或转出土地来缩小实际经营规模与最优规模之间的差距（Bhattacharya，2013）。因此，在其他条件相同的情况下，农户拥有的初始承包地数量越多，对转入户而言，意味着与家庭最优土地经营规模的差距越小，越不利于其转入土地；对转出户来说，意味着与家庭最优土地经营规模的差距越大，越有利于增加转出土地的供给（Skoufias，1995）。我们将其自然对数化后引入估计式，并预计它在转入方程中符号为负，但在转出方程中符号为正。③如果存在完善的农业资产市场，那么农户的土地流转情况与其拥有的农业资产数量是不相关的，因为可以通过使用农业社会化服务来达到生产要素的优化配置。然而这些市场往往不完善，特别是在发展中国家（Rosenzweig and Wolpin，1993）。因而，我们推想农业资产多的农户更可能转入土地。固定观察点数据统计了家庭年末拥有的全部生产性固定资产的原值，我们用它来反映农户家庭拥有的农业资产状况，并进行对数化处理，以缓解截面异

---

① 常住人口是本书计算调查数据的人均水平的基本指标。

方差的影响。④我们加入家庭经营主业是否为农业，是因为当农业收入成为农户家庭最主要的收入来源时，他们的生计就较依赖于土地，从而不愿意转出手中的土地；反之，如果农户的家庭生计已经不再以农为主，那么他们对土地的依赖就比较小，转出土地的可能性就会增加。固定观察点数据中设计了"家庭经营主业"的指标，参照程名望等（2014）的处理，如果农户家庭经营主业为"种植业""林业""畜牧业"和"渔业"中的任意一种，即定义为农业户，赋值为1；其余五种，包括"工业""建筑业""运输业""商业、饮食、服务业"和"其他"皆定义为非农业户，赋值为0。⑤我们还设置了是否党员干部户的虚拟变量，以考察政治身份对农户土地流转的影响。一般认为，拥有党员干部身份的农户通常能力更强（李谷成等，2009），在土地流转中拥有更多的便利条件（付振奇、陈淑云，2017）。因此，从经验上，我们认为拥有党员干部身份的农户参与土地流转的概率要高于没有党员干部身份的农户。根据所采用的固定观察点数据特征，这一变量是由"是否国家干部职工户""是否乡村干部户"和"是否党员户"三个指标构建的。只要农户拥有以上三者中任何一种身份（包括同时拥有其中任何两种，或者同时拥有这三种身份），我们就给这个变量赋值为1；相反，若不拥有以上三者中任何一种身份，则赋值为0。

第三组包括4个村变量，与土地流转市场的交易成本有关。①第一个指标是地权稳定性，用二轮承包以来村里是否调整过土地的虚拟变量表示。有研究认为，土地调整导致的地权不稳定性会降低土地流转需求，减少市场化的土地租赁活动（钱忠好，2003a；2003b；陶然、徐志刚，2005）。因此我们猜想，在发生过土地调整的村庄，农户地权具有较低的稳定性，土地流转发生的概率也低。回溯调查询问了每个农户自二轮承包以来的土地调整情况。由于被调查农户是在各个村庄内随机选取的，所以只要有农户回答所在村庄进行过土地调整，就对该变量赋值为1；否则，取值为0。在中国，土地调整的权力一般被授予村集体[①]，是村组层面决策的结果（贺铁英，2004）。因此，对于单个受访农户来说，其所在村庄是否发生过土地调整可以视为外生的（郑志浩、高杨，2017）。②第二个指

---

① Brandt等（2004a）1996年对8个省份215个村庄的调查研究发现，85%的土地调整决策是在村集体进行的，也表明土地调整的权力一般授予村集体的事实。

标是村里对土地流转的限制。这一变量是根据被调查农户对“您是否有权把承包的土地转包或出租给其他人”的 3 种回答[①]构造而来的。在回溯调查中，我们询问每个农户是否有权把承包的土地转包或出租给其他人，对该问题的 3 个答案度量了农户在土地流转过程中是否受限制以及所受限制的程度。然后，根据限制程度从较低到较高，我们对问题的答案打分，通过将这些回答编码为从 1 到 3 的数字，我们得到了一个有序变量来代表农户参与土地流转受到的限制，分数越高表示权利受到的限制越大。这样的限制会抬高土地流转市场的交易成本，并且对农户的土地流转行为来说，在很大程度上是外生的（金松青、Deininger，2004；郜亮亮等，2014）。不过，考虑到本研究中这个变量是通过对农户的访谈得来的，为避免潜在的内生性问题，参照 Ma 等（2016）对同类问题的处理，采用村庄内除该农户外其他调查户对该问题答案的均值进行替代。③第三个指标是村庄被调查农户中有转入或转出土地行为的农户比例。由于交易成本的存在会减少合意的交易，因此越高的流转户比例，意味着越活跃的土地流转市场和越低的交易成本。④第四个变量与土地确权有关。确权是流转的前提与基础。清晰的土地权利归属界定，不仅有助于农户形成对所经营土地产权的稳定预期，而且也是土地规模化自由流转的必要前提。在本研究中，确权情况由村庄层面“是否确权登记颁证”的虚拟变量表示[②]。新一轮土地确权工作是以村庄为单位整村推进的（黄振华、杨明，2017），因此，与地权稳定性指标的度量方式类似，只要村庄中有农户回答自家承包地已经确权登记颁证，我们即对该变量赋值为 1，否则取值为 0。虽然各地区土地确权的试点并不是随机选择的，但是对于单个农户的土地流转行为而言，其在很大程度上完全可以视为是一个外生的政策性变量（程令国等，2016）。

除上述因素外，土地租金水平也很重要，但固定观察点数据中并没有提供针对这一变量的可观测的直接指标。不过，考虑到同一村庄内的租金

① 它们是：“有，且不需要任何组织同意”；“有，但需要村组同意”“没有”。

② 对于是否确权，伴随我国土地确权政策的演进，先后形成了两种不同的变量设置方式：一种是以“土地承包合同或承包经营权证书发放与否”为标准（如黄季焜、冀县卿，2012；Wang et al.，2015；何欣等，2016；许庆等，2017），这对应于 2009 年以前我国“强化农户经营主体地位，稳定承包经营权”等一系列的确权制度改革；另一种则以“是否确权颁证登记”为标准（如付江涛等，2016；程令国等，2016；胡新艳 \ 罗必良，2016），这对应于 2009 年以来我国推进的新一轮土地确权颁证登记试点工作。

差异一般不大，我们引入两个村变量来控制租金的差异。这也是文献中的惯常处理办法之一（如姚洋，2004）。其中，第一个变量是村庄地理位置，用村庄内被调查农户到最近乡镇或县城的距离的平均值代替。已有研究发现，土地流转价格因区位因素而存在差异，城镇周边的村庄，其土地流转价格普遍要高于远离城镇或地理位置偏僻的村庄（罗迈钦，2014）。第二个变量是水田比例，同样用村庄内被调查农户关于这个指标的平均值代替。水田比例既反映了村庄的地形地势，又能够从侧面反映村庄的经济状况；同时，由于水田土地质量一般优于旱地，水田比例较高的地方，其土地租金水平一般也高。

劳动力非农就业也是影响农户土地流转的一个重要因素。但是，劳动力非农就业同时也会受到土地流转的影响，内生于本研究所关注的结果变量，倘若在回归中加入该变量就会吸收农业生产能力本身对于因变量的影响，从而使模型核心自变量系数发生估计偏误（乔舒亚·安格里斯特、约恩-斯特芬·皮施克，2012）。为了避免这类“坏的控制变量”（Bad control）问题，本章回归模型的控制变量集中未包含该变量。

5.3.3 数据来源与处理

本章使用的数据来自第4章所介绍的数据集。本书的经验研究多次用到这个数据集。该数据集涵盖了中国大陆25个省份（不包括北京、天津、上海、浙江、海南和西藏）186个村的3278户农户[①]，由两套数据合并得到。其一是农业部农村经济研究中心的“全国农村固定观察点调查”。该调查为“记账式”调查，通过使用农村住户和家庭成员两级问卷，较为全面地反映了样本地区农户及其家庭成员的生产、消费、就业、生活及其他各项活动，为本研究在计量模型中较全面的选择变量提供了可能及良好的数据基础。其二是第4章中提到的“农户粮食产后收获损失调查”。该调查为“回忆式”调查，通过从前一项调查中随机抽取若干固定观察点农户作为新的调查样本进行回溯调查，为我们提供了这些农户家庭自二轮承包以后的土地调整情况、土地征用情况、土地确权进展情况，以及土地产权认知状况等内容。回溯调查亦委托农业部农村固定观察点办公室完成，保

① 关于这个数据集的详细介绍见第4章。

证了数据的可靠性。这两套数据反映的都是被调查农户家庭在 2015 年的生产生活情况。

依照估计的模型设定，我们采用以下方法对最初清理后的这 3278 份样本做进一步的筛选：首先，为使选择样本更好地服务于研究目标，剔除年内未从事农业生产的样本；其次，删去主要变量观察值缺失的样本；最后，基于样本代表性考虑，剔除样本数量不足 8 户的村样本。经过上述处理过程，最终得到有效样本量为 2924 个，覆盖了中国大陆 25 个省份（不包括北京、天津、上海、浙江、海南和西藏）的 173 个村。在这些样本中，有 405 个农户在调查年度内参与了土地流转，占样本总数的 13.85%；其中，有 235 户家庭从其他农户手中转入了土地，有 177 户家庭转出了自己手中的土地。

在数据处理过程中，考虑到在一个村内部，农户之间的生产技术差异通常不大，故针对数据中缺失的投工量指标，我们采用田旭和王善高（2016）的方法，用村均值进行替代和补充，以避免样本的大量损失。

5.3.4　变量描述统计

用于估计回归方程中的变量定义及其描述统计情况如表 5 - 1 所示。各项投入产出项的标准差都很大，说明不同农户在农业生产能力方面的差异还是很大的。再从农户拥有的初始土地禀赋看，样本农户家庭人均承包地面积为 2.70 亩，高于全国当时 1.52 亩的人均水平①。劳动年龄人口占家庭总人口的比例反映了农户家庭可用劳动力数量的多寡。数据显示，样本农户家庭的劳动力资源相对充足，劳动力占家庭总人口的平均比例约为 87.94%，56% 以上的农户家庭人口全部为劳动力。生产性固定资产价值意味着农户在农业生产上的投资，样本农户家庭户均生产性固定资产为 14811.24 元；但农户间的差异很大，有农户家庭生产性固定资产高达 263 万元，有的农户家庭则完全没有任何生产性资产，这与不同农户对于从事农业生产还是外出打工的倾向不同有关。不过尽管如此，我们看到，从事农业生产仍然是当下绝大多数中国农民的第一选择，样本中约有 90% 的家

---

① “第二次国土调查：人均耕地面积降至 1.52 亩”，央视新闻，2013 年 12 月 30 日。

庭以经营农业为主。样本农户中党员干部户的比重较低，只占到22.54%，绝大部分被调查户中都既没有中共党员也没有干部。最后，就户主个体特征而言，男性户主占了绝大多数，这与当前中国农村的现实相吻合；户主年龄偏中老年，平均年龄为56.29岁；与此同时，户主的受教育程度总体偏低，平均在校就读7.11年，仅相当于初中文化水平，显示出户主在人力资本方面存在较大不足。

表5-1 变量定义及描述统计

项目	变量名称	定义或度量方法	均值	标准差
投入产出变量	总产出	种植业经营总收入（元）	13268.79	19808.50
	资本投入	种植业经营物质费用总和（元）	5221.65	9427.50
	劳动投入	种植业经营投工量（工日）	102.64	103.87
	土地投入	种植业播种总面积（亩）	13.27	21.60
被解释变量	是否转入土地	是=1，否=0	0.08	0.27
	是否转出土地	是=1，否=0	0.06	0.24
	转入土地数量	年内转包入耕地面积（亩）	1.08	8.40
	转出土地数量	年内转包出耕地面积（亩）	0.22	1.48
核心解释变量	农业生产能力	农户种植业生产技术效率，利用SFA模型估计得出	0.86	0.10
户主特征变量	性别	男=1，女=0	0.96	0.20
	年龄	户主实际年龄（周岁）	56.29	10.27
	受教育程度	户主在校年数（年）	7.11	2.53
家庭特征变量	人均承包地面积	承包地总面积/家庭总人口（亩/人）	2.70	4.18
	劳动力比例	劳动年龄人口/家庭总人口（%）	87.94	15.06
	生产性固定资产原值	年末拥有生产性固定资产原值（元）	14811.24	58706.88
	家庭经营主业	农业=1，非农业=0	0.90	0.30
	是否党员干部户	是=1，否=0	0.23	0.42
村特征变量	村里是否调整过土地	是=1，否=0	0.26	0.44
	村里对土地流转限制	所在村庄被调查农户对该问题答案打分的均值，分数越大表示限制程度越高	1.44	0.44
	村庄参与土地流转的农户比例	村庄被调查农户中发生过土地流转的农户比例（%）	13.85	18.06

续表

项目	变量名称	定义或度量方法	均值	标准差
村特征变量	村里土地是否确权	是 =1，否 =0	0.79	0.41
	村庄地理位置	所在村到最近乡镇或县城的距离（公里）	5.29	4.50
	村庄水田比例	村庄所有耕地中水田的比例（%）	31.39	37.32

注：对劳动力的界定遵循第 4 章之定义，指年龄在 15 岁以上的劳动年龄人口。回归时，为了保证人均承包地面积、生产性固定资产原值等变量取对数后依然是正数，均将其加 1 后再取自然对数。

5.4　对土地流转耕地配置效应的检验

5.4.1　利用随机前沿模型估计农户生产能力

首先检验农户的生产函数是否遵循规模报酬不变假设。我们使用的是以村为单位收集的农户固定观察点数据，因此在估计时加入了村庄虚拟变量以控制那些在村级层面上的不能够明确测度和反映的因素（比如经济发展、自然气候、耕地质量等）的影响。从回归的结果来看，这些村庄虚拟变量的系数具有联合的显著性，说明控制它们是非常有必要的。表 5 - 2 给出了根据对数化后的 Cobb-Douglas 生产函数式估计出的各生产投入要素的产出弹性。其中，土地的产出弹性最大，达到 0.479，表明土地仍然是现阶段影响农业产出的最重要因素，这与以往的研究结果相吻合（李谷成等，2009；许庆等，2011）；其次是资本，其产出弹性为 0.440；劳动力的产出弹性最小，只有 0.079。从规模报酬系数（土地、资本和劳动的产出弹性之和）来看，Wald 约束检验的 F 统计量为 0.04，伴随概率为 0.8397，不能拒绝规模报酬不变（即各要素产出弹性系数等于 1）的原假设。这为一般经济学意义上农业规模报酬不变的论点（如速水佑次郎、弗农 · 拉坦，2001；林毅夫，2005；弗兰克 · 艾利思，2006）提供了经验证据①。

① 李谷成等（2009）、许庆等（2011）的估计结果也都显示种植业生产具有规模报酬不变的特点。

表 5－2　Cobb-Douglas 生产函数的估计

要素	土地（S）	资本（K）	劳动力（L）
产出弹性	0.479 *** (0.036)	0.440 *** (0.031)	0.079 *** (0.019)

注：***、**、* 分别表示在 1%、5% 和 10% 的显著性水平上显著，括号内为异方差稳健的标准误。村庄虚拟变量联合显著性 Wald 检验的 F 值为 50.25，概率 p 值为 0.0000。规模报酬不变假设 Wald 检验的 F 值为 0.04，概率 p 值为 0.8397。

由于生产函数规模报酬不变，对式（5－11）用以播种面积测度的土地投入去除其他的两种投入要素及产出，可以得到密集形式的有关投入—产出的 Cobb-Douglas 生产函数。表 5－3 同时报告了以 Cobb-Douglas 对数生产函数的密集形式作为前沿生产函数的 OLS 估计结果和 SFA 模型的 ML 估计结果。可以看到，两种方法对相应模型参数估计的结果整体上都比较理想，解释变量的估计参数和显著性也都基本一致，说明本研究关于农户生产函数的设定是稳健的；从单个系数看，与 OLS 估计结果相比，用 SFA 方法估得的要素产出弹性系数更低，这是 OLS 估计的典型特征，该方法会把本应由无效率项解释的波动归结到其他解释变量上。判断是否存在无效率项的单边广义似然比检验（One-sided generalized likelihood ratio test）在 1% 显著性水平上高度拒绝“$\sigma_u = 0$”的原假设，即认为样本数据资料中存在无效率项，传统的 OLS 估计得到的平均生产函数不能代表效率的状态，使用 SFA 方法估计是必要的。进一步地，技术无效率项和随机误差项的标准差比值 λ 为 0.957，且在 1% 的水平上通过显著性检验，同样表明样本农户生产中存在技术无效率的状况，假设所有的样本点都处于生产前沿面上（平均生产函数就是生产前沿面）是不成立的，采用 SFA 模型的 ML 估计要优于平均生产函数的 OLS 估计。

表 5－3　随机前沿生产函数估计结果

解释变量	(1)	(2)
	OLS	SFA
前沿生产函数		
亩均资本投入（K/S，对数）	0.440 *** (0.031)	0.381 *** (0.029)

续表

解释变量	(1)	(2)
	OLS	SFA
亩均劳动投入（L/S，对数）	0.080*** (0.018)	0.057*** (0.019)
村庄虚拟变量	是	是
截距项	4.078*** (0.194)	4.603*** (0.184)
方差参数		
σ_u	—	0.169*** (0.024)
σ_v	—	0.177*** (0.019)
$\lambda=\sigma_u/\sigma_v$	—	0.957*** (0.041)
诊断和其他信息		
Log likelihood	-140.1027	18.0794
单边广义 LR 检验（H_0：$\sigma_u=0$）	—	$P\text{-}val=0.0000$
样本量	2924	2924

注：***、**、* 分别表示在1%、5%和10%的显著性水平上显著，括号内为异方差稳健的标准误。限于篇幅，村庄虚拟变量的估计结果未予呈现。

基于 SFA 模型估计结果和公式（5-12），就可以得到每个农户以技术效率指数 TE 表征的农业生产能力水平 α。通过对 α 的观察，我们发现农户间差别很大，最高达到 0.987，最低只有 0.064。由于不同农户的农业生产能力千差万别，这就为土地流转的发生提供了可能。为进一步判断当前进行的土地流转是否遵循了资源优化配置的标准，将土地从农业生产能力低的农户转移到生产能力高的农户手中，我们按照 α 从低到高对农户进行排序，并根据分位数分为 5 个组合，其中第一组（Q1）为农业生产能力最弱组，第五组（Q5）为农业生产能力最强组，然后分别计算这五个组合中参与土地流转的农户比例和流转土地面积的平均值，如表 5-4 所示。为了更直观地比较样本中农业生产能力最强农户和最弱农户在参与土地流转上的概率差异和数量差异，我们还将农业生产能力最强的组合 Q5 与最弱的组合 Q1 放在一起，进行不同方差的两样本 t 检验，结果报告在表 5-4 的最后两列。以面板 A 为例，可以看出，就对土地流转市场的参与而言，随着农业生产能力的提高，参与土地转入的农户比例有上升的趋势，由生产能力最弱组合 Q1 中的 7.01% 增加到生产能力最强组合 Q5 中的 9.08%，差异为 2.07 个百分点，且该差异在 5% 水平上具有统计显著性；与此同时，参与土地转出的农户比例则有下降的趋势，由生产能力最弱组合 Q1 中的 8.89% 减少到生产能力最强组合 Q5 中的 5.99%，相差为 2.90 个百分点，且该差异在 10% 水平上统计显著。

面板 B 结果与面板 A 几乎一致：随着农业生产能力提高，参与土地转入农户的户均转入土地面积趋向于上升，由生产能力最弱组合 Q1 中的 8.11 亩/户增加到生产能力最强组合 Q5 中的 25.87 亩/户，差异为 17.75 亩/户；与此同时，参与土地转出农户的户均转出土地面积则趋向于下降，由生产能力最弱组合 Q1 中的 4.27 亩/户减少到生产能力最强组合 Q5 中的 2.48 亩/户，差异为 1.79 亩/户。同样的，所有的这些差异都在 5% 显著性水平上是统计显著的。这与前面的理论分析相吻合，说明经过流转，土地的确由那些农业生产能力弱的农户流向了农业生产能力强的农户。显然，这种流转与国家出台相关政策发展土地流转的初衷一致，也符合资源优化配置的基本要求。当然，这些都只是描述性的结果。为了验证这些观察结果是否成立，下面我们进行更严谨的计量检验分析。

表 5-4 单变量分析

	Q1	Q2	Q3	Q4	Q5	Q5 - Q1	两样本 t 检验	
							t 统计值	*p* 值
面板 A：参与土地流转比例（%）								
转入土地	7.01	7.69	7.86	8.55	9.08	2.07	1.9902	0.0421**
转出土地	8.89	4.96	5.64	4.79	5.99	-2.90	-1.8877	0.0593*
面板 B：土地流转数量[a]（亩/户）								
转入土地	8.11	9.12	12.33	12.00	25.87	17.75	2.4474	0.0174**
转出土地	4.27	4.46	3.48	2.58	2.48	-1.79	-2.3249	0.0228**

注：a 统计的是实际参与流转农户的土地流转数量，而非全部样本农户。***、**、* 分别表示两组样本在 1%、5% 和 10% 水平上有显著差异。

5.4.2　农户生产能力和土地流转的关系回归

从家庭选择角度看，农户参与土地流转包含相互联系的两个选择：是否转入（或转出）土地以及转入（或转出）多少数量的土地。因此，本部分将同时建立“是否流转”模型和“流转数量”模型，对农户农业生产能力和土地流转决策之间的关系式进行回归。其中，“是否流转”模型的因变量为 0 ~ 1 变量，且“是否转入土地”和“是否转出土地”这两种行为可能是同时被决定的，都受同样的自变量影响，我们考虑使用双变量 Probit 模型进行估计；“流转数量”模型的因变量在“0”处左归并（left-censored），对于这类数据，通常使用 Tobit 模型进行回归，基于相同的原因，我们选择采用双变量 Tobit 模型进行估计。所有回归都加入了省份虚拟变量①，以控制不能观察到的省际差异对农户土地流转行为的可能影响。模型估计结果报告在表 5 - 5。该表中，虽然各变量系数估计值的大小并不直接等同于它们对农户土地流转决策和流转数量的影响大小，但系数的方向和显著性是有意义的，如果系数显著为正，则说明这一变量值增加会显著提高农户参与土地流转的概率以及流转的土地数量。

首先是本研究关注的核心解释变量——农户农业生产能力 α。和我们的预计一致，无论是在“是否流转”模型还是“流转数量”模型中，它的估计系数在转入方程中都为正值，而在转出方程中都为负值，且分别通过了 1% 和 5% 水平的显著性检验。这与第 4 章关于农户为什么转入（出）土地的原因的统计结果相一致，再次说明农户农业生产能力的异质性是土地流转得以发生的基本前提。更关键的是，这个结果还说明，在土地流转过程中，土地的确流向了那些具有更高农业生产能力水平、能够更有效率利用土地的农户手中。显然，这符合生产要素由低效率生产单位向高效率生产单位流转的资源优化配置要求。因此，可以认为，当前进行的农户土地流转是有效率的，能够实现优化耕地资源配置的政策预期。

其他控制变量的回归结果向我们展示了一些在文献中得到广泛研究和

① 与前面不同，这里我们仅控制了省份的固定效应而没有控制村庄的固定效应。这是因为，如果继续控制村庄固定效应，在同一个村之内农户参与土地流转面临的市场交易成本几乎没有差异，从而无法有效识别出这些村变量。

证实的结果。其中，户主个体特征对农户土地流转意愿和流转数量的影响通过性别、年龄和受教育程度反映出来。回归结果显示，那些户主为男性的农户更倾向于转入土地，并且转入土地的数量也要显著高于女性户主，这很可能与农业生产主要依靠男性承担体力劳动有关。但有意思的是，在土地转出上，男性户主与女性户主之间并无显著差异。

户主年龄对农户转入土地的影响呈倒“U”形，而对农户转出土地的影响呈“U”形。通常来说，年龄越大的户主，其非农就业能力相对较弱，在城镇劳动力市场上不具有比较优势，此时转入土地从事农业生产就是一个较为理性的选择；与之相反，年轻户主由于非农就业能力相对较强，可供选择的非农就业岗位也多，从而更愿意转出土地从事边际收益更高的非农生产。因此，年轻户主转出土地的概率较大，而年老户主则更愿意转入土地。但注意到，无论是在“是否流转”模型还是“流转数量”模型中，户主年龄平方项的估计符号在转入方程中均一致为负，而在转出方程中一致为正，意味着当户主年龄增加到某一阈值后，农户转入土地的可能性和数量都将趋于减少，而转出土地的可能性将趋于增加。产生这一结论的原因可能是，随着年龄的增长，户主的体能和精力逐渐跟不上农业生产的需要，此时就有可能减少土地转入，而增加土地转出。

户主受教育程度的提高，显著地降低了农户的土地转入意愿，也降低了发生转入行为的农户的土地转入量。根据何欣等（2016）的解释，受教育程度体现了农民从事非农工作所具有的相对优势。受教育程度高的农民，更容易获得理想的非农就业机会，因而越可能从事非农工作而不愿意耕种土地。相反，受教育程度低的农户，外出务工的机会相对较少，为了维持家庭收入和生计，倾向于转入土地以取得较高的农业经营收入。

人均承包地面积、劳动力比例和生产性固定资产原值反映了农户所拥有的禀赋量。首先来看人均承包地面积。在控制住了劳动力和农业资产后，它的估计系数在两个模型的转入方程中均为负值，而在转出方程中均为正值，并且都具有高度的统计显著性。说明在土地市场中，初始承包地数量少的农户更多地充当了土地转入者的角色，成为流转市场的需求方；而初始承包地数量多的农户则为市场提供了多数的土地供给，是土地的流出源，也是土地流转的主要供给者。这个结论告诉我们，土地流转市场的运作不仅会提高耕地配置效率，而且还具有实现“公平”的效果，有助于无地或者少地的农户获得土地。金松青和 Deininger（2004）、章奇等（2007）、史常亮等（2016）针对中国不同地区农户样本的分析，以及罗思高等（2006）对国家统计局 2001 年在社区一级进行的全国家庭调查资料的分析，同样有类似发现，证明土地流转市场的出现对初始分配土地较少的家庭是有帮助的[①]。

生产性固定资产原值仅对农户转入土地的意愿和数量有显著影响。两个模型的估计结果都显示，家庭生产性固定资产规模越大的农户，不仅转入土地的可能性越高，而且转入土地的规模也越大。土地市场倾向于将土地转移给那些拥有较多生产性固定资产的农户，这表明，在中国农村地区，农业资产市场可能是不完善的，甚至是不存在的。这个结果与金松青和 Deininger（2004）、郜亮亮等（2014）的发现也是吻合的。

与推测一致，是否主要从事农业生产对农户参与土地流转市场的影响很大，以务农为主的家庭转入了更多的土地，而以非农业经营为主的家庭则转出了更多的土地，其估计系数在所有回归中都十分显著。家庭经营主业是否为农业近似反映了农户在从事农业活动上是否具有比较优势，而影响农户土地流转决策的，除了他们的生产能力 α 的大小，更重要的是他们的相对比较优势（章奇等，2007）。因此，这个结果和生产能力 α 的估计结果类似，都说明土地市场的运作倾向于将土地转移给那些更善于经营土地的农户。

与交易成本相关的 4 个村变量，分别在不同程度上影响了农户的土地流转意愿和流转规模。其中，“村里对土地流转限制”在所有回归方程中的估计系数都是负的，并且具有统计显著性。这与杨丹和高汉（2012）、郜亮亮等（2014）的结论一致，说明村级流转管制确实显著抑制了土地流转的发生。这个变量的数值越高意味农户参与土地流转受到的限制越大，因此，这个结果还说明了，取消对土地流转的管制（如允许农户自由流转土地），将会大大提高农户参与流转市场交易的可能性。

衡量本村土地流转市场活跃程度的“参与土地流转的农户比例”在转入方程和转出方程中的估计系数均为正，且统计上高度显著。村庄土地流转市场环境决定了参与土地流转农户的机会选择集，一个活跃的村级流转

① 应该指出的是，这并不意味低收入的贫困农户能获得更多的土地。

市场无疑将在增加农户参与土地流转的可能性以及帮助他们完成所希望进行的土地交易方面起到重要作用。因此，这也启示我们，在不完全的市场条件下，通过合理的制度安排促进农村土地流转市场的活跃发展，不仅有助于使土地供给者增加土地供给，同时也有助于使土地需求者增加土地需求。

“是否确权登记颁证”对农户参与土地流转的影响是不确定的，它显著地增加了农户转出土地的可能性和数量，但同时也使得农户不会轻易地转入土地，影响了其实际流转量。这个结果看似奇怪，但可以从已有研究中找到例证①。而之所以产生这种结果，可能是因为土地确权抬高了土地租金价格。罗必良和胡新艳（2015）对广东的问卷调查印证了我们的这一判断。在638个抽样调查农户中，有86.2%的农户表示确权颁证后会提高租金，而有62.8%的农户认为确权颁证后转入土地的难度增加了。

水田比例高的地方，农户转出土地的可能性也高，其土地转出规模也相应更大。这既有可能是因为水田比例较高的地方是平原地带，经济条件较好、土地流转市场发育相对成熟；也可能是因为水田的土地质量一般优于旱田，在土地市场上更受欢迎、更容易转出。

还有个别变量虽然统计显著性结果不是十分理想，但是其影响方向符合预期，或可以从已有研究中找到解释。首先是农户的党员干部身份，我们发现，是否党员干部户在土地流转参与和流转规模上并无显著差异，拥有党员干部身份并没有显著改变这部分农户的土地流转行为。史清华和贾生华（2003）通过对江苏、浙江、山东3省农村固定观察点户调查资料的分析，也有类似发现。另外，家庭劳动力比例与土地转入之间是正相关关系，而与土地转出之间是负相关关系，与何欣等（2016）的研究一致；不同的是，在本研究中其影响在统计上不显著。“村里是否调整过土地”的影响也是不显著的，或许正如刘克春和林坚（2005）所说，土地的行政性调整与市场流转两者具有不同的形成机制，相互之间没有因果关系。“所在村到最近乡镇或县城距离”的影响同样不显著，但是从其估计符号我们

① 例如，林文声等（2017）对2011年和2013年中国健康与养老追踪调查（CHARLS）数据的分析发现，土地确权显著抑制了农户土地转入；付江涛等（2016）对江苏省305户农户样本的检验同样发现，土地确权对农户转入土地概率的影响为负（但不显著）。

仍能看到，离城镇越偏远的村庄，农户越没有可能流转出土地。正如前面提到的，这是因为偏远地区土地租金低，农户土地流转的动力不足。

最后，两个模型底部的似然比（LR）检验均在 1% 显著性水平上强力地拒绝了“$\rho=0$”的原假设，说明农户转入和转出土地的决策受到了某些不可观察因素的共同影响，我们采用的双变量 Probit 模型和双变量 Tobit 模型更适合刻画农户的土地流转行为。但需要注意的是，这里估计得到的相关系数 $\rho=-0.240$、$\rho=-0.267$ 并不是说农户转出土地后，转入土地的可能性和数量会降低，而是在每个等式中无法观测的因素之间的相关。因此，其含义是这些不可观测因素会使农户转出土地的可能性和数量增大，而转入土地的可能性和数量减小。

表 5－5　生产能力和土地流转关系估计结果

解释变量	“是否流转”模型		“流转数量”模型	
	是否转入土地	是否转出土地	转入土地数量	转出土地数量
农业生产能力 α	0.337*** (0.045)	−0.724** (0.358)	8.699*** (1.142)	−6.069** (3.024)
户主性别（男 =1）	0.558* (0.295)	0.249 (0.281)	15.379** (7.157)	2.075 (2.192)
户主年龄（对数）	24.006*** (7.258)	−9.257* (5.658)	554.643*** (176.223)	−36.797 (45.231)
户主年龄平方（对数）	−3.168*** (0.926)	1.240* (0.717)	−74.079*** (22.580)	5.211 (5.702)
户主受教育程度	−0.042** (0.018)	0.018 (0.018)	−1.126** (0.461)	0.182 (0.145)
人均承包地面积（对数）	−0.321*** (0.099)	0.238** (0.099)	−7.452*** (2.718)	2.859*** (1.089)
劳动力比例	0.003 (0.003)	−0.001 (0.003)	0.034 (0.075)	−0.027 (0.025)
生产性固定资产原值（对数）	0.043** (0.017)	0.013 (0.017)	1.179** (0.495)	0.053 (0.146)
家庭经营主业（农业 =1）	0.383** (0.167)	−0.413*** (0.132)	8.665** (4.095)	−3.012*** (1.028)
是否党员干部户（是 =1）	0.108 (0.100)	0.047 (0.097)	4.176 (2.544)	0.431 (0.837)

续表

解释变量	“是否流转”模型		“流转数量”模型	
	是否转入土地	是否转出土地	转入土地数量	转出土地数量
村里是否调整过土地（是 =1）	0.007 (0.120)	0.084 (0.104)	0.120 (2.814)	0.568 (0.850)
村里对土地流转限制	-0.185** (0.094)	-0.087** (0.039)	-3.738** (1.881)	-1.549*** (0.531)
村庄参与土地流转的农户比例	0.035*** (0.002)	0.033*** (0.003)	1.015*** (0.110)	0.249*** (0.030)
村里土地是否确权（是 =1）	-0.065 (0.125)	0.265* (0.136)	-7.845** (3.516)	1.933* (1.059)
所在村到最近乡镇或县城距离（对数）	0.111 (0.072)	-0.096 (0.068)	0.347 (0.776)	-0.429 (0.580)
村庄水田比例	0.001 (0.002)	0.004** (0.002)	0.024 (0.042)	0.040** (0.016)
截距项	-48.996*** (14.127)	15.450 (11.060)	-1133.371*** (344.227)	49.913 (88.998)
省份虚拟变量	是	是	是	是
Log（*Pseudo*）*likelihood*	-1092.7448		-2362.6114	
相关系数 ρ	-0.240***（0.055）		-0.267**（0.123）	
LR 检验（H_0：$\rho=0$）	*P-val* = 0.0002		*P-val* = 0.0004	
样本量	2924		2924	

注：***、**、* 分别表示在 1%、5% 和 10% 的显著性水平上显著，括号内为异方差稳健的标准误。限于篇幅，省份虚拟变量的估计结果未予汇报。

5.4.3 稳健性检验

我们主要进行以下几方面的稳健性检验。首先，根据地区经济水平和所在地理位置的差异对样本进行分组检验，考察地域差异对结论的影响。其次，从模型设定方面进行稳健性检验，一是替换部分控制变量；二是更换计量方法，以检验不同模型设定结构对估计结果的影响。再次，考虑到相比无偿流转，土地的有偿流转更能体现土地流转市场的交易特征，我们也特别考察了土地有偿流转的耕地配置效应。最后，通过定义当年“新增转出家庭”和当年“新增转入家庭”，我们还考察了样本区间的变动是否会对基本结论产生影响。

1. 分地区检验

对中国农村土地市场的一个直观印象是，无论是土地流转力度，还是流转形式，内陆地区与东部沿海地区、经济发达地区与欠发达地区都有很大差异（史清华、贾生华，2003；叶剑平等，2006）。我们的调查也表明了这一点。首先，根据村级层面的人均收入，我们将样本分为经济发达地区的农户和经济欠发达地区的农户两个子样本，经济发达地区的标准是该村人均收入高于所有样本村庄人均收入的中值，反之则为经济欠发达地区。比较两组样本的土地流转指标，前者参与土地流转的农户比例和有偿流转的农户比例分别为 15.12% 和 51.80%，而后者这两个指标的值分别为 12.57% 和 43.72%，并且这些差异是统计显著的①。其次，根据农户所在省份的地理位置，我们将样本区分为东部沿海地区和内陆地区②两个子样本。观察两组样本的人均收入和土地流转指标可知，沿海省份不仅人均收入水平更高，而且土地流转市场发育也相对更成熟一些，参与土地流转的农户比例和有偿流转的农户比例分别为 16.81% 和 64.21%，高于内陆省份的 13.14% 和 43.23%，并且这个差异也具有统计显著性③。

那么，土地流转的配置作用是否会因各地区经济发展水平、土地市场发育程度的不同而发生改变呢？在基准回归中，我们主要通过引入省份虚拟变量的方式对地区差异进行控制。下面我们根据地区经济发展水平、所在地理位置的差异，将样本分为“发达地区”和“欠发达地区”子样本、“东部沿海地区”和“内陆地区”子样本，进行稳健性分析。通常有两种方法可以用来进行样本的分层检验：一是直接对总体样本按照某种群体特征划分子样本，分不同样本进行回归；二是引入虚拟变量区分不同群体，通过在原回归方程中加入所关注变量与虚拟变量的交互项，对子样本异质性进行检验。尽管本研究使用第一种方法后得到的子样本的样本容量与现有文献相比并不会太少，但观测值的丢失还是很可惜的，因此考虑采用第

① 检验这两组差异（不同方差）的 t 统计量分别为 2.0003 和 1.7231，分别在 5% 和 10% 水平上显著。

② 对沿海和内陆的划分按照国家统计局颁布的标准，其中沿海指东部，包括辽宁、河北、天津、北京、山东、江苏、上海、浙江、福建、广东、广西、海南。

③ 检验这两组差异（不同方差）的 t 统计量分别为 2.1334 和 3.6872，分别在 5% 和 1% 水平上显著。

二种方法，在全样本中引入地区虚拟变量①和生产能力 α 的交互项进行全样本回归。结果报告在表 5-6 中，所有回归同时还控制了省份虚拟变量。可以看到，无论是发达地区还是欠发达地区，估计结果都显示：那些具有更强农业生产能力的农户从市场中转入了更多土地，而那些生产能力弱的农户则转出了更多的土地。并且这一结论对东部沿海地区和内陆地区也成立（虽然转出方程中"生产能力 $\alpha\times$ 内陆地区"的估计系数在两个模型中都不显著，但符号一致为负）。这说明本研究的结论在考虑不同地区间的经济发展水平、土地市场发育程度后仍具有较强的稳健性。

表 5-6　稳健性检验 I：分地区

面板 A："是否流转"模型	(1)		(2)	
	是否转入土地	是否转出土地	是否转入土地	是否转出土地
农业生产能力 $\alpha\times$ 发达地区	0.309*** (0.045)	-0.695* (0.375)	—	—
农业生产能力 $\alpha\times$ 欠发达地区	0.381*** (0.046)	-0.778** (0.388)	—	—
农业生产能力 $\alpha\times$ 东部沿海地区	—	—	0.616*** (0.153)	-2.216*** (0.720)
农业生产能力 $\alpha\times$ 内陆地区	—	—	0.265*** (0.418)	-0.215 (0.484)
其他控制变量	是	是	是	是
省份虚拟变量	是	是	是	是
Log (Pseudo) likelihood	-1092.3407		-1090.5680	
相关系数 ρ	-0.241***　(0.055)		-0.236***　(0.055)	
LR 检验（H_0：$\rho=0$）	*P-val* = 0.0002		*P-val* = 0.0002	
样本量	2924		2924	
面板 B："流转数量"模型	(3)		(4)	
	转入土地数量	转出土地数量	转入土地数量	转出土地数量
农业生产能力 $\alpha\times$ 发达地区	8.644*** (1.154)	-5.782* (3.003)	—	—

① 具体做法是，考虑分别对发达地区、欠发达地区的村庄赋值为 1，对其他地区村庄赋值 0，这样发达地区和欠发达地区村庄所对应的农户收入水平差异虚拟变量向量为（1，0）和（0，1）；类似地，分别对所在村位于东部沿海省份、内陆省份的农户赋值 1，对位于其他地区省份的农户赋值 0，这样沿海和内陆省份所对应的地理位置差异虚拟变量向量为（1，0）和（0，1）。

续表

面板 B：“流转数量”模型	(3)		(4)	
	转入土地数量	转出土地数量	转入土地数量	转出土地数量
农业生产能力 α × 欠发达地区	8.753 *** (1.145)	-6.676 ** (3.171)	—	—
农业生产能力 α × 东部沿海地区	—	—	9.470 *** (3.582)	-18.414 *** (5.511)
农业生产能力 α × 内陆地区	—	—	8.091 *** (1.090)	-1.034 (4.115)
其他控制变量	是	是	是	是
省份虚拟变量	是	是	是	是
Log (Pseudo) likelihood	-2362.2353		-2360.0087	
相关系数 ρ	-0.268 ** (0.123)		-0.262 ** (0.121)	
LR 检验（H_0：ρ = 0）	*P-val* = 0.0004		*P-val* = 0.0005	
样本量	2924		2924	

注：***、**、* 分别表示在 1%、5% 和 10% 的显著性水平上显著，括号内为异方差稳健的标准误。限于篇幅，截距项、其他控制变量和省份虚拟变量的估计结果未予汇报。下同。

2. 更换控制变量

继续通过更换控制变量的方法检验前文结论对实证模型设定的稳健性。正如 Mezger 和 Beauchemin（2015）所强调的，农户家庭的资源配置在很大程度上是联合决策的。从调研的实际情况来看，农户的土地流转也往往表现出一种家庭行为。鉴于此，采取姚洋（1999）的做法，使用家庭劳动人口的平均受教育程度、年龄，以及劳动力中女性占比替换基准回归中的户主特征，作为新的控制变量纳入回归方程。

表 5 - 7 给出了在对控制变量进行替换后，采用相同方法得到的估计结果。可以看到，在更换控制变量后，关键变量“农业生产能力 α”的估计符号和显著性仍没有发生大的改变，它的估计系数在转入方程中依然为正，而在转出方程中为负，且都具有统计显著性，故原有结论是稳健的。此外，新加入的家庭劳动人口平均年龄、平均受教育程度以及女性劳动力比例等变量的估计系数也都具有预期中的符号，表明上述结论具有一定的客观现实基础。

表 5－7　稳健性检验 II：更换控制变量

解释变量	(1)		(2)	
	是否转入土地	是否转出土地	转入土地数量	转出土地数量
农业生产能力 α	0.427*** (0.046)	－0742** (0.373)	10.873*** (1.184)	－6.175** (2.993)
其他控制变量	是	是	是	是
省份虚拟变量	是	是	是	是
Log (Pseudo) likelihood	－1095.5332		－2365.7534	
相关系数 ρ	－0.237*** (0.055)		－0.258** (0.126)	
LR 检验（H_0: $\rho=0$）	*P-val* ＝0.0002		*P-val* ＝0.0008	
样本量	2924		2924	

3. 更换计量方法

接着更换计量方法，检验研究结论是否存在估计方法依赖性。循着 Yan 和 Huo（2016）、张锦华等（2016）的分析思路，我们将农户土地流转的行为视为有先后顺序并且相互独立的两个阶段：在第一个阶段，农户决定是否参与土地流转（包括转入或转出）；在第二个阶段，农户在决定进行土地流转的前提下，决定流转的土地数量。然后，使用 Cragg（1971）提出的两部模型①（Two-Part Model），分转入户样本和转出户样本进行估计。与基准回归中采用的 Tobit 模型相比，两部模型放松了对误差项同方差、正态性假设的要求，同时允许自变量在模型的两部分中有不同的影响（陈强，2014；卡梅伦、特里维迪，2015）。

按照两部模型，我们首先使用全样本对农户是否选择转入或转出土地的决策进行 Probit 估计；然后再使用由参与土地流转的农户组成的子样本对农户土地流转的数量（经过对数处理后的）进行 OLS 回归②。结果见表 5－8。为避免出现样本遗漏问题，在估计前我们剔除了既转入土地又转出土地的样本。可以看到，基于两部模型的估计结果与之前相比较并无本质

① 这个模型也称为“双栏模型”（Double hurdle model）。本质上，二者是一样的原理，只不过在因变量的处理上区别对待：双栏模型在文献中主要用于计数型变量，即那些因变量满足泊松分布或负二项分布的情形；而如果我们把因变量当成是连续性变量，就需要使用两部模型来进行回归。

② 对于两部模型，通常假设其两个过程相互独立；但如果这个过程属于样本选择的情况，其估计结果依然是可靠的（Duan 等，1983）。

上的差异，关键变量“农业生产能力 α”的估计符号在转入户样本中一致为正，而在转出户样本中一致为负①。因此，无论我们使用 Tobit 模型还是两部模型，都可以得到一个比较一致的结论：土地是从农业生产能力低的农户向农业生产能力高的农户流转的。这就支持了前述“土地的自由流转有助于促进农地资源的优化配置”的观点，说明我们的结论并没有因计量方法的不同而发生实质性改变，体现了实证结果的稳定性。

表5-8　稳健性检验 III：更换计量方法

解释变量	(1)		(2)	
	是否转入土地（是=1）	转入土地数量（对数）	是否转出土地（是=1）	转出土地数量（对数）
农业生产能力 α	0.465*** (0.147)	1.205** (0.608)	-0.655* (0.377)	-0.442 (0.450)
其他控制变量	是	是	是	是
省份虚拟变量	是	是	是	是
Log (Pseudo) likelihood	-570.4486	-295.2083	-500.1902	-150.0028
Pseudo R^2 ($Adj-R^2$)	0.2839	0.5710	0.2118	0.5124
样本量	2875	228	2700	170

4. 区分有偿流转

一些研究认为土地流转并未起到显著改善耕地配置效率的理由是：农业生产能力强的农户外出后，土地会流向滞留在农村的农业生产能力弱的农户手中（贺振华，2006；李承政等，2015）。虽然我们暂不能明确到底是能力强的农户还是能力弱的农户外出了，但无疑当农户决定有偿转入土地时，是充分考虑了自己在农业生产上的比较优势的（何欣等，2016）。换句话说，一个低能力的农户是不大可能有偿转入土地的②。基于此，我们进一步定义“有偿转入家庭”（即转包农户土地支出不为0）和“有偿

① 转出数量方程中生产能力未达到统计显著性，这可能与非截断（Uncensored）样本量比较小有关：由于只使用了实际转出土地的那部分样本，样本数量不够充足导致回归结果不显著。

② 上述推论可以得到实证研究的支撑。例如，何欣等（2016）就研究发现，如果是无偿转入的土地，能力弱的农户也许会考虑转入；但是当必须有偿转入土地时，能力弱的农户就不会积极参与。

转出家庭”（即耕地转包收入不为0）两类农户，特别考察了土地的有偿流转在耕地配置方面的效率性。

表5－9报告了利用重新定义的有偿转入、有偿转出子样本检验的结果。与基准模型相比，核心变量“农业生产能力 α”的估计符号和显著性都没有发生大的变化。虽然在双变量 Probit 模型中，即使“$\rho=0$”的原假设不能被拒绝，在大样本条件下其估计出的参数仍然具有一致性，但为了稳妥起见，我们同时也进行了标准单变量 Probit 模型的估计①，结果同样未发生变化。这些结果说明，即使在考虑到土地流转中可能存在的“非经济理性”，更换了检验样本后，也仍旧可以发现本研究的假说是得到实证支持的。

表5－9　稳健性检验 IV：区分有偿流转

解释变量	（1）双变量 Probit		（2）标准 Probit	
	是否转入土地	是否转出土地	是否转入土地	是否转出土地
农业生产能力 α	0.566*** （0.068）	－1.213** （0.492）	0.845** （0.359）	－1.092** （0.484）
其他控制变量	是	是	是	是
省份虚拟变量	是	是	是	是
Log（*Pseudo*）*likelihood*	－509.2525		－255.3378	－280.1436
相关系数 ρ	－0.117（0.078）		—	—
LR 检验（H_0：$\rho=0$）	*P-val*＝0.2114		—	—
Pseudo R^2	—		0.4232	0.2376
样本量	2710		2201	2401

5. 选择子样本

在基准回归的样本中，还包括了之前就曾转入或者转出过土地的农户。过去参与过市场交易的经历将使农户建立某种信誉，并且对有关过程更加熟悉，从而可能导致模型产生内生性问题（金松青、Deininger，2004）。为消除这部分样本的影响，我们剔除了“年初承包地面积”不等于“承包地总面积”的样本和“年初转包地面积”不为0的样本，仅保留

① 回归时，为了保证所有比较参照组都是未流转户，在考察土地转入的时候，我们将转出了土地的农户样本剔除；在考察土地转出的时候，我们将转入了土地的农户样本剔除。

在调查年度当年发生过土地流转行为的“新增转出家庭”和“新增转入家庭”，然后对剩余的子样本进行检验，以验证基本模型对样本区间的稳健性。

表 5 - 10 报告了剔除曾有土地流转经历的样本后，重新回归得到的检验结果。其中在“是否流转”模型中，核心解释变量“农业生产能力 α”的估计系数与基本模型具有一致的显著性和符号；而在“流转数量”模型中，情况亦是如此。这充分表明本研究的结论对于不同样本集同样具有很强的稳健性。

表 5 - 10　稳健性检验 V：选择子样本

解释变量	(1)		(2)	
	是否转入土地	是否转出土地	转入土地数量	转出土地数量
农业生产能力 α	0.539*** (0.104)	-1.332*** (0.439)	13.563*** (3.531)	-9.131*** (3.391)
其他控制变量	是	是	是	是
省份虚拟变量	是	是	是	是
Log (Pseudo) likelihood	-742.7988		-1683.7144	
相关系数 ρ	-0.278*** (0.069)		-0.276* (0.143)	
LR 检验（H_0：$\rho=0$）	*P-val* = 0.0003		*P-val* = 0.0013	
样本量	2332		2332	

5.5　对土地流转在生产方面的潜在收益评估

由于农户之间存在着农业生产能力的异质性，在没有土地流转市场时，那些能力强的农户的生产水平是受限的，因为虽然他们的农业生产能力更强，却得不到足够多的土地；土地流转市场的出现使他们能够有机会获得更多与其能力相匹配的土地，释放了这部分农户的生产力（陶婧，2009）。那么，农户参与土地流转其农业总产出有望实现多大程度的增长呢？为实现这个目的，我们需要知道每个转入土地的农户在没有转租前（即只耕种自己家的土地）的产出水平。但问题在于，在现实中我们无法在同一时点上同时观测到这两种结果，或者说我们只能观测到已经转入了土地的农户的农业总产出，而无法观测到该农户如果不转入土地时的产出水平。Rosenbaum 和 Rubin（1983）定义的反事实分析框架为解决这一问题提供了思路，其基本逻辑是：对于参与土地转入的农户（处理组）中的每一个样本，从未参与土地流转的农户（控制组）中挑选与其特征最为相近的样本作为对比样本，然后用对比样本的农业总产出替代转入户在假定没有转入土地时的产出水平，相比得出总产出增加的比例。这反映了相比于只耕种自家土地，农户通过从市场中转入土地所能实现的总产出的提高。

上述方法运用的关键在于可靠反事实（counter-factual）的构建。本研究假定处理组和控制组农户之间的差异可以由其户主个体特征、家庭特征和村庄特征等一系列可观测变量①所反映，采用匹配（Matching）方法为每个转入户样本构造潜在的未被观察的反事实，进而实现对农户参与土地转入所能获得的生产收益大小的量化评估。结果见表 5-11。我们同时使用倾向得分匹配（PSM）和偏差校正的匹配估计量（Bias-Corrected Matching Estimator）两种方法构造统计对照组，并估计处理效应。作为对比，在表中第一行我们也给出了均值差比较的结果。两样本 t 检验结果显示，跟我们的预期一致，无论是从总产出还是净收益来看，转入土地农户的产出水平都显著高于未参与土地流转市场的农户，并且该差异同时在1%水平上显著。表中第二、第三行给出了使用 PSM 和偏差校正匹配方法得到的处理效应估计②。虽然不同匹配方法下得到的估计结果存在差别，但从定性角度看，两种方法的测算结果是一致的。我们看到，在两种匹配方法下，参与土地转入的农户的种植业总产出和净收益都实现了相当可观的增长。如果取两种匹配方法测算结果的平均值，则对所有转入土地的农户样本而言，参与土地转入使其种植业总产出提高了约67% [=exp（0.513） -1]③。结

① 这些变量包括：户主的性别、年龄及其平方项（对数）、受教育程度、农业生产能力、人均承包地面积（对数）、劳动力比例、生产性固定资产原值（对数）、经营主业是否为农业、是否党员干部户以及村庄虚拟变量。

② 这里估计的是处理组即实际转入土地的农户的平均处理效应（Average Treatment Effect on the Treated，ATT）。

③ 由于解释变量为二值虚拟变量，在半对数回归模型中，其估计系数的含义是：转入户家庭的种植业总产出比未流转户高（$e^{\beta}-1$）×100%，其中 β 为=值虚拟变量的估计系数。下同。

合前面的分析，这个结果再次强调了允许农民自由流转土地的重要性，启示我们，一个完善的、运行良好的土地流转市场不仅可以在更大范围内配置耕地资源，而且会带来农业生产方面极为可观的收益。

表 5－11　农户参与土地转入在生产方面的潜在收益

方法	总产出（对数）			净收益（元）		
	转入户 ①	未流转户 ②	差值 ①－②	转入户 ③	未流转户 ④	差值 ③－④
均值差比较	9.64	8.82	0.813***[0.0000]	14769.81	7237.84	7531.98***[0.0000]
倾向得分匹配	9.57	9.07	0.501***(0.106)	13575.16	8114.98	5460.18***(1384.676)
偏差校正匹配	—	—	0.524***(0.070)	—	—	6152.39***(921.287)

注：总产出用种植业经营总收入表示。净收益是在总产出基础上减去了土地租赁费和其他生产投入品的成本，包括种子成本、机械成本、灌溉成本、农药和化肥成本、雇用劳动力成本和其他农业生产资料及服务成本，不包括自用土地成本和自用劳动力成本。匹配方法均采用有放回且允许并列的 k 近邻匹配（$k=4$）。其中，倾向得分匹配采用共同取值范围（Common support）内样本进行匹配，倾向得分采用 logit 模型估计，最终匹配效果满足共同支撑域假设和平衡性假设；偏差校正匹配以样本方差的对角矩阵之逆矩阵为权重矩阵，使用标准化的欧氏距离进行匹配，并根据原来的协变量进行偏差校正，匹配后各匹配变量的标准化均值差异都小于 15%，满足平衡性要求。圆括号内为标准误，其中倾向得分匹配为 Bootstrap 标准误，重复抽样次数为 400；偏差校正匹配为异方差稳健的标准误。方括号内为不同方差两样本 t 检验的 t 统计值。

***、**、* 分别表示在 1%、5% 和 10% 的显著性水平上显著。

5.6　本章总结

在“三权分置”背景下，土地流转被寄予厚望，不仅政策制定者希望由此推动耕地资源的高效配置，进而提高中国农业生产的整体效率；就农户个体来说，参与土地流转市场也是其优化农业资源配置的重要手段。本章利用最新的农户调查数据，建立计量模型对土地流转的耕地配置影响进行实证检验，结果发现：现行土地流转市场总体上发挥了优化配置农户耕地资源的功能，有助于使那些农业生产能力强但初始土地禀赋有限的农户获得更多的土地；并且这一结论在不同地区、模型方法和样本下均具有相当好的稳健性。在此基础上，本研究进一步采用匹配方法估算了农户参与土地流转市场对其农业生产水平的影响。结果显示：通过转入土地，农户种植业产出实现了极为可观的增长，大约提高 67%。

本章的研究可以看作一个引子，它证明了更加开放、完善的土地流转市场在改进耕地配置效率、提高农业绩效方面的重要意义。目前在土地流转政策执行过程中，有学者提出，为防止土地过分集中在少数人手中，应在法律法规中对土地流转做些限制，例如只允许在本村或本地居民之间流转，对土地拥有的数量制定上限等（马晓河、崔红志，2002）。本章的分析表明，一方面，这种担忧是不必要的。回归结果显示，土地流转市场的运作有助于将土地从土地富余的农户手里转移到土地匮乏的农户手里，是提高土地分配公平性的一条有效途径。这也已经得到很多研究的证实。另一方面，对交易的限制差不多总是伴随着效率的损失（姚洋，2000）。基于上面的实证结论，我们有理由相信，这种限制同样会带来耕地资源配置方面的效率损失，妨碍农户及中国农业完全享受土地流转市场不受约束的运作所带来的收益。

第6章　土地流转对农户劳动力资源配置的影响分析

第5章的分析表明，在一个不断发展的土地流转市场上，土地将会从农业生产能力低的农户流向生产能力高的农户，从而起到优化耕地资源配置、改善农业经营绩效的积极作用。显然，这同时也会使农户家庭的劳动力资源配置变得更加有效率。但是，正如调查揭示的那样，目前中国农村的土地流转市场并不完善，一些农户对土地流转的需求仍无法得到有效满足，即存在土地流转配给①。接下来，本章将首先考察土地流转配给如何影响农户家庭的劳动力配置，然后再进一步探讨由此给农户家庭劳动生产率造成的效率损失。

6.1　引言

土地流转重新配置土地，在“地动”表象之下，农户家庭的劳动力资源也将进行适配性调整（朱文珏、罗必良，2016）。在上一章中，我们分析了土地流转市场在优化配置农户耕地资源方面的积极作用，本章接着分析土地流转对农户家庭劳动力资源配置的影响。这里的劳动力配置是指，农户对家庭劳动力在务工和务农之间的分工。在具体实证分析时，考虑到家庭本身的土地流转行为与劳动力配置行为是一种联合决策，很难识别两

① 根据章奇等（2007）的研究，当存在土地的意愿转入（出）需求时，不存在对应的土地转入（出）需求，或者土地的意愿转出（入）量低于土地的意愿转入（出）量，就会导致土地流转出现供给（需求）配给。本书使用“配给”一词描述土地流转市场中，农户本来愿意流转土地但实际上并未发生流转行为，或者农户实际流转的土地数量远远低于愿意流转数量的情形。

者的因果关系，按照以往研究的思路（田传浩、李明坤，2014；陈媛媛、傅伟，2017），本研究选择村级土地流转市场作为研究主体，评估市场对农户家庭劳动力配置的影响。

土地流转市场通过以下方式影响农户家庭的劳动力资源配置。首先，可转移的土地使用权降低了农户在非农业部门就业的成本，可以促进非农业部门的发展（陶婧，2009）。其次，土地流转增加了农户的收益，尤其对转出土地的农户而言，虽然转让土地的收益不一定能成为农户向城市转移的主要资金来源，但资本化的土地收益可以为其提供必要的资金支持。再次，村庄土地流转市场发育扩展了农户的机会选择集（何安华，2015），使其在资源配置方面拥有了更大的自主性和灵活性（王晓兵等，2011），并降低土地对劳动力的束缚。陈媛媛和傅伟（2017）构建了一个农户就业决策理论模型，引入比较优势概念，讨论了土地流转市场发育程度对农户劳动力配置决策的影响，结果发现，如果土地流转市场是完全成熟的，不存在市场流转成本①，那么具有务农比较优势的家庭会在土地市场上租入土地，扩大农业生产；具有务工比较优势的家庭会在土地市场上租出土地，剩余劳动力将外出务工，两类农户将分别选择最优的劳动力配置与土地耕作面积以最大化其家庭收入。最后，土地流转的顺利实施还促进了农业规模化经营，提高了农业劳动力生产率，进一步释放了富余劳动力，使劳动力的更大规模转移成为可能。

然而，并不总是存在功能完善、运行良好的土地流转市场。特别是在广大发展中国家和转型国家，由于政策的限制和未发育的市场机制导致的高昂交易成本，农户参与土地流转市场交易存在重重障碍，一些有意参与土地流转的农户要么完全被排除在流转市场之外，要么实际流转的土地数量远远低于愿意流转的水平。中国也存在类似情况（金松青、Deininger，2004；Brandt et al.，2004；罗思高等，2006）。过去十几年里，在地方政府的行政推动下，虽然中国农村土地流转市场得到了一定发展，但仍不能满足全部需求。图 6-1 上半部分（a，b）将每个样本村被调查农户的实际土地流转参与情况和在现行租金水平下的意愿参与情况进行了比较。可

① 这些成本包括土地流转过程中所涉及的搜寻成本、交易成本，包括制度瓶颈以及具体操作的行政流程等。

以看到，无论是转入还是转出，在现有租金价格水平下，回答愿意参与土地流转的农户数量都远远高于实际发生了土地流转行为的农户数量。平均来看，虽然分别只有 7.71%、7.41% 的农户实际参与了土地流转，但是当进一步问及在现有的租金价格水平上他们是否愿意转入或转出土地时，有 18.01% 的农户回答愿意转入土地，是目前实际转入土地农户数量的 2.34 倍；有 21.50% 的农户回答愿意转出手中的土地，是目前实际转出土地农户数量的 2.90 倍。图 6－1 下半部分（c，d）统计了每个样本村被调查农户的实际土地流转数量和在当前租金价格下的意愿流转数量之间的对比。同样可以发现，即使在现行租金价格水平上，农户所愿意流转的土地数量也远远大于实际情况下流转的数量；而且，农户所愿意转出土地数量与实际情况相比的增加幅度甚至超过了他们所愿意转入土地数量与实际情况的增加幅度。

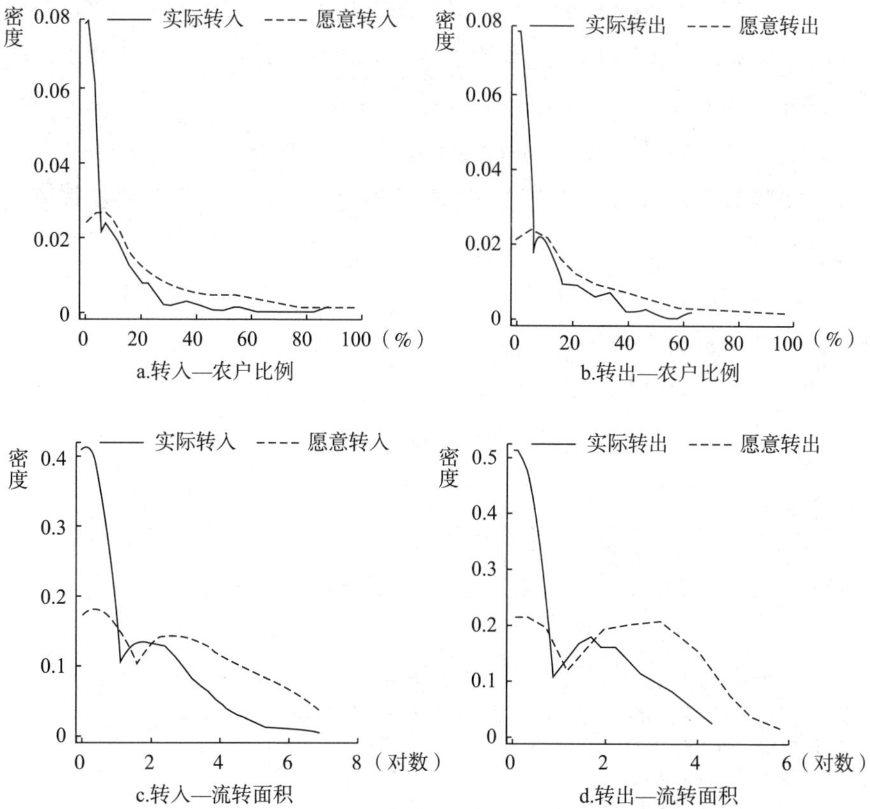

图 6－1　农户土地流转意愿与实际土地流转情况的分布密度（村庄层面）

上述事实一方面告诉我们，实际所观察到的过低的土地流转率并不是因为市场已经达到均衡，而是因为存在较高的土地流转配给，阻碍了农户实际参与土地流转；另一方面也表明，目前中国农村土地流转市场的发育还很不完善，一些农户对土地流转的需求仍无法得到有效满足。而根据第5章的分析，土地流转市场发育的完善与否直接决定了农户对耕地配置的效率，当市场发育不完善时，有多余土地的农户和需要土地的农户之间无法完成耕地的流转交易，此时不仅耕地不能通过流转配置到最有能力的农户手中，而且农户家庭的劳动力使用也存在低效率。其中，最明显的表现之一就是家庭无法根据其在务农与外出务工上的比较优势来合理分配劳动力，出现劳动力配置的扭曲①。那么，中国农村目前的这种发育不完全的土地流转市场（即存在土地流转配给）究竟会给农户家庭的劳动力配置行为带来了什么样的影响？本章将围绕该问题展开实证研究。与第5章从正面论证了土地流转市场在农户家庭资源配置中的重要性相比，本章的分析实际上是要从“硬币”的反面说明土地流转市场建设对于农户优化配置家庭资源的积极意义。

与陈媛媛和傅伟（2017）一样，考虑到外出务工是当前中国农村劳动力的重要选择，也是农户家庭劳动力配置的主要手段，本章的分析同样从考察土地流转配给对农户家庭劳动力外出务工的影响开始。但不同的是，我们不但采用2015年的微观农户调查数据分析了土地流转市场的不完善性对农户劳动力转移的抑制效应，以及对家庭不同生产效率劳动力（用性别、年龄表征）配置行为的影响；更主要的是，通过检验土地流转配给对农户家庭农业劳动生产率和总劳动生产率的影响，本研究还进一步对“土地流转配给→劳动力配置扭曲”造成的农户劳动生产率损失进行评价。恰亚诺夫（1996）的自我剥削理论认为，土地市场与劳动力市场密切联系，如果两个市场同时完全或者只有一个市场是不完全的，通过诱致性制度变迁仍不会导

① 陈媛媛和傅伟（2017）通过建立一个不完全土地流转市场下的农户就业决策模型分析发现，在不完全成熟的土地市场中，较高的土地流转成本一方面导致具有务农比较优势的家庭无法从市场中租入其农业生产最优的土地数量，从而出现农业生产劳动力剩余，促使家庭将原本从事农业生产的劳动力投入到非农就业领域中；另一方面导致具有务工比较优势的家庭无法在市场中将其多余的土地完全租出，为避免失去土地，家庭将本该从事非农工作的劳动力投入到农业生产中。此即为劳动力配置的扭曲效应。

致资源配置的扭曲；但当两个市场同时不完全时，农户行为就会发生扭曲，不仅无法顺利在非农产业就业，而且也无法租入更多土地，从而带来效率损失。包括中国在内的广大发展中国家的一个突出特征是，不仅劳动力市场是不完全的，而且农村土地流转市场发育也不完善。那么，不完全的土地流转市场将会给农户生产效率带来怎样的影响？本章将利用具有全国代表性的抽样调查数据对此开展检验分析。另外，在研究方法上，已有文献对于一些重要计量问题——如解释变量内生性和被解释变量的数据特征分布——并未给予足够的重视，而这些问题的存在将严重影响实证结论的可靠性。比如，对计数变量进行 OLS 估计会导致产生非有效、不一致甚至是有偏的估计量（Long，1997）。本研究将着重考察这些以往未予重视之处。

6.2　数据、变量与描述性证据

6.2.1　数据介绍

本章所用的数据同样来源于第 4 章所介绍的两个调查[①]，一是农业部农村固定观察点调查，二是在此基础上中国农业大学“农户粮食产后收获损失调查”课题组进行的补充调查。前者为我们提供了 2015 年中国大陆 25 个省份（不包括北京、天津、上海、浙江、海南和西藏）186 个村庄 3278 户家庭的定点调查信息，数据中不仅包含有每个家庭生产、生活情况的详细信息，还包括了有关每个家庭成员的人口统计学特征、就业情况、外出从业经历及从业收入等信息；后者提供了关于每个被调查农户的土地产权认知状况、所在村庄的地理位置、二轮承包以来土地调整情况及新一轮土地确权方面的信息，更关键的是，通过回溯调查还获得了按照现行租金价格水平农户对土地流转市场的参与意愿数据，从而使得我们能够确定农户在参与土地流转时遇到的配给情况。两个调查针对的是同一批农户，我们将其横向合并在一起，以家庭（而非劳动力个体）为单位展开分析。这一方面是考虑到个人数据难免有家庭成员间的相互影响；另一方面也是因为农村家庭的劳动力配置是以家庭为单位的活动，在数据调查时也是以

① 关于这个数据集的详细介绍见第 4 章。

家庭为单位进行的，对家庭层面加总可以保持变量一致。

在完成数据配对后，根据研究内容，我们按照如下原则对初始样本进行筛选和清理：剔除未参加任何生产、就业活动的样本，剔除研究变量观测值缺失的样本，剔除样本数量不足 8 户的村样本。最终我们得到 3009 个有效农户样本，涉及原数据中所有 25 个省（区、市）中的 177 个村庄。这些数据构成了本章计量检验的基础。

6.2.2 变量定义

1. 被解释变量

鉴于目前外出务工已成为农户家庭劳动力配置的主要形式，集中反映了农户家庭劳动力配置状况（刘承芳等，2002），本章首先分析土地流转配给对农户家庭劳动力外出务工的影响。根据新经济劳动力转移（New Economics of Labor Migration，NELM）理论，家庭成员是否外出务工通常不是个人决策行为，而是家庭通过综合权衡后做出的统筹。因此，本研究主要考察家庭外出务工行为，用当年家庭外出务工劳动力数量表示。结合国家统计局的统计口径和农业部农村固定观察点《〈农户调查制度〉指标解释》，本研究将外出务工者定义为“调查年度内，在户籍所在乡镇地域外从事农业和非农业生产、经营活动累计时间超过半年（180 天）的农村劳动力”；相应的，本地非农就业者定义为“调查年度内，在户籍所在乡镇内从事非农业生产、经营活动累计时间超过半年（180 天）的农村劳动力”。

农业部固定观察点调查数据分“本乡镇内从事农业劳动”、“本乡镇内从事非农业劳动”、“外出从业”，以“日”为单位，完整记录了关于每个家庭成员的详细劳动时间分配。以此为基础，本研究定义了如下 3 种农村劳动力类型：（1）“外出从业时间超过 180 日”的属于外出务工劳动力；（2）“在本乡镇内从事非农业劳动时间超过 180 日”的属于本地非农就业劳动力；（3）“在本乡镇内从事农业劳动时间超过 60 日”① 的属于务农劳动力。

为进一步考察土地流转配给对农户家庭劳动力配置决策及效率的影响，本章的被解释变量还包括了家庭外出务工劳动力中女性劳动力占比、家庭农业劳动总时间中女性劳动时间占比、家庭农业劳动总时间中 50 岁以

---

① 此处定义参考了周瑾等（2015）。

上老年人口劳动时间占比、家庭农业劳动生产率和家庭总劳动生产率。

2. 核心解释变量

正如在第 4 章看到的，目前大多数土地流转交易都发生在本村庄内部，跨村流转的情况十分少见，农村土地流转市场仍然是一个村庄内部流转市场。因此，与大部分文献（如田传浩、李明坤，2014；陈媛媛、傅伟，2017）一样，本研究选择村级土地流转市场作为分析对象。对于某一村庄土地流转市场的发育程度，我们可以从多个角度进行观察和度量，比如参与流转的农户数（马瑞等，2011；陈媛媛和傅伟，2017）、发生流转的土地面积（田传浩、贾生华，2003；田传浩、李明坤，2014；徐志刚等，2017）；但市场功能及其发挥程度无疑是最重要的。农村土地流转市场运行的目标之一就是满足各类土地需求，因此，在一个发育完全的市场环境下，农户总能够在其购买力范围内转入或转出他意愿流转的一切土地，市场也能很好地响应和满足农户土地流转的需求；反之，如果农户参与土地流转存在着配给，意愿要进行的土地流转量在实际交易中不能得到充分满足，那么就意味着土地流转市场是不完善的（金松青、Deininger，2004）。本研究从这个角度出发，构建“土地流转配给指数”来衡量当地土地流转市场的发育程度，其含义是，在现有土地流转市场下，有多大比例农户的土地流转需求未得到满足。因此，该指数值越大，意味着土地流转配给程度越高，市场发育越不完善。

我们采用以下两种方式构建村级土地流转配给指数。首先，在回溯调查中，对于每一个实际未参与土地流转的农户，我们都询问了其没有转入或转出土地的原因。与陈媛媛和傅伟（2017）的做法类似，我们定义村庄 j 的土地流转配给指数为：村庄所有实际未参与土地流转的农户中，汇报“流转不到土地”或者“没有人愿意租种”是其未转入土地或未转出土地原因的农户所占比重。用公式（6 - 1）表示为：

$$\text{土地流转配给指数 I} = [(\text{因“流转不到土地”而未转入土地农户数} + \text{因“没有人愿意租种”而未转出土地农户数}) / \text{村庄所有未参与土地流转农户数}] \times 100\% \quad (6-1)$$

其次，在回溯调查中，对于有意参与土地流转的受访农户，我们设立了一个无限制条件的问题：“您原本打算转入/转出多少亩土地?”我们将农户对这个问题的答案与他实际发生流转的土地数量相比较，如果实际的流转数量小于这个数值，就说明该农户在参与土地流转方面存在配给。与金松青和 Deininger（2004）一样，我们用一个虚拟变量代表农户是否受到了土地流转配给（当意愿的流转量大于实际流转量时，赋值为 1；否则为 0），然后定义村庄 j 的土地流转配给指数为：所有样本农户中，受到土地流转配给农户所占的比例。用公式（6－2）表示为：

$$土地流转配给指数\ II=\frac{在土地流转市场中受到配给的农户数}{村庄农户总样本数}\times 100\% \qquad (6-2)$$

显而易见，指数 I 与指数 II 的区别在于：指数 I 只考虑了农户土地流转需求完全得不到满足的情形，即农户完全被排除在流转市场外；而指数 II 从数量配给角度，进一步考虑了参与土地流转的农户意愿进行的土地流转量未得到全部满足的情形（譬如，农户希望转入 10 亩耕地，实际只转入了 6 亩）。在实际回归中，我们以指数 II 为基准变量；而指数 I 仅作为稳健性检验，与陈媛媛和傅伟（2017）的研究结论相互验证。这里需要再次说明的是，由于指数 I 和指数 II 都是从配给角度来衡量村庄土地流转市场发育程度的，指数值越大，表示土地流转市场中配给程度越高，市场发育越不完善，因此，相关实证结论的含义就是，如果存在一个发育良好的土地流转市场，那么农户家庭的劳动力配置效率将会有很大程度的提高。

3. 控制变量

本研究的控制变量包括影响农户家庭劳动力配置决策的其他变量，这些变量的选取综合了已有研究成果，并遵循尽可能外生的准则。具体包括了以下 4 组。

第一组变量由家庭的人口特征组成，包括家庭劳动力平均受教育水平、平均年龄以及家庭中男性成员比例 3 个变量。这里之所以不用户主特征，主要是考虑到劳动力的配置通常是以农户家庭为单位，是家庭联合决策的结果（都阳，2000）。

第二组变量与农户家庭的社会经济特征有关，包括 6 个变量，具体如下。①劳动力数量。农户进行劳动力配置必然受到家庭劳动力数量的约束。经验研究显示，充裕的劳动力人数对农户从事农业和非农业都有十分明显的正面影响（张永丽、章忠明，2010）。家庭劳动力数量越多，意味着农业劳动以外的可用劳动时间也越多，农户向非农业领域配置劳动力的可能性就相应越高（刘秀梅、亢霞，2004）。②人均承包地面积。同为农业生产中最基本的生产要素，农户拥有的耕地数量本身对劳动力转移产生影响。一方面，土地可以为劳动力外出务工提供重要的资金来源，对农户将劳动力资源向非农业领域配置起到推动作用（Li and Yao，2002）。但另一方面，土地作为劳动投入的有效补充，较多的土地数量保证了农户可以通过经营农业实现其收入目标，从而他们可能更多地将劳动力配置于农业，并因此阻碍劳动力的转移（刘秀梅、亢霞，2004）。有关墨西哥、尼加拉瓜、智利、厄瓜多尔、印度的实证研究都一致地表明，当土地规模越大时，农民会将更多的精力投入到农业生产中，而减少非农就业的时间（有关综述参见 Winters et al.，2009）。在上述两种影响中，前者可视为收入效应，后者可视为替代效应，土地对劳动力非农转移的最终作用取决于收入效应和替代效应的比较。③年末拥有生产性固定资产原值。家庭生产性固定资产规模对农户劳动力资源配置的影响取决于该资产的专用性。简单地讲，如果家庭拥有的生产性固定资产具有农业专用的特点，那么资产越多，意味着农户从事农业生产的经验积累相对越多，从而家庭就可能倾向于将劳动力更多配置于农业，以便充分利用资产；相反，如果资产具有通用的特点（比如农用机动车），则农业生产的季节性特点决定了资产与劳动力可以在农闲时用于非农业活动，即有利于刺激农户向非农业领域配置劳动力（刘秀梅、亢霞，2004）。④抚养比。作为间接反映家庭中可用劳动力数量多寡的一个指标，一方面，抚养比越高，意味着家中可支配劳动力越少，因此家庭向非农业领域配置劳动力的概率也越低（陆文聪、吴连翠，2011）；但另一方面，抚养人口越多，家庭负担越重，就越需要通过多方面就业增加家庭收入，从而劳动力非农化配置的要求可能越强烈（蒋乃华、卞智勇，2007）。⑤在校学生数。与抚养比一样，这个变量对农户劳动力资源向非农业领域配置同样有正反两个方向的影响（李静、赵海，2011）。⑥是否乡村干部户。有研究表明，家庭成员拥有农村干部身份的农户家庭，其劳动力将相对容易获得非农就业机会（Nee，1996）；但也有研究认为，干部户外出务工的倾向性更弱，因为他们在农村的相对经济地位较高，没有必要外出（程名望、史清华，2010）。因此，是否乡村干部户对农户向农业还是非农业领域配置劳动力的影响不确定。

第三组变量包括 2 个反映农户拥有土地产权稳定性和安全性的村级层

面指标，分别是二轮承包以来村里是否调整过土地和村里对土地是否确权。已有研究指出，频繁调整土地造成的土地产权不稳定和不安全，一定程度上阻碍了农户对非农业领域的劳动力资源配置；而土地确权通过赋予农民更加正式、更加清晰和更加完整的土地承包经营权，从根本上保证了土地产权的安全性，将显著提升农村劳动力向非农业领域转移的可能性和数量。

第四组是表示村庄基本特征的变量，包括村庄的人均收入、当地工资率以及村庄到最近乡镇或县城的距离。较高的当地收入和工资率意味着较好的本地区经济状况，尤其是较好的本地非农就业机会，因此农民没有外出务工的必要（Li and Yao，2002）；反之，如果本地缺少非农就业机会，迁移到其他地区就成为大多数人的选择。由于数据中并没有提供本地工资水平的信息，参考李菁等（2002）的做法，本研究采用村庄中在本乡镇内从事非农业劳动的劳动力人数占村庄劳动力总人数的比例来衡量本地非农就业机会。为尽可能减轻联立性内生问题，在计算时，我们排除了样本农户自身。农户对劳动力的配置还受到所在村庄地理条件的影响，距县城或乡镇较近的农户家庭一方面从事非农务工所面临的流动成本较低，另一方面由于能够优先获得劳动力市场的就业信息，从而表现出较高的非农业劳动配置倾向（刘秀梅、亢霞，2004）。

表6－1给出了本章分析所用到的变量的描述性统计结果。样本农户家庭的劳动力人数约为3.40人，平均每个家庭约有0.68人离开本乡镇外出打工。如果以有外出务工人员的农户家庭为基数，则每个家庭平均有1.62个外出务工劳动力，占户均劳动力数量的40.47%。在3009个样本家庭中，有1267个家庭有成员外出务工，占42.11%；553个家庭有超过一半的成员都在外出务工，占18.38%；另有15个家庭将其90%以上的劳动力用于外出务工。这些数据表明，随着工业化、城镇化的不断加快，越来越多的农户家庭偏向于向非农业领域配置家庭劳动力资源。

在所有的解释变量中，土地流转市场发育程度是最重要的一个，用前文构建的“土地流转配给指数”来衡量，其是一个逆指标，数值越大，意味着市场越不完善。其中，“土地流转配给指数I”的平均值为27.06%，意味着在2555个没有进行土地流转活动的家庭中，有27%的家庭是因为缺乏市场机会（如流转不到土地或者没有人愿意租种）而未能参与；“土地流转配给指数II”的平均值为34.03%，根据其含义，这意味着，在样本农户中，有超过 1/3 的农户所愿意流转的土地数量超过了其实际能够流转到的数量。指数 II 的值略大于指数 I，这是因为指数 I 只考虑了农户土地流转需求完全得不到满足的情形，但现实中存在农户土地流转需求只得到部分满足的情况，按照我们的定义，后一种情况表明农户参与土地流转受到了数量配给。

表 6-1　变量定义及描述统计

项目	变量名称	定义或度量方法	均值	标准差
被解释变量	外出务工劳动力数量	外出从业时间超过 180 日的劳动力数（人）	0.68	0.94
	外出劳动力中女性占比	女性外出劳动力/外出务工劳动力总人数	0.29	0.34
	女性农业劳动时间占比	女性农业劳动时间/家庭农业劳动总时间	0.47	0.25
	50 岁以上老年人口农业劳动时间占比	50 岁以上老年人口农业劳动时间/家庭农业劳动总时间	0.60	0.43
	家庭农业劳动生产率	农业经营收入/农业劳动时间（元/日）	230.91	618.82
	家庭总劳动生产率	家庭总劳动收入/总劳动时间（元/日）	148.34	343.52
核心解释变量	土地流转配给	土地流转配给指数 I（%）	27.06	25.08
		土地流转配给指数 II（%）	34.03	28.42
控制变量	家庭男性比	家中男性成员占比（%）	52.70	14.01
	劳动力平均年龄	家庭劳动力平均年龄（岁）	47.30	10.33
	劳动力平均教育水平	家庭劳动力在校年数平均值（年）	7.17	2.23
	劳动力数量	15 岁以上劳动年龄人口数（人）	3.40	1.26
	人均承包地面积	承包地面积/家庭总人口（亩/人）	2.76	4.28
	生产性固定资产原值	年末拥有生产性固定资产原值（元）	15243.27	58949.47
	抚养比	家庭 6 岁以下、65 岁及以上人口占比（%）	17.85	26.14
	在校学生数	家中在校学生数（人）	0.59	0.78
	是否乡村干部户	是 =1，否 =0	0.06	0.24
	村里是否调整过土地	是 =1，否 =0	0.27	0.44
	村里土地是否确权	是 =1，否 =0	0.80	0.40
	本地非农就业机会	村庄中在本乡镇内从事非农业劳动的劳动力比例（%）	25.53	20.50
	村庄人均收入	本村农户家庭人均收入（万元/人）	1.59	0.64
	村庄地理位置	所在村到最近乡镇或县城的距离（公里）	5.31	4.50

注：部分正文中未说明的控制变量的定义及构造方式，可详见第 5 章。家庭劳动收入为农户家庭农业经营收入和工资性收入之和，总劳动时间为农户家庭成员本乡镇内从事农业劳动、本乡镇内从事非农业劳动和外出从业时间之和。回归时，为了保证人均承包地面积、生产性固定资产原值、村庄到最近乡镇或县城的距离等变量取对数后依然是正数，均将其加 1 后再取自然对数。

6.2.3 描述性证据

由于本章的重点在于研究土地流转市场发育不完全是否抑制了农户劳动力的向外转移，在进入正式的回归分析之前，我们首先通过直观的画图方式观察村庄土地流转市场发育程度与外出务工人数之间的关系。图6-2中横坐标轴是10等分的土地流转配给指数，纵坐标轴是各区间相应的外出务工人数。可以清楚地看出，村庄土地流转市场发育越不完善（配给程度越高），外出务工的劳动力规模相应越小，二者呈现一种正向变动关系。这是由于在不完善的土地流转市场上，土地难以顺畅流转，为保有土地，即便是外出务工的农户也常常要分配一定的劳动力从事农业生产，从而限制了劳动力向非农业领域的充分转移。

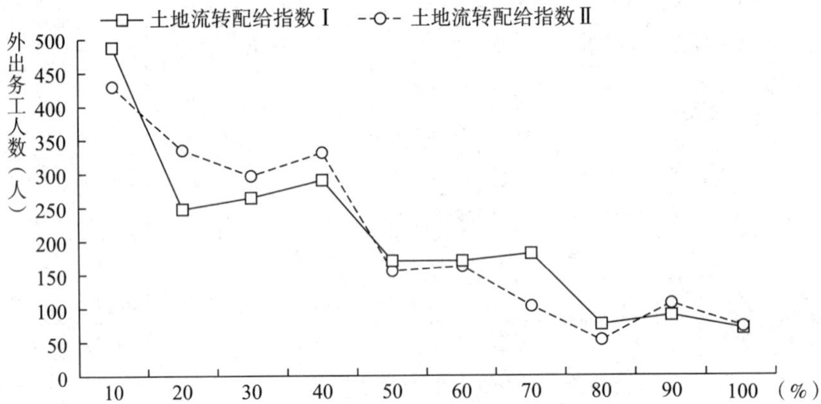

图6-2 土地流转配给与外出务工人数的关系

表6-2进一步将177个样本村按照土地流转配给指数从低到高排序等分成5组，然后计算各组村庄外出务工劳动力占全村劳动力的比例。同样可以发现，村庄外出务工比例与土地流转市场发育程度之间存在十分明显的正向关系：土地流转市场发育程度越低（配给指数越高）的村庄组，相应从事外出务工的劳动力人数越少。在土地流转市场发育程度最高的第Ⅰ组，只有不到10%的农户家庭受到土地流转配给（土地流转配给指数分别为5.36%和6.91%），相应该组有1/4左右的劳动人口外出从事务工工作；而在土地流转市场发育程度最低的第Ⅴ组，土地流转配给指数高达90%以上，即有超过90%的农户家庭的土地流转需求未能得到有效满足，相应该

组外出务工的劳动力比例不足 17%。

表 6 - 2　土地流转配给与村庄外出务工劳动力比例的关系

分组	土地流转配给指数 I (%)	村庄外出务工比例 (%)	土地流转配给指数 II (%)	村庄外出务工比例 (%)
第 I 组	5.36	25.71	6.91	24.15
第 II 组	29.49	25.78	29.40	18.29
第 III 组	51.12	20.75	50.61	17.19
第 IV 组	69.98	19.81	69.18	18.29
第 V 组	96.30	16.70	93.27	16.55

中国农村劳动力转移的一个典型特征是高度选择性，即率先转移的往往是青壮年，且男性高于女性。图 6 - 3 分性别考察了各年龄段劳动力的全年劳动时间。参照黄枫和孙世龙（2015）的做法，我们将样本中同一年龄的劳动力务农时间与外出务工时间分别加总，得到样本中各年龄段劳动力的年劳动总时间。从中我们有以下三点发现：一，样本农户劳动力外出务工呈现鲜明的“男性化”特征，几乎所有年龄段的男性劳动力的外出务工时间都高于女性；二，比较而言，外出务工劳动力的年龄分布更加左偏，“低龄化”特征明显，而务农劳动力的年龄分布则呈现较强的右偏特征，“老龄化”特征明显，平均来看，务农劳动力的平均年龄为 51.71 岁，远远大于外出务工劳动力的平均年龄 34.23 岁；三，20 ~ 50 岁年龄段的女性劳动力务农时间明显高于男性，而 60 岁以上年龄段的男性劳动力务农时间则明显高于女性。

对于当前中国农村劳动力转移呈现的这种选择性转移特征，已有文献主要从劳动力就业的性别差异（刘晓昀，2003）、家庭分工（何军等，2010）的角度进行了一些解释。而从前面的描述性结果中我们已经看到，不完善的土地流转市场、较高的土地流转配给对农户劳动力转移有较强的抑制效应。那么，土地流转市场发育不完全对劳动力转移的抑制，是否同时也是造成劳动力这种选择性转移的一个原因呢？正如在前面指出的，在家庭联产承包责任制下，土地实行的是按人平均分配的方式，忽视了不同农户在务工与务农方面的比较优势差异，此时如果存在一个完善的土地流转市场，农户就可以通过转入或转出土地将其土地 - 劳动力比例调整到最

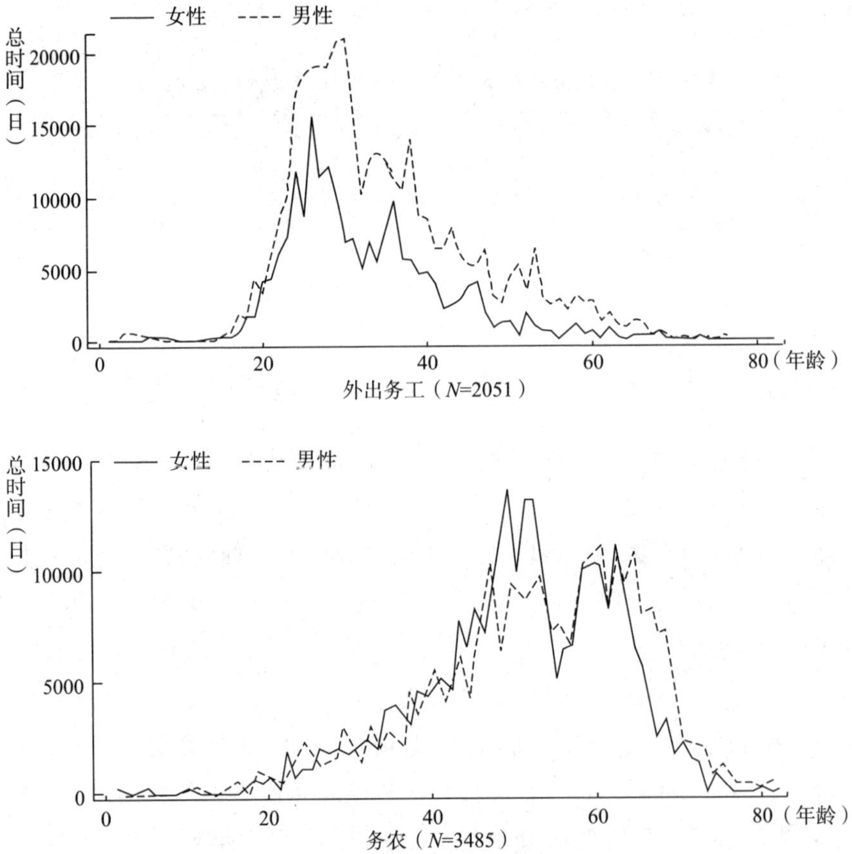

图 6-3　样本中各年龄段劳动力年劳动总时间

优状态；反之，由于土地流转市场发育的不完善，家庭中劳动土地比的调整受到阻碍，男性、青壮年等优质劳动力可能会摆脱农业，但无法彻底摆脱农村，从而导致农业生产中妇女、老年人口留守。这可以从表6-3中找到答案。

我们假定土地流转市场的不完善性表现为在引言中所描述的情形，即农户想要进行的土地流转量在实际交易中未得到全部满足，并定义那些土地流转数量受到限制的农户为受配给农户。数据表明，样本中有 13.86% 的农户在土地转入方面受到了配给，另有 19.84% 的农户在土地转出方面受到了配给。然后，用一个虚拟变量代表农户在土地流转过程中是否受配给（当该农户意愿流转的土地数量大于实际的流转量时，赋值为 1；否则为 0），并采用两样本 t 检验和非参数 Wilcoxon 秩和检验方法，检验两类农户在外出务工劳动力和务农劳动力的性别构成、年龄结构上是否存在差异性。首先看两类农户的外出劳动力在性别结构上的差异。相比于土地流转未受配给的农户，土地流转受配给农户家庭外出劳动力中女性劳动力的比例更低，平均低 9.67 个百分点，且无论是两样本 t 检验还是 Wilcoxon 秩和检验，该差异均具有统计显著性。在年龄结构上，比起未受配给的农户，受配给农户家庭外出劳动力中老年（50 岁及以上）劳动力的比例明显较低，平均低 7.7 个百分点，但中年（35～50 岁）劳动力的比例相对要高，平均高出 7.95 个百分点。这些数据反映出，在不成熟的土地流转市场中，当家庭面对较高的土地流转配给时，会更倾向于将男性、年轻的优势劳动力向非农业领域配置，而这些家庭可能在农业生产上更具有比较优势。

与此同时，受配给农户在农业生产中的劳动投入也呈现与未受配给的农户不一样的结构特征。平均来看，相比于未受土地流转配给的农户，在土地流转受配给的农户家庭中，女性农业劳动时间占比达到 46.66%，比前者高出近 1 个百分点；50 岁以上老年人口农业劳动时间占比达到 60.53%，比前者高出 16.7 个百分点，且后一组差异在 1% 水平上统计显著。该结果说明，不完善的土地流转市场还跟农业劳动力的“女性化”“老龄化”联系在一起。

进一步引入劳动生产率来反映不同配给状态下农户家庭的劳动力资源配置效率（冒佩华等，2015）。在不成熟的土地流转市场上，家庭向其他家庭转让土地的能力受到限制，一方面，具有务农比较优势的家庭由于无法从市场上转入其农业生产最优的土地数量，不得不在每单位土地上投入更多劳动，导致静态低效率（Brandt et al.，2004a）；另一方面，具有务工比较优势的家庭由于无法在市场中将其多余的土地完全转出，其选择集局限于农业生产领域，剩余劳动力无法向非农业领域有效转移，同样导致该家庭的土地上将“附着”过多的劳动力，造成低效率增加。从表 6－3 的最后两行可以看出，的确如我们分析的那样，总体上，土地流转受配给农户家庭的农业劳动生产率和总劳动生产率都要明显低于未受配给的农户，其中前者的农业劳动生产率平均要比后者低 16.9%，总劳动生产率平均要比后者低 26.75%。进一步的非参数 Wilcoxon 检验表明，该差异在 1% 显著性水平上具有统计学意义，表明由市场发育不完全导致的土地流转配给，同时还带来了农户家庭的劳动生产率损失。

表 6-3　不同土地流转配给状态下农户的劳动力配置状况差异

项目		未受配给农户 ①	受配给农户 ②	均值差 ①-②	*Wilcoxon. P*
外出务工劳动力性别结构	男性比例（%）	58.33	68.00	-9.67*	0.0620*
	女性比例（%）	41.67	32.00	9.67*	0.0620*
外出务工劳动力年龄结构	青年比例（%）	59.29	58.78	0.50	0.8858
	中年比例（%）	22.86	30.81	-7.95	0.2273
	老年比例（%）	17.86	10.16	7.70	0.2373
农业劳动时间	女性劳动时间占比（%）	45.69	46.66	-0.97	0.7603
	老年劳动时间占比（%）	43.83	60.53	-16.70***	0.0051***
家庭劳动生产率	农业劳动生产率（元/日）	307.45	255.49	51.97	0.0003***
	总劳动生产率（元/日）	211.66	155.05	56.61***	0.0007***

注：表中青年为 15~34 岁，中年为 35~49 岁，老年为 50 岁及以上。均值差的检验方法是不同方差两样本 t 检验，*Wilcoxon. P* 代表 *Wilcoxon* 秩和检验的概率 p 值，***、**、* 分别表示两组样本在 1%、5% 和 10% 水平上有显著差异。

当然，由于内生性问题的存在，上述描述性结果并不能完全说明土地流转市场发育程度与农户劳动力配置之间的关系。但是，这些发现至少从一个方面回答了我们的猜测，即不完善的土地流转市场不利于农户劳动力的非农转移，同时使得农户无法将劳动力集中在其具有比较优势的生产部门，扭曲家庭劳动力配置决策中的性别、年龄分工，最终带来劳动生产率损失。下面建立因果关系的分析框架，采用更严谨的计量模型证实我们的推测。

6.3　模型与估计方法

借鉴田传浩和李明坤（2014）、陈媛媛和傅伟（2017）的研究，我们构造如下方程来考察土地流转配给对农户家庭劳动力配置的影响：

$$m_{ij} = \alpha + \beta RC_j + \eta X_{ij} + \gamma S_j + \delta V_j + \varepsilon_{ij} \qquad (6-3)$$

根据被解释变量的不同，式（6-3）识别了 3 组基本模型：第一组模型中，m_{ij}表示村庄 j 中第 i 个农户家庭的外出务工劳动力数量；第二组模型中，m_{ij}表示第 i 个农户家庭的外出务工劳动力中女性劳动力占比、第 i 个农户家庭的农业劳动总时间中女性劳动时间占比以及农业劳动总时间中 50 岁及以上老年人口劳动时间占比；第三组模型中，m_{ij}表示第 i 个农户家庭的总的劳动生产率或者农业劳动生产率。在方程右边的解释变量中，本研究感兴趣的变量是 RC_j，即村庄 j 的土地流转市场发育程度，用上面定义的土地流转配给指数来衡量；X_{ij}是代表村庄 j 中农户 i 家庭特征的向量，包括家庭的人口特征和社会经济特征；S_j是表示农户土地产权稳定性和安全性的 2 个村级变量；V_j是表示农户所在村庄基本特征的向量，如村庄的地理位置、发展水平、非农工资率等；ε 是随机误差项。

针对模型（6 - 3）中被解释变量 m_i的不同取值，我们采用了不同的估计方法。其中当被解释变量是外出务工劳动力数量时，由于是一个取整数值的计数数据（Count data），使用 OLS 方法估计会产生偏误，我们使用泊松模型来估计参数（罗楚亮，2010；王子成，2012）。泊松模型假设每个家庭外出务工劳动力的数量 m_i都服从参数为 λ_i的泊松分布，那么在单位时间内，第 i 个家庭中有 m_i个外出务工人员的概率为：

$$Prob(m_i \mid Z_i;\lambda_i) = \frac{e^{-\lambda_i}\lambda_i^{m_i}}{m_i!}, m_i = 0,1,2,\cdots \tag{6-4}$$

式中：$\lambda_i > 0$ 是家庭外出务工劳动力数量 m_i的均值，也是泊松分布的方差，由一系列影响家庭外出务工人数的特征变量 Z_i（包括村庄土地流转市场发育程度 RC_j、家庭特征变量 X_{ij}、土地产权变量 S_j，以及农户所在村庄特征变量 V_j）所决定。对于模型（6 - 4）可以使用准极大似然法（Quasi Maximum Likelihood，QML）进行估计，这种方法能够使泊松极大似然函数最大化，但是必须使用 VCE 的稳健标准误。由于本研究中土地流转市场发育程度是村庄层面的评价，只在村级层面有所变化，回归中我们使用了村级聚类（cluster）稳健标准误。

当被解释变量是家庭外出劳动力中女性劳动力占比、家庭农业劳动总时间中女性劳动时间占比和家庭农业劳动总时间中 50 岁及以上老年人口劳动时间占比时，由于是一个取值介于 0 ~ 1 之间的离散分数（fractional data），传统的 OLS 回归、对数转换等方法将无法保证全部预测值都落在

[0, 1] 区间内，从而可能会导致所估计结果同实际的经济意义相背离。为解决这个问题，我们采用 Papke 和 Wooldridge（1996）提出的 Fractional Logit 模型进行估计。该模型不仅可以处理被解释变量位于（0, 1）区间内点的一般情况，而且也适用于被解释变量取值为 0 或者 1 的极端情况。模型形式如下：

$$E(m_i \mid Z_i) = G(\alpha + \beta RC_j + \eta X_{ij} + \gamma S_j + \delta V_j) \tag{6-5}$$

式中：m_i表示农户 i 家庭外出务工劳动力中女性劳动力占比（或者家庭农业劳动总时间中女性劳动时间占比，以及家庭农业劳动总时间中 50 岁及以上老年人口劳动时间占比）；Z_i包括了上文所述的关键解释变量以及其他一系列控制变量；$0 < G(\cdot)_i < 1$，且满足 Logistic 分布的累积分布函数形式：

$$E(m_i \mid Z_i) = \frac{\exp(\alpha + \beta RC_j + \eta X_{ij} + \gamma S_j + \delta V_j)}{1 + \exp(\alpha + \beta RC_j + \eta X_{ij} + \gamma S_j + \delta V_j)} \tag{6-6}$$

很明显，上式并非线性方程，一般使用准极大似然法（QML）获得参数 α、β、η、γ 和 δ 的一致估计。具体估计过程是在广义线性模型（Generalized Liner Models, GLM）框架下，对伯努利对数似然函数进行最大化处理，以修正被解释变量有偏对条件期望函数估计的影响。回归中我们同样采用了基于村庄的聚类标准误形式。

当被解释变量是家庭总劳动生产率或者农业劳动生产率时，遵循以往文献（如冒佩华等，2015；钱龙、洪名勇，2016）中的惯常处理，我们对其取自然对数后进行 OLS 回归。同样地，为解决可能存在的组内相关性问题，回归中我们使用了村庄层面的聚类标准误进行显著性检验。

虽然我们已经控制了诸多家庭、村庄的特征变量，但我们还是不能完全排除方程（6-3）中的误差项 ε 包括的不可观测因素，如村庄的人口结构、文化习俗以及农户的经营能力、生产偏好等，而这些因素可能与村庄土地流转市场发育程度相关，同时也会影响农户家庭的劳动力配置决策，从而导致遗漏变量偏误。而且，土地流转市场的发育也有可能是对更多农村劳动力外出务工的反应，因为高迁移率意味着对土地流转市场的高需求，从而外出务工可能是土地流转市场发育的一个原因而不是结果。上述情况都会导致模型可能存在内生性问题。为了矫正这一问题，需要寻找合适的工具变量（IV）。一个可资借鉴的例子是徐志刚等（2017）的研究，他们在分析土地流转市场发育对粮食生产的影响时，使用“农户土地流转是否需要村委会或乡镇审批”作为村庄土地流转市场发育程度的工具变量，理由是它会显著影响村庄土地流转情况，但不直接影响农户的粮食播种面积和比例。基于相同的逻辑，我们选择“村里对土地流转限制”作为工具变量。村里对土地流转的限制肯定导致土地流转市场的高交易成本，但该变量是村庄层次的变量，不受个体农户行为影响，在方程中是“外生的”①。因此，它符合工具变量相关性和外生性的要求。在本章中，这一变量是根据问项“您是否有权把承包的土地转包或出租给其他人”的 3 种答案构造而来的，做法参考了 Ma 等（2016）、仇童伟（2017）等文献，并且在计算时排除了该农户自身对村均值的影响。更详细的构造过程参见第 5 章。

6.4　实证结果分析

6.4.1　土地流转配给与劳动力外出务工：初步考察

由于外出务工人数仅取很少的几个非负整数值，其分布与 OLS 中所假定的标准正态分布相去甚远②，为避免由此造成的估计偏误，本研究在估计方法上采用了泊松回归（Poisson Regression）模型。估计时，同样引入省份虚拟变量（以河北为参照）以控制地域的固定效应。表 6－4 的第（1）、（3）列报告了泊松回归的边际效应。回归结果和描述性分析一致，在不同度量指标下，其结果均一致发现，较高的土地流转配给显著抑制了农户家庭劳动力的外出务工。以指数 II 为例，在控制住家庭、村庄特征以及所在省份的固定效应后，当土地流转配给指数从 0（市场完全成熟）增加到 100%（市场完全不成熟），将导致家庭外出务工劳动力数量相应减少

---

① 正如姚洋（1998）所指出的，诸如允不允许流转等土地制度是在村一级决策过程中确定的，而我们考察的是一个村子里的一小部分农户样本，因此，有理由相信该变量与方程（6－3）中的误差项相互独立。

② 对外出务工劳动力数量的正态性检验也证实了这一点。其中 JB（Jarque-Bera）检验的统计量为 940.9，对应 p 值为 0.0000；Skewness/Kutrosis 检验的 p 值为 0.0000；Shapiro-Francia 检验的 z 值为 7.784，对应 p 值为 0.0000，均拒绝了服从正态分布的原假设。

0.22人，占家庭平均外出务工人数的约32%（0.22/0.68）。

泊松回归的前提条件之一是被解释变量的期望与方差相等，这也被称为泊松分布的均匀离散性质。但是，实证研究中均匀离散的性质经常会违背。比如，本研究中外出务工人数的方差约为0.88，而均值只有0.68，表现出一定的过度离散特征。为避免由此造成的对统计显著性的可能误判，本研究基于负二项模型进行过度离散的*LR*检验，其原假设“$\alpha=0$”表示“不存在过度离散，应该使用泊松回归”。表6-4底部的*LR*检验显示，在10%显著性水平上原假设“$\alpha=0$”未能被拒绝，表明模型并不存在显著的过度离散性。事实上，即便数据存在过度离散问题，使用带*VCE*稳健标准误的一般泊松模型仍然可以得到一致的估计量（卡梅伦、特里维迪，2015）。另一个潜在的问题是“零膨胀”现象，即计数数据中含有过多0值。在我们的样本中，0值占了57.89%。为此，考虑使用基于零膨胀泊松回归的*Vuong*统计量检验是否存在零膨胀现象。结果显示，*Vuong*检验的*p*值不显著，拒绝零膨胀模型，说明这里使用标准泊松模型进行估计是合适的。

作为对比，表6-4的第（2）、（4）列同时给出了基于OLS方法的估计结果①。可以看出，与泊松回归结果相比，主要针对连续型变量的OLS方法均有偏估计了土地流转配给对家庭外出务工劳动力数量的影响。其中，在土地流转配给指数I模型中，OLS方法略微高估了变量的*t*统计量而低估了平均偏效应；而在土地流转配给指数II模型中，OLS方法同时低估了变量的*t*统计量和平均偏效应。

控制变量的回归结果基本符合预期，或者与以往的研究发现一致。从表6-4的第（3）列可以看到，在家庭人口特征方面，劳动力年龄对外出务工的影响呈现“倒U型”（本研究中计算的阈值是40岁左右），与生命周期假说相吻合。教育的影响一直为正，显示了人力资本在劳动力流动中的重要性。相比之下，家庭成员的性别结构并不是决定外出务工人员数量的重要因素，事实上有研究发现，家庭中女性劳动力多反而倾向于外出打工（Hare，1999）。在家庭的社会经济特征方面，劳动力数量既反映家庭

① 对计数数据进行OLS回归时，常把被解释变量取对数（陈强，2010）。为保证外出务工人数取对数后依然是正数，我们将其加1后再取自然对数。

规模和结构，也反映家庭的负担情况，通常劳动力数量多意味着家庭规模大、抚养负担轻。我们看到，一方面，有更多劳动力的家庭，其外出务工的劳动力数量也多；另一方面，当控制住劳动力数量后，较大的人口负担率对外出务工有负面影响，尽管并不显著。正如我们设想的那样，承包地数量显著抑制了农户劳动力外出务工，从而证实了土地对外出务工替代效应的存在。在校学生数量对劳动力外出务工具有负的影响，在边际上，家庭中每增加 1 名在校学生，外出务工劳动力数量将减少 0.07 人，说明在校学生数越多，家庭主要劳动力的劳动时间尤其是外出务工时间就越可能受到限制。乡村干部户虚拟变量在两组回归模型中的系数都显著为负，说明相比普通农户，乡村干部户家庭成员外出务工的倾向性更弱。这与程名望和史清华（2010）的发现一致，除了可以用相对经济地位下降理论来解释外，干部户由于需要将更多的时间和精力分配到各种村庄事务的管理上，造成外出务工劳动力数量减少，也是一个很重要的原因。在表示地权稳定性和安全性的 2 个村级变量中，“村里土地是否确权”的系数一直显著为正，说明土地确权显著提升了农户劳动力向外迁移的数量；但“村里是否调整过土地”的系数却不显著，这可能是因为在土地调整前后，当地并不存在对劳动力转移限制的特殊性制度因素，因此土地是否调整并不必然影响劳动力非农转移。在表示村庄特征的 3 个变量中，表示村庄地理条件的“到最近乡镇或县城的距离”的影响不显著，同时，本地非农就业机会对外出务工也没有多大影响；唯一有显著影响的变量是村庄人均收入水平，每增加 1000 元/人的收入，会在边际上减少 1.95 个外出务工劳动力。村庄地理位置、本地非农就业机会都没有出现预期中的显著性影响，这一方面也许说明了随着“村村通”工程的实施，目前在中国农村，交通已变得不再是一个大问题，至少不再是影响劳动力外出务工的决定性因素，因为很多村庄都离公路很近；另一方面也有可能是因为这两个变量对劳动力外出务工的作用都与村庄收入水平相关①，而后者的作用更强一些（Li and Yao，2002）。

---

① 比如，与县城和乡镇中心的距离越远，当地村庄的经济发展水平可能越落后，农村劳动力在当地获得非农就业的机会越困难。

表 6-4　土地流转配给与家庭劳动力外出务工：初步考察

解释变量	(1)	(2)	(3)	(4)
	Poisson	OLS	Poisson	OLS
土地流转配给指数 I	-0.0020** (0.0009)	-0.0012** (0.0005)	—	—
土地流转配给指数 II	—	—	-0.0022** (0.0009)	-0.0009** (0.0004)
家庭男性比	0.001 (0.001)	0.001 (0.001)	0.001 (0.001)	0.001 (0.001)
劳动力平均年龄（对数）	34.774*** (4.022)	6.646*** (1.271)	34.610*** (4.080)	6.431*** (1.289)
劳动力平均年龄平方（对数）	-4.712*** (0.534)	-0.908*** (0.168)	-4.685*** (0.542)	-0.877*** (0.170)
劳动力平均教育水平	0.011* (0.006)	0.009* (0.005)	0.014* (0.008)	0.011** (0.005)
劳动力数量	0.216*** (0.018)	0.139*** (0.011)	0.218*** (0.017)	0.140*** (0.011)
人均承包地面积（对数）	-0.182*** (0.054)	-0.061*** (0.022)	-0.209*** (0.053)	-0.076*** (0.021)
生产性固定资产原值（对数）	-0.006 (0.007)	-0.004 (0.003)	-0.004 (0.006)	-0.003 (0.003)
抚养比	-0.001 (0.001)	0.002 (0.003)	-0.001 (0.001)	-0.001 (0.001)
在校学生数	-0.071*** (0.019)	-0.057*** (0.013)	-0.069*** (0.019)	-0.056*** (0.013)
是否乡村干部户（是=1）	-0.088* (0.048)	-0.039 (0.026)	-0.100** (0.048)	-0.046* (0.026)
村里是否调整过土地（是=1）	0.079 (0.064)	0.043 (0.038)	0.053 (0.063)	0.032 (0.037)
村里土地是否确权（是=1）	0.156** (0.078)	0.055* (0.033)	0.128* (0.074)	0.039 (0.033)
本地非农就业机会	-0.001 (0.002)	-0.001 (0.002)	-0.001 (0.002)	-0.001 (0.001)
村庄人均收入（对数）	-0.214*** (0.073)	-0.106*** (0.039)	-0.195*** (0.070)	-0.095** (0.038)
所在村到最近乡镇或县城距离（对数）	0.008 (0.040)	0.014 (0.024)	0.038 (0.040)	0.029 (0.024)
省份虚拟变量	是	是	是	是

续表

解释变量	(1)	(2)	(3)	(4)
	Poisson	OLS	Poisson	OLS
LR 检验（H_0：$\alpha=0$）	$P\text{-}val=0.497$	—	$P\text{-}val=0.496$	—
Vuong 统计量	$P\text{-}val=0.5008$	—	$P\text{-}val=0.4778$	—
(*Pseudo*) R^2	0.2200	0.3694	0.2204	0.3692
样本量	3009	3009	3009	3009

注：表中第（1）、（3）列系数为均值处的边际效应。***、**、* 分别表示在 1%、5% 和 10% 的显著性水平上显著，括号内为村级聚类稳健标准误。限于篇幅，略去省份虚拟变量以及 OLS 回归截距项的汇报结果。

6.4.2　控制内生性

本研究使用村庄层面的土地流转市场发育程度变量同农户层面的劳动力外出务工变量进行回归，虽然从逻辑上避免了反向因果的影响（田传浩、李明坤，2014），但是我们仍然不能回避土地流转市场发育程度变量可能存在的内生性问题。为消除潜在内生性对估计结果的影响，我们进一步采用工具变量法对模型进行重新估计。我们选择“村里对土地流转限制”作为村庄土地流转市场发育程度的工具变量。对于中国而言，土地流转市场发育程度的高低取决于政府或村集体对土地流转的限制程度（杨丹、高汉，2012）。因此，这个限制程度越高（比如由“流转不需要村组同意”变为“不允许流转”），相应村庄土地流转市场的发育也就越缓慢，从而满足工具变量的相关性要求。但村庄层面的这个指标严格外生于单个农户的劳动力配置决策，也就是说，农户作为个体，其劳动力配置决策并不会直接对村庄的土地制度产生影响（姚洋，1998）；而且鉴于已经有文献使用此类工具变量，并取得了较好的估计效果（徐志刚等，2017），假设这一变量是外生变量不会有太大争议。

本研究采用两种不同的方法——控制函数法（Control Function，CF）和较少参数化的非线性工具变量法（Nonlinear Instrumental Variable，NLIV），对模型（6－3）中潜在的内生性问题进行控制。其中控制函数法采用两阶段法（Two-step）进行估计：第一阶段，利用工具变量及其他控制变量对内生变量 *RC* 进行 OLS 估计，并产生残差 *resid*；第二阶段，以外出务工劳动力人数为被解释变量，对包含第一阶段残差 *resid* 的泊松模型的解释变量进行拟合，如果残差项 *resid* 的系数显著异于 0，那么就说明 *RC* 是内生性的。此时，需要用自抽样（bootstrap）法来估计第二阶段估计量的 VCE 值（卡梅伦、特里维迪，2015）。表 6－5 的第（1）、（2）列汇报了使用两阶段控制函数法（Two-step CF）估计的结果。其中在第二阶段的回归中，残差 *resid* 系数的 z 统计值为外生性的原假设提供了一个稳健 *Wald* 检验的基础（卡梅伦、特里维迪，2015），其 p 值分别为 0.021 和 0.015，至少在 5% 的显著性水平上拒绝"土地流转配给指数变量外生"的原假设，表明这个变量确实存在一定的内生性。估计结果显示，在控制可能存在的内生性问题后，本研究的结论没有变化，较高的土地流转配给仍旧对家庭外出劳动力规模产生了相当大的抑制作用。同样以指数 II 为例，如果村庄土地流转配给程度从 0（市场完全成熟）增加到 100%（市场完全不成熟），家庭外出务工的劳动力数平均将减少 1.21 人。与普通泊松模型的估计结果相比，该结果显示忽略内生性问题会严重低估土地流转市场的不完善性对劳动力外出务工的抑制效应。

控制函数法完全设定了被解释变量和内生变量的分布形式，并且假设两个阶段回归方程的误差项服从联合正态分布，限制过于严格。控制泊松模型内生性的另一种可供选择方法是非线性工具变量（NLIV）法。表 6－5 的第（3）、（4）列给出了使用非线性泊松 GMM 工具变量法的估计结果。我们发现，与不考虑变量内生性而直接采用泊松模型估计的结果相比，在利用两步 GMM 工具变量法矫正了土地流转配给指数的内生性后，无论是其显著性还是边际效应都有不同程度的增加，再次说明忽略内生性问题会低估土地流转市场发育在促进劳动力转移中的重要性。表 6－5 第（4）列的结果显示，矫正了内生性问题后，土地流转配给指数 II 的回归系数在 1% 水平上显著为负且边际效应还挺大，同样说明较高的土地流转配给确实对农户劳动力转移产生了相当大的抑制作用，当土地流转配给指数从 0（市场完全成熟）增加到 100%（市场完全不成熟），家庭外出务工的劳动力数相应减少了 1.29 人。

当然，上述估计的一致性以及工具变量的有效性还有赖于计量上的严格检验。我们在两阶段控制函数法的第一阶段检验了工具变量的相关性。结果显示，控制住其他解释变量不变，工具变量"村里对土地流转限制"

对内生变量土地流转配给指数 I 和指数 II 的回归系数均在 1% 水平上显著为正，对应的 F 统计量分别为 31.19 和 16.76，均大于判别弱工具变量的经验值 10（Staiger and Stock，1997），故不必太担心弱工具变量问题。

至于外生性，因为本研究的模型属于“恰好识别”（即工具变量个数等于内生自变量个数），无法直接对其进行检验，我们参照 Wooldridge（2002）提供的间接方法进行检验。具体做法是，把两阶段回归中的第二阶段残差作为被解释变量对工具变量进行回归。结果显示，工具变量并不显著。这意味着，工具变量与回归残差之间没有显著的统计相关性，从而满足外生性条件，说明工具变量有效。另外，借鉴 Murray（2006）的做法，我们还将工具变量作为解释变量直接加入原来的方程中进行泊松回归。其基本逻辑是，如果工具变量与原方程的误差项不相关，则将工具变量加入原方程应该得到不显著的系数估计结果。我们发现加入原方程后，工具变量确实不显著；同时，内生变量土地流转配给指数的系数亦未因工具变量的加入发生显著改变，这也佐证了工具变量满足外生性条件，不直接影响被解释变量。

表 6－5　土地流转配给与家庭劳动力外出务工：控制内生性

解释变量	(1)		(2)		(3)	(4)
	Two-step CF		Two-step CF		NLIV	NLIV
	第二阶段	第一阶段	第二阶段	第一阶段		
土地流转配给指数 I	－0.0110* (0.0056)	—	—	—	－0.0116** (0.0052)	—
土地流转配给指数 II	—	—	－0.0121** (0.0049)	—	—	－0.0129*** (0.0044)
村里对土地流转限制（IV）	—	6.500*** (1.009)	—	4.966*** (1.231)	—	—
其他控制变量	是	是	是	是	是	是
省份虚拟变量	是	是	是	是	是	是
(*Pseudo*) R^2	0.2206	0.2959	0.2206	0.2842	—	—
第一阶段残差的 z 统计值	*P-val* = 0.021	—	*P-val* = 0.015	—	—	—
样本量	3009		3009		3009	3009

注：表中第（1）~（2）列系数为均值处的边际效应。***、**、* 分别表示在 1%、5% 和 10% 的显著性水平上显著，括号内为标准误，其中 Two-step CF 为自抽样 400 次得到的 Bootstrap 标准误，NLIV 为 GMM 稳健标准误。限于篇幅，略去其他控制变量及省份虚拟变量的汇报结果。

以上分析表明，不完全的土地流转市场、较高的土地流转配给将对农户劳动力转移起到阻滞作用。在不考虑内生性的情况下，如果村庄的土地流转配给程度从0（市场完全成熟）增加到100%（市场完全不成熟），家庭平均外出务工的劳动力数量将下降约0.22人；当考虑内生性后，这一阻滞效应明显增大了，达到1.21～1.29人/户。也就是说，如果以一个村庄100户家庭计算，则该村庄外出务工劳动力将显著减少121～129人。胡奇（2012）的模拟发现，如果土地可以自由流转（即在农户所希望的水平上进行），农村将可能再次涌现出3.4亿左右的剩余劳动力。这与本研究结论保持了很好的逻辑一致性。

6.4.3 土地流转配给对家庭劳动力配置的影响

以上我们主要从外出务工的角度，分析了土地流转配给对农户家庭劳动力配置的影响；但正如前面提到的，土地流转市场对农户劳动力转移的影响是双方面的，它在使得不愿意种地的农户以较低的成本离开土地、促进他们的迁移的同时，也使得那些愿意种地的农户能够有地可种，从而不需要迁移。因此，土地流转配给对外出务工劳动力规模的抑制，不等同于对劳动力配置的扭曲。为进一步验证土地流转配给增加是否会造成农户家庭劳动力配置的扭曲，接下来我们将分析的视角转向劳动力的异质性。在现实中，劳动力之间在性别、年龄和受教育程度等各方面都存在差别。农户在进行劳动力配置决策时，也会考虑不同劳动力的劳动效率差异，以最大化家庭收入。本研究重点关注由年龄、性别所导致的劳动力异质性①，主要从外出务工劳动力的性别结构和农业生产劳动力的性别、年龄结构角度，分析土地流转配给对农户家庭劳动力配置扭曲的影响。这不仅可以揭示土地流转市场的不完善性是如何影响农户家庭内部劳动力的分工结构的，而且有助于揭示当家庭在面临较高的土地流转配给约束时，如何在农业和非农业之间分配不同劳动效率（用性别、年龄表征）的劳动力。

① 不同劳动力的效率差异可以用性别、年龄和受教育程度来体现。但考虑到在我们的样本中，大部分劳动力都只接受过小学和初中教育（平均在校年数为7.17年），而且劳动力的受教育程度一般随年龄呈负相关变化，同时男性的受教育程度一般高于女性（郭剑雄、李志俊，2009），因此本研究主要从性别和年龄角度展开分析。

首先，从经验上看，所在村土地流转市场的发育程度越高，农户自由处置其所拥有的土地（如转租给他人使用）就越便利，从而可以安心地转移到城镇从事非农工作，不仅不用担心土地荒芜甚至被收回，而且还可以得到一笔租金作为放弃土地收入的补充；相反，如果外出农户无法在市场上将其理想条件下剩余的土地顺利转出，为避免失去土地上产生的收入流甚至丢失土地，他们就必须配置一定的劳动力于土地上。受我国长期以来形成的性别分工观念影响，在家庭内部分工策略中，“男性外出务工、女性在家务农”是具有完全比较优势的分工策略（陈会广，2009）。因此，当非农就业机会出现，但土地转出受挫时，家庭在稳定土地收入与外出务工挣得更多收入的权衡中，会更愿意将女性留在农村（陈媛媛、傅伟，2017）。由此，一个合乎逻辑的推断是，土地流转配给程度越高，家庭外出务工人口中女性劳动力的比重越低。

表 6-6 是对这个逻辑推断的一个实证检验。其中，被解释变量是家庭外出劳动力中女性劳动力占比。由于在我们所使用的数据中，有相当大一部分农村女性劳动力并没有参与外出务工，这个变量的分布是高度有偏的[①]（主要集中在占比为 0 的端点）。为保证结果的可靠性，我们采用 Papke 和 Wooldridge（1996）提出的 Fractional Logit 模型进行估计。表中第（1）列给出了 Fractional Logit 模型回归结果的边际效应。我们发现，核心变量土地流转配给指数的回归系数尽管同预期符号一致，但不显著。这可能是因为受到模型内生性的影响。有鉴于此，在第（2）列我们进一步进行了工具变量估计。由于普通的工具变量估计法并不适用于被解释变量为离散分数的情形，我们考虑采用基于条件混合过程（Conditional Mixed Process，CMP）的工具变量法对模型进行两阶段回归（Roodman，2011）。其中第一阶段回归结果显示，工具变量对内生变量土地流转配给指数有显著的正向影响，说明不存在明显的弱工具问题[②]；第二阶段回归中的辅助检验参数“*atanhrho_12*”在 1% 水平上显著异于 0，拒绝“土地流转配给指数 II 是外生变量”的原假设，也即采用 CMP 估计所得结果要优于原

---

① JB 正态性检验也说明了这一点，统计量为 140.5，对应 p 值为 0.0000。

② 由于在受限因变量模型中，对弱工具变量问题的检验并没有一个有效的方法。本研究主要结合第一阶段的回归结果对此做一个粗略的判断。

Fractional Logit 模型估计结果。CMP 估计结果显示，在处理了内生性后，核心变量土地流转配给指数对家庭外出劳动力中女性劳动力占比的影响由负向不显著转为负向显著（在5%水平上），说明土地流转发育不完全、存在较高的土地流转配给，将会对农村女性劳动力外出务工起到抑制作用。这证实了我们的推断。

表6－6的第（3）、（4）列为我们的上述推断提供了稳健性检验。在第（3）、（4）列中，我们将样本范围缩小为有家庭成员外出务工的农户，依次检验土地流转配给程度对家庭中女性成员和男性成员外出务工概率的影响。两列中的被解释变量都是0～1变量，且 *Wald* 外生性检验均至少在10%显著性水平上拒绝了“工具变量模型和 Probit 模型之间不存在系统差异”的原假设，因此我们采用工具变量 Probit（IV-Probit）模型进行估计。回归结果与第（2）列的结论具有较好的内在逻辑一致性：面对一个发育不完全的土地流转市场，家庭中男性成员外出务工的概率没有显著变化，但是女性成员外出务工的概率却显著下降了。这也说明了，相对于男性劳动力，土地流转市场中的配给程度越高，越容易抑制女性劳动力外出务工的可能性，使得外出劳动力性别结构趋向于男性化。这和我们在描述性分析中所观察到的结果一致。

表6－6　土地流转配给对家庭外出务工劳动力性别结构的影响

解释变量	外出务工劳动力中女性占比			至少有一个女性外出	至少有一个男性外出
	(1)	(2)		(3)	(4)
	Fractional Logit	CMP		IV-Probit	IV-Probit
		第二阶段	第一阶段		
土地流转配给指数 II	－0.0594 (0.0398)	－0.0614 ** (0.0288)	—	－0.0059 *** (0.0017)	－0.0023 (0.0028)
村里对土地流转限制（IV）	—	—	0.058 *** (0.017)	—	—
其他控制变量	是	是	是	是	是
省份虚拟变量	是	是	是	是	是
(*Pseudo*) R^2	0.2032	0.2103	0.2489	—	—
*/atanhrho*_12	—	0.007 *** (0.002)		—	—

续表

解释变量	外出务工劳动力中女性占比			至少有一个女性外出	至少有一个男性外出
	(1)	(2)		(3)	(4)
	Fractional Logit	CMP		IV-Probit	IV-Probit
		第二阶段	第一阶段		
Wald 外生性检验	—	—		*P-val* = 0.0167	*P-val* = 0.0809
样本量	1267	1267		1267	1259

注：表中系数为均值处的边际效应。***、**、* 分别表示在 1%、5% 和 10% 的显著性水平上显著，括号内为村级聚类稳健标准误。atanhrho_12 为第一阶段回归方程和第二阶段回归方程的误差项之间的相关性。限于篇幅，略去其他控制变量、省份虚拟变量以及 IV-Probit 估计第一阶段回归的汇报结果。

另一方面从土地转入的角度讲，如果市场是完善的，那么对于那些具有农业生产比较优势的农户，就可以在市场中转入最优的土地数量以扩大农业生产；反之，当市场中存在土地流转配给导致农户无法转入其需求数量的土地时，不仅农业生产的规模效应将难以实现，而且产生了农业劳动力的剩余（陈媛媛、傅伟，2017）。此时，家庭必须重新考虑在农业和非农业之间分配自己的劳动力。基于农业、非农业比较收益的权衡和家庭收益最大化原则，一个相对合理的选择是将男性、青壮年等优势劳动力向非农业领域配置，而将老年人和女性留在农村务农。由此产生的后果将是农业生产劳动力的“老龄化”和“女性化”。那么，土地流转市场发育不健全、存在较高的土地流转配给是否是造成农业劳动力老龄化、女性化的一个因果原因呢？我们在表 6-7 中对此进了检验。被解释变量分别是家庭农业总劳动时间中女性劳动时间占比①和家庭农业总劳动时间中 50 岁及以上老年人口劳动时间占比②。其中，不考虑内生性的 Fractional Logit 模型估计结果显示，随着土地流转配给程度提高（土地流转配给指数从 0 增加到 100%），家庭中女性和 50 岁及以上老年人口在农业生产方面投入了更多时间，其中女性农业劳动时间的份额提高了 3.55%，50 岁及以上老年人口农业劳动时间的份额提高了 7.93%。这初步证实了我们的推断。

① 对于农业女性化，大部分学者都是从劳动力的角度进行衡量。考虑到兼业的存在，本研究从劳动时间的角度进行衡量；对老龄化的衡量，也采用了这种方法。

② 按照国际劳动组织关于老龄化的测算标准，50 岁及以上即为老年人。国内一些文献也多采用 50 岁作为划分农业老龄劳动力的界限（如李旻、赵连阁，2010）。

考虑到内生性问题可能造成估计结果有偏，我们在表6－7的第（2）、（4）列同时报告了基于CMP的工具变量法估计结果。第二阶段回归中的内生性检验参数“atanhrho_12”分别在1%和5%水平上显著异于0，从而拒绝“土地流转配给指数II是外生变量”的原假设。与Fractional Logit估计的结果相比，两个模型中核心变量土地流转配给指数的边际效应略有增大，但仍然分别在5%和1%水平上显著为正，说明纵然考虑到内生性问题，土地流转配给程度增加对农业劳动力女性化、老龄化依旧具有一种显著的正向影响。结合前面部分的分析，这个结果意味着，土地流转市场发育不完全、存在较高的土地流转配给导致家庭劳动力转移受到抑制，家庭无法灵活地进行土地和劳动力资源的优化配置，很可能是农业生产劳动力趋于女性化和老龄化的一个重要原因。Liao等（2014）、Bond等（2016）的研究发现，当劳动力流动受到阻碍时，人力资本高的农村劳动力将选择进城、人力资本较低的农村劳动力选择继续留在农村，部分佐证了本研究的结论。另外，黄祖辉（2012）指出，“由于农村土地制度不完善，以及农业经营者的进入与退出机制缺失，农业老龄化现象就不可避免”。本部分结论为这种担忧提供了一个微观层面的证据。

表6－7 土地流转配给对家庭农业劳动投入的影响

解释变量	女性农业劳动时间占比			50岁以上老年人口农业劳动时间占比		
	(1)	(2)		(3)	(4)	
	Fractional Logit	CMP		Fractional Logit	CMP	
		第二阶段	第一阶段		第二阶段	第一阶段
土地流转配给指数II	0.0355** (0.0173)	0.0365** (0.0173)	—	0.0793*** (0.0228)	0.0803*** (0.0225)	—
村里对土地流转限制（IV）	—	—	0.028** (0.013)	—	—	0.028** (0.013)
其他控制变量	是	是	是	是	是	是
省份虚拟变量	是	是	是	是	是	是
(*Pseudo*) R^2	0.2049	0.3120	0.1985	0.3300	0.4659	0.1985
/*atanhrho*_12	—	0.003*** (0.001)		—	0.005** (0.002)	
样本量	2819	2819		2819	2819	

注：表中系数为均值处的边际效应。***、**、*分别表示在1%、5%和10%的显著性水平上显著，括号内为村级聚类稳健标准误。atanhrho_12为第一阶段回归方程和第二阶段回归方程的误差项之间的相关性。限于篇幅，略去控制变量、省份虚拟变量的汇报结果。

6.4.4　土地流转配给与家庭劳动生产率损失

发展滞后的土地流转市场不仅会对农户劳动力转移产生抑制作用，使他们不能充分运用自身劳动力；更为普遍的情况是，土地流转市场发育不完全、存在较高的土地流转配给不利于农户家庭对土地和劳动力资源进行优化配置，带来效率损失。理论和经验研究都表明，归功于土地流转市场对耕地资源“配置作用”的实现，完善的土地流转市场可以确保农户通过转入或转出土地来响应家庭劳动力禀赋的变化和外出务工机会的变化，或者同时响应这两者的变化，以形成合理的劳动土地比，进而显著促进家庭劳动生产率增长（冒佩华等，2015）；但如果土地市场流转成本过高、土地流转相当困难，以至于配置过程无法顺利实现时，一方面正如上述结果所反映，将导致家庭在劳动力市场中做出与其比较优势不相等的就业决策①，使得农户无法将其劳动力集中在具有比较优势的生产部门，造成劳动力配置的扭曲，从而降低家庭总的劳动生产率；另一方面，由于余留在农村务农的劳动力基本以女性、老年劳动力为主，相比之下也降低了农业劳动生产率。因此，从表面上看，土地不能自由流转只是造成了农户家庭劳动力效用的非帕累托最优；但进一步看，它还影响到家庭农业劳动生产率和总的劳动生产率的提升。

我们用单位劳动时间的平均收入（元/日）作为家庭劳动生产率的度量②，其中农户家庭总收入为其非农工资性收入（包括本地从业工资性收入和外出从业工资性收入）与农业经营收入之和，农户家庭总劳动时间为其从事农业劳动时间与非农业劳动时间（包括本乡镇内从事非农业劳动时间和外出从业时间）之和。表 6-8 的第（2）、（4）列分别汇报了使用两阶段最小二乘法（2SLS）控制潜在的内生性后，土地流转配给对农户家庭的农业劳动生产率和总劳动生产率的影响。其中，对农业劳动生产率的估

---

① 比如，具有务工优势的家庭将理想条件下本该从事非农工作的劳动力投入农业生产中，具有务农优势的家庭将理想条件下最优从事农业生产的劳动力投入非农领域中（陈媛媛、傅伟，2017）。

② 一般认为，劳动生产率是单位劳动所创造的产出或产值。但由于农户可能同时从事农业和非农业生产活动，单纯使用农作物产量无法准确反映家庭的总产出水平，借鉴李谷成等（2009）、冒佩华等（2015）的做法，我们使用家庭总劳动收入衡量家庭总产出。另外，考虑到劳动力可能存在兼业的情况，我们使用劳动时间而不是劳动力人数作为分母。

计结果显示，发育不完全的土地流转市场在将有经营能力的行为主体隔离于农业之外，使得农业生产劳动力趋于女性化、老龄化的同时，也最终给农业劳动生产率造成负的影响。具体地，土地流转配给指数每增加 1 个百分点，会使得农户家庭的农业劳动生产率显著下降 1.62%。

由于农业部门的生产率一般要低于非农业部门，土地流转配给抑制了农村劳动力流动，将太多的劳动力配置到低效率的农业中，这将降低家庭总的劳动生产率。同时，由于土地流转市场不完善，具有不同比较优势的家庭无法通过土地流转灵活地进行土地—劳动力资源的优化组合，种田能手的劳动力和外出务工者的土地这两种生产要素都没能实现最优配置，这也会降低家庭的加总劳动生产率。表 6 - 8 中第（4）列的估计很好地证实了这一点。其结果显示，土地流转配给指数每增加 1 个百分点，相应农户家庭的总的劳动生产率将显著下降 2.73%。上述结果很好地呼应了盖庆恩等（2017）的研究结论，他们使用 2004 ~ 2013 年的全国农村固定观察点数据模拟了土地资源配置不当对中国劳动生产率的影响，结果显示，若土地能够得到有效配置，平均而言样本期间中国农业部门的劳动生产率将提高 1.36 倍，农业劳动力占比将下降 16.42%，加总的劳动生产率将提高 1.88 倍。

表 6 - 8　土地流转配给对家庭劳动生产率的影响

解释变量	家庭农业劳动生产率（对数）		家庭总劳动生产率（对数）	
	（1）	（2）	（3）	（4）
	OLS	2SLS	OLS	2SLS
土地流转配给指数 II	-0.0044*** (0.0009)	-0.0162*** (0.0057)	-0.0097** (0.0041)	-0.0273** (0.0111)
其他控制变量	是	是	是	是
省份虚拟变量	是	是	是	是
R^2	0.2627	0.2472	0.2967	0.2213
Kleibergen-Paap rk LM	—	*P-val* = 0.0000	—	*P-val* = 0.0000
Kleibergen-Paap rk Wald F	—	*P-val* = 0.0000	—	*P-val* = 0.0000
Durbin-Wu-Hausman	—	*P-val* = 0.0403	—	*P-val* = 0.0327
样本量	2819	2819	3009	3009

注：***、**、* 分别表示在 1%、5% 和 10% 的显著性水平上显著，括号内为村级聚类稳健标准误。限于篇幅，表中未报告 2SLS 第一阶段回归结果；同时，略去其他控制变量、区域虚拟变量的汇报结果。

6.5　本章总结

理论研究认为，流转顺畅的土地市场扩大了农户的选择空间，有助于农户根据自身的比较优势合理地配置劳动力资源，而不受到土地的束缚；相反，如果土地流转市场发育不成熟、存在较高的土地流转配给，不仅家庭劳动力转移规模将会受到抑制，而且还会导致家庭劳动力配置行为发生违背其比较优势的扭曲。本章建立计量模型对该理论假说进行实证检验。我们首先构建了一个“土地流转配给指数”来衡量村庄土地流转市场的发育状况，其含义是，在现有土地流转市场下，有多大比例农户的土地流转需求得不到满足。因此，该指数值越大，意味着市场对农户土地流转需求的满足程度越低，土地流转市场发育越不完善。

在此基础上，本章首先检验了土地流转市场的发展与农户劳动力转移之间的因果关系。结果发现，土地流转市场发育不完全、较高的土地流转配给，显著抑制了农户劳动力的向外转移。在利用工具变量对模型潜在的内生性进行控制后，这一抑制效应仍然可被证实，并且还较基准模型估计的结果增大了。具体地，如果村庄的土地流转配给程度从 0（市场完全成熟）增加到100%（市场完全不成熟），家庭平均外出务工的劳动力数量将显著减少 1.21 ~1.29 人/户。

本章的研究还发现，不完善的土地流转市场还会对农户家庭的劳动力配置决策产生扭曲效应，使得家庭无法将其劳动力集中在具有比较优势的生产部门。具体说来，首先，市场中较高的土地流转配给会扭曲家庭外出务工决策中的性别分工，降低女性劳动力外出务工的可能性，使得外出务工劳动力性别结构趋向于男性化。其次，在土地不能完全自由流转、存在流转配给的市场中，有经营能力的行为主体将被隔离于农业之外，还会使得农业生产的劳动力趋向于女性化和老龄化。这就从土地制度的角度，解释了当前中国农村劳动力转移呈现“选择性”转移特征以及农业生产“女性化”“老龄化”现象严重的成因。最后，从劳动生产率的角度，本章对“土地流转配给→劳动力配置扭曲”造成的效率损失进行量化评估。结果发现，土地流转配给同时降低了农户家庭的农业劳动生产率和总劳动生产率，具体地，土地流转配给指数每增加 1 个百分点，将会造成家庭的农业劳动生产率显著下降 1.62 个百分点，总劳动生产率显著下降 2.73%。

本章与第 5 章的分析可以看作一个“硬币”的两面，同时从正反两方面论证了土地流转市场在农户最大化利用家庭资源上的重要性。本章结论的潜在政策含义是，如果土地自由流转制度得以建立，农户能够按照自己的意愿在市场中以较低的成本进行土地转入或转出活动，一方面，将有助于改变部分农户“亦工亦农、亦商亦农”的兼业化状态，将其从土地束缚中解脱出来，再次激发农村劳动力的外出流动潜力；另一方面，家庭也可以根据自身的比较优势，合理地配置土地和劳动力资源，不仅总的劳动生产率在这一过程中提高，而且归功于土地流转（耕地）配置作用的更大范围内实现和农民专业化经营农业，农业劳动生产率也能得以提升。

第7章　土地流转对农户收入的影响分析

通过参与土地流转，农户家庭的耕地资源和劳动力资源得到重新配置，其家庭收入也将相应发生变化。本章实证检验土地流转对农户收入的影响，并把分析的重点放在土地流转对位于收入分布不同位置的农户收入的异质性影响上。本章旨在回答以下几个问题。①土地流转是否有助于促进农户收入增加。②土地流转是否给处于收入分布不同位置的农户都带来了收入的提高，能否促进农民公平增收。③对于不同收入水平的农户而言，谁更有机会参与土地流转，以及谁从土地流转中的获益更多。对这些问题的探讨，将有助于我们更好地考察土地流转在农户收入增长和收入再分配方面的实际效果，并为调整抑或完善现行农地制度改革提供参考。

7.1　引言

在土地流转完成后，有农户转入了土地，有农户转出了土地，同时也有农户选择维持原有的土地耕种规模不变。在此过程中，耕地资源得到重新配置，不同类别的农户家庭也将根据各自的土地流转选择，重新分配他们在农业和非农业部门的生产投入（包括劳动力、资本）。相应的，其家庭收入也将随之发生变化。但是，这种变化究竟有多大，是增加了还是减少了，则是需要经过实证检验才能回答的问题。与此同时，考虑到农户自身能力和要素禀赋的异质性，不同阶层的农户能否平等共享土地流转的好处，以及在多大程度上分享了土地流转的好处，也就成为另一个亟须科学回答的问题。

近期涌现的一系列有关土地流转与农户收入关系的文献，都尝试对上述问题给予回应。但遗憾的是，这些研究都只考察了土地流转对农户收入的平均影响，关注的是参与土地流转的农户（即“流转户”）与未参与土地流转的农户（即“未流转户”）之间的平均收入差异。由于以下两方面的原因，无论其结论如何，都不足以打消人们的疑虑。一是“加总谬误”问题。基于其他农业经济体国家的研究发现，由于农户自身能力和要素禀赋的异质性，他们从土地市场上得到的收益并不相同（Carter and Zimmerman，2000）。但现有的研究大多止步于比较流转户和未流转户在条件均值上的收入差异，而不清楚不同收入群体的获益情况，从而极有可能误读了土地流转的效果。一方面，如发现土地流转增加了农户收入，但这可能只是某几类农户推动的（比如，仅对高收入农户有增收作用），实际上夸大了土地流转的作用；另一方面，若发现土地流转对农户收入没有影响，但这可能只是正负作用相互抵消的结果（比如，尽管促进了高收入农户收入的增加，但无助于低收入农户增加收入），又造成了对土地流转作用的低估。二是“选择偏误”问题。尽管已经有文献注意到，农户是否参与土地流转是非随机性的“自选择”行为，但在考察土地流转对不同收入群体的收入效应时，却未对这种样本选择偏差加以修正，这也带来了估计问题。例如，若高收入农户参与土地流转的可能性更大，由于这部分农户本身就具有较好的经济基础，传统分位数回归（QR）将会高估土地流转的作用；反之，则又会低估土地流转的影响。

从现实性出发，中国推进土地流转的背景与农村居民收入增长缓慢、农村收入分配状况不断恶化相关（冒佩华、徐骥，2015；史常亮，2019）。因此，研究土地流转对农户收入有何影响，这种影响在不同收入群体之间有何差异，以及哪些农户更可能从土地流转中获益且获益多少，对于评估土地流转的成效无疑具有重要意义。至目前为止，虽然已经有一些研究对土地流转的收入效应进行了检验，但正如文献综述部分所指出的，受制于研究方法和数据样本的缺陷，这个问题至今仍然是一个充满争议的话题。并且，传统的实证方法一般只能够估计均值效应，因此大多数文献关注的都是土地流转对农户收入的平均影响，而忽视了对位于收入分布不同位置农户异质性作用的考察。

本章尝试同时从效率和平等两个层面评估土地流转的收入效应。具体而言，本章将首先从平均意义上考察土地流转对农户收入是否有影响；在此基础上，进一步考察对于不同收入水平的农户而言，这种影响是否存在异质性，尤其着重考察这种影响是否存在“益富”效应，是否对高收入农户更有益。通过研究这些问题，在理论上，有助于解决“加总谬误”和“选择偏误”问题；在政策上，也能帮助人们深化对土地流转制度基本功能的认识，对于调整抑或完善现行农地制度改革有重要实践意义。

7.2　理论分析与研究假说

一般说来，农户的家庭收入包括了从事农业生产的经营性收入、在非农部门工作获得的工资性收入、财产性收入（比如出让土地经营权获得的租金收入）以及转移性收入 4 部分。土地和劳动力是农户家庭两种最重要的生产要素，土地流转通过影响这两种要素的重新配置，进而对农户收入产生影响。其中，对于转入土地的农户来说，由于经营的土地面积扩大，不但可以使自己的优势资源（如劳动力、农业生产性资产等）得到充分利用，实现土地与劳动力、技术、机械等生产要素的优化组合和更有效率地使用土地，从而劳动生产率、土地产出率得以提高；而且因为一些好的生产技术只有在一定的土地规模条件下才能得到推广应用（如土地的深松翻、喷灌设施的大面积使用等），所以，通过对土地进行集中和规模化经营，新技术的使用和推广、土地的生产和管理也将变得更加容易、高效。不断提高的农业生产效率将为该类家庭带来持续增长的农业生产经营性收入。而对于转出土地的农户来说，一方面，通过出租承包地，可以获得稳定、持续的土地转让收益（租金）等财产性收入；另一方面，通过将劳动力从农业中解放出来投入到非农部门从事非农工作，还可以获得较高的非农工资性收入以增加家庭收入。此外，一些地方政府为促进土地流转，往往对流转土地的农户给予一定的奖励和补贴，这也会提高参与土地流转的双方农户的转移性收入。

基于上述两种不同的增收路径考虑，农户将根据自身特征及其农业生产效率高低（可以视为农户从事农业生产比较优势的一种度量），选择收益最大化的土地流转行为。其中，农业生产效率高的农户会选择转入土地，通过扩大土地的耕种面积和更规模化地经营土地来获得更高水平的农业生产经营性收入，家庭总收入水平将因此得到提高；而农业生产效率低的农户会选择转出土地，从而既可以解放劳动力从事非农工作，获得较高的非农工资性收入，还可以通过出租承包地获得租金等财产性收入，家庭总收入水平也会因此得到提高；唯一例外的是中等生产效率水平的农户，受生产能力所限，他们既没有能力耕种多余的土地，也没有动力将手中的土地流转出去，维持原有土地规模耕种、不参与任何土地流转活动是他们的一般选择，因此其家庭收入水平不会因为土地市场的交易而发生变化。据此，我们提出本章的第一个待检验假说。

假说 1：相较于未参与土地流转的农户，参与土地流转的农户的家庭收入水平将会有显著提高。

然而，在现实中由于交易成本的存在，并非所有农户都能够有机会和途径真正参与到土地流转中来（金松青、Deininger，2004）。特别是对于那些在资金、技术和人力资本等方面不占优的低收入农户，一方面，由于收入水平相对较低，面对日趋高涨的土地租金，他们没有能力从土地流转市场中获得更多的土地，或者即便能够转入少许土地，受自身资本（包括人力资本和物质资本）约束，也很难跨过土地规模经营的“门槛”做到规模化经营，也就难以发挥土地规模经营和集约经营的优势；另一方面，从土地转出的角度看，对于这部分农户，土地不仅是生产要素，更是生存保障和社会福利保证。因此，即使有充足的非农就业机会，他们也可能会出于风险的考量而选择不转出土地。与之相反，对于那些具有资金、技术和人力资本优势的高收入农户，一方面，由于收入水平相对较高，他们更有能力承受高昂的土地租金，从土地市场中流转到所需要的土地，从土地集中和规模化经营中获益；另一方面，由于劳动力素质、信息、资源方面的优势，这部分农户在非农就业市场上面临的限制也小，可以自由选择从事非农部门工作。这两方面保证了高收入农户可以通过参与土地流转进一步优化其家庭资源（包括土地、劳动力、机械等）配置，从而更大限度地发挥其农业或非农业比较优势，获得更高收入水平。

可见，相比于高收入农户，低收入农户无论是在土地转入还是土地转出上，都不具有优势，他们在土地市场中处于最不利地位，不仅参与土地流转的可能性更低，而且从土地流转中的获益也最小。据此理论分析，在假说 1 基础上，我们进一步提出本章的第 2 个待检验假说。

假说 2：不同收入层次的农户从土地流转中的获益程度存在差异，相比较低收入农户，高收入农户从土地流转中的获益要更大。

7.3　数据来源与模型构建

7.3.1　数据来源

为了验证前面提出来的两个假说，我们使用第 4 章介绍的一份涵盖中国大陆 25 个省份（不包括北京、天津、上海、浙江、海南和西藏）186 个村的 3278 个农户的微观调研数据集[①]进行实证分析。这份数据的来源有两个：第一个也是最重要的是农业部农村固定观察点在 2016 年的常规调查，由于它覆盖面广，提供的经济指标十分丰富，而且采用“记账式”统计法，收入数据的准确程度有可靠保证；第二个来源是前面提到的回溯性的“农户粮食产后收获损失调查”，本章使用到的部分指标，如农户所在村的土地调整和确权情况、村庄地理位置，以及农户对土地流转的态度和意愿，即来源于此。

由于在本章我们使用了一些新的变量，需要重新对上述这 3278 份样本进行筛选清理：首先，考虑到既转入土地又转出土地农户的特殊性，剔除这部分样本；其次，根据指标间平衡关系，剔除数据前后逻辑不一致且无法纠正的样本，同时剔除研究变量观测值缺失的样本；最后，基于样本代表性考虑，剔除样本数量不足 10 户的村样本。经过上述处理后，最终 25 个省份 164 个村的 2993 个农户家庭的有效数据被纳入本章分析样本。数据具有较高的总体代表性，以 2015 年农村家庭平均规模和农民人均纯收入为例，国家卫计委[②]、国家统计局[③]和本次调查的数据间的比值分别为 0. 896 和 0. 842。

7.3.2　模型构建

为了估计得到土地流转对农户收入的影响，构建如下形式的半对数模型[④]：

---

① 关于这个数据集的详细介绍见第 4 章。

② “2015 家庭发展报告：中国家庭平均 3. 35 人”，中国社会科学网，2015 年 05 月 13 日。

③ “2015 年国民经济和社会发展统计公报”，国家统计局网站，2016 年 02 月 29 日。

④ 赵剑治和陆铭（2010）给出了使用半对数模型的原因：收入的对数正态分布，半对数收入方程被广泛使用，它优于或至少不弱于其他形式，在分解时可以回避常数项是否对收入差距有贡献的争论。

$$\ln y_i = \delta rent_i + X_i\beta + \varepsilon_i \tag{7-1}$$

式中：下标 i 指代第 i 个样本农户家庭；被解释变量 $\ln y$ 为农户 i 家庭收入[①]的对数值，回归中我们采用人均收入（剔除家户规模影响）指标进行度量。核心解释变量 $rent$ 表示农户 i 在调查年度内是否参与土地流转，取值 1 表示该农户在调查年度内曾转入或转出了土地，取值 0 表示该农户未进行任何土地流转活动。全国农村固定观察点调查只涉及了土地流转市场中的普通农户，没有涉及家庭农场、合作社、企业等其他流转主体，因此，农户既是唯一的土地流入方——农户可以从其他农户手里流入土地，也是唯一的土地流出方——农户可以将土地转包给其他农户、企业、合作社或者家庭农场等。δ 刻画了土地流转的收入效应，反映的是在控制影响农户收入的其他因素情形下土地流转对于收入的净影响，是我们关注的重点；ε 为随机误差项。

另外，模型中的控制变量集合 X 代表其他一系列可能会影响农户收入的因素。为避免出现“坏的控制变量”（Bad controls）问题，我们仅使用那些影响农户收入，但不由土地流转决定的变量作为控制变量。这要求所选取的 X 必须是参与土地流转前就确定的，或者与是否参与土地流转是外生无关的，而且这些变量都不会受到土地流转的影响。根据此标准，并结合前人研究成果，本章中的控制变量主要包括以下 3 类变量：第一类变量涉及户主的个体特征。与文献中被普遍接受的做法相一致，我们将只考虑户主的性别、年龄和受教育程度。根据收入生命周期假说，实际回归中还加入了户主年龄的平方项。第二类变量与农户家庭特征相关。我们重点讨论农户拥有的资源禀赋量、家庭结构和背景。其中，资源禀赋用人均承包地面积、劳动力比例以及人均拥有生产性固定资产原值衡量，分别代表土地、劳动力和资本；家庭结构特征包括了家庭成员中老人和小孩比例、在校学生数量、家庭成员中接受过（农业或非农业）职业教育或培训者比例 3 个变量，以上因素已被研究证明会对农户收入产生显著的影响（万广华

① 本章在考察土地流转的收入效应时，关注的是土地流转对农户家庭总收入的影响。这是因为，农户家庭收入不仅包括农业经营性收入，还包括非农工资性收入、财产性收入和转移性收入等。土地流转改变了农户家庭的资源配置方式及其生计模式，进而引起家庭收入变化。如果仅关注农业经营性收入，可能无法准确揭示土地流转对农户家庭收入的影响效果。

等，2005）；家庭背景用经营主业类型（农业或非农业）和是否党员干部户两个虚拟变量反映，这也是农户收入影响因素文献中经常用到的两个家庭背景变量（程名望等，2015，2016）。最后是一组村庄虚拟变量，它表征了地理位置和所在地村级层面上的、不能够明确测度和反映的信息，比如距离市场远近、地域文化、自然气候等。表 7－1 给出了这些变量（村庄虚拟变量未列）的具体定义与描述性统计结果。

表 7－1　变量定义与描述统计

变量名称	定义或度量方法	均值	标准差
家庭人均收入	家庭全年总收入/总人口（元/人）	16458.19	15177.87
是否参与土地流转	是＝1，否＝0	0.14	0.35
户主性别	男＝1，女＝0	0.96	0.20
户主年龄	户主实际年龄（周岁）	56.34	10.24
户主受教育程度	户主在校年数（年）	7.13	2.53
劳动力比例	15 岁以上劳动年龄人口/总人口	0.88	0.15
人均承包地面积	承包地总面积/总人口（亩/人）	2.76	4.20
人均生产性固定资产	年末拥有生产性固定资产原值/总人口（元/人）	3978.19	15196.10
老人和小孩比例	（家庭中 6 岁以下小孩＋65 岁及以上老人）/总人口	0.18	0.27
在校学生数量	家庭中正在上学的成员数（人）	0.58	0.79
受过职业教育或培训者比例	家庭中受过职业教育或培训成员数/总人口	0.11	0.22
家庭经营主业	农业＝1，非农业＝0	0.90	0.31
是否党员干部户	是＝1，否＝0	0.23	0.42

注：部分正文中未说明的控制变量的定义及构造方式，可详见第 5 章。回归时，为了保证人均承包地面积、人均资本存量等变量取对数后依然是正数，均将其加 1 后再取自然对数。

7.4　不同流转类型农户特征与收入差异

7.4.1　不同流转类型农户特征统计

在本章最终得到的 2933 个农户样本中，共有 423 个农户家庭在过去一年里曾转入或转出了土地，占比约 14.13%。其中，有 219 户家庭从别的农户手中转入了土地，占全部样本农户数的 7.32%；另有 204 户家庭转出了自己手里的承包地，占全部样本农户数的6.82%。那么，什么样的农户更可能参与土地流转？表7－2对参与土地流转的农户（“流转户”）和未参与土地流转的农户（“未流转户”）的各项特征进行均值T检验。从表中可以看到，两个群体在诸多家庭特征因素上均存在着显著的差异。其中，流转户的家庭人均承包地面积和家庭成员中接受过职业教育或培训者的比例均显著低于未流转户，但是前者家庭成员中的老人和小孩比例却显著高于后者，这说明流转户拥有的初始资源禀赋及劳动力人力资本（培训是人力资本的重要组成）都劣于未流转户，但是抚养负担却相对更重。另外，流转户中农业经营户的比例显著低于未流转户，说明以务农为主的农户的土地流转意愿弱于以务工为主的农户。进一步将土地流转行为划分为土地转入和土地转出后发现，转出户的户主年龄、家庭成员中的老人和小孩比例都明显高于转入户，说明户主年龄大、家庭负担重的农户倾向于转出土地。另外，我们还发现具有农业经营比较优势的农户趋向于转入土地，而那些具有非农业经营比较优势的农户则更倾向于转出土地。两类群体间的这些系统性差异表明，农户在选择是否参与土地流转以及是转入还是转出土地的问题上，是非随机的、“自选择”的，在回归分析中我们需要特别考虑该问题。

表7－2　流转户与非流转户特征统计与均值T检验

特征变量	未流转户 ①	流转户 ②	均值差 ②－①	转出户 ③	转入户 ④	均值差 ④－③
户主性别（男＝1）	0.956	0.976	0.020**	0.966	0.986	0.021
户主年龄	56.243	56.896	0.653	59.338	54.621	－4.717***
户主受教育程度	7.160	6.962	－0.197	7.103	6.831	－0.272
劳动力比例	0.884	0.878	－0.006	0.886	0.871	－0.015
人均承包地面积	2.824	2.346	－0.478***	2.359	2.334	－0.024
人均生产性固定资产	3972.757	4011.202	38.444	3555.668	4435.535	879.867
老人和小孩比例	0.178	0.204	0.026*	0.270	0.142	－0.128***
在校学生数量	0.581	0.591	0.010	0.544	0.635	0.091
受过职业教育或培训者比例	0.110	0.090	－0.020**	0.082	0.097	0.016
家庭经营主业（农业＝1）	0.900	0.870	－0.030*	0.804	0.932	0.128***
是否党员干部户（是＝1）	0.224	0.232	0.008	0.250	0.215	－0.035

注：***、**、*分别表示两组样本各个变量的均值在1%、5%和10%显著性水平上有显著差异。

7.4.2　流转户与未流转户的家庭收入差异

接着来看不同流转状态农户的家庭收入状况。从表 7－3 中的第一行和最后一行可见，与未流转户相比，参与土地流转后，不论是转入户还是转出户，其家庭收入水平都有明显提高。其中，转入户与未流转户的家庭总收入差值为 1.97 万元，人均收入差值为 0.43 万元，并且上述差异都在 1% 显著性水平上具有统计学意义；转出户与未流转户的家庭总收入差值和人均收入差值虽然都不具备统计上的显著性，但也分别达到了 0.75 万元和 0.19 万元。另外，平均来看，流转户的收入水平相对未流转户要高，其中家庭总收入平均高出 1.38 万元，人均收入平均高出 0.32 万元，以上差异均在 1% 的水平上显著。

表 7－3 的第二至五行描述了不同流转类型农户的家庭收入结构差异。可以看出，参与土地流转后，农户的家庭收入结构同时发生了很大变化。①转入户通过更规模化地耕种土地获得了较高的农业生产经营性收入，其总收入中经营性收入占比达到 57.11%，比未流转户高出 9.61 个百分点，同时比转出户高出 18.64 个百分点，是三类农户中最高的。②转出户通过将劳动力从农业部门转投到非农业部门工作，获得了较高的非农工资性收入，其收入来源中工资性收入占据了最大的比重，达到 42.61%，分别比

表 7－3　未流转户与流转户的家庭收入特征统计

收入变量	未流转户 ①	流转户 ②	转入户 ③	转出户 ④	均值差 I ②－①	均值差 II ③－①	均值差 III ④－①
家庭全年总收入（万元）	5.98	7.36	7.95	6.73	1.38***	1.97***	0.75
经营性收入占比（%）	47.50	48.12	57.11	38.47	0.62	9.61***	－9.03***
工资性收入占比（%）	41.30	38.06	33.82	42.61	－3.24*	－7.48***	1.31
财产性收入占比（%）	1.13	2.49	1.24	3.84	1.36***	0.11	2.71***
转移性收入占比（%）	10.07	11.32	7.82	15.07	1.25	－2.24**	5.01***
家庭人均收入（万元/人）	1.60	1.92	2.03	1.79	0.32***	0.43***	0.19

注：（1）***、**、* 分别表示两组样本各个变量的均值在 1%、5% 和 10% 显著性水平上有显著差异。（2）家庭经营收入包括“农业经营收入”和“非农经营收入”，前者是其核心组成部分；工资性收入包括“乡村干部、教师工资收入”“本地从业工资性收入”和“外出从业工资性收入”；财产性收入包括“利息、股息、红利收入”和“租赁收入”；转移性收入主要是指从政府得到的收入，包括“征地补偿款”“离退休金、养老金”和“其他非借贷性收入”。

未流转户和转入户高出 1.31、8.79 个百分点；但是其经营性收入的占比却大大下降，只有 38.47%，是三类农户中最低的。此外，通过出租承包地，转出户的财产性收入也在增加，在总收入中的比例达到 3.84%，分别比未流转户和转入户高出 2.71、2.60 个百分点，是三类农户中最高的。③未流转户的生产方式介于转入户和转出户之间，由于未参与土地流转，一方面，他们大部分家里都有土地，仍能够通过农业生产经营获得一部分收入，其经营性收入占比为 47.50%，低于转入户但高于转出户；另一方面，他们也参与非农就业活动，其工资性收入占比为 41.30%，低于转出户但高于转入户。

7.5 实证结果及分析

7.5.1 基准回归结果

表 7-4 报告了基准模型的 OLS 回归结果。按照"从简单到复杂"的估计策略，第（1）列我们只放入了关键变量"是否参与土地流转"；第（2）、（3）列在此基础上加入了户主个体特征和家庭特征因素；第（4）列为完整估计模型，进一步加入了村庄虚拟变量以控制那些不随时间变化影响农户收入的村级因素。对比第（1）~（4）列结果发现，在控制了户主个体特征、家庭特征及村庄固定效应后，模型的解释力增强，R^2 从 0.59% 增加到 49.73%。当添加全部控制变量时，第（4）列"是否参与土地流转"的估计系数为 0.097，并在 1% 水平上统计显著。这也就是说，在我们控制了其他一些可能会影响到农户收入的因素后，相比未参与土地流转的农户，参与土地流转的农户的家庭人均收入平均将高出 10.2% [= exp（0.097） -1]。该结果与描述性分析不谋而合，即总体上土地流转确实存在着显著的增收效应，从而支持了本章的研究假说 1。

模型中其他控制变量的结果基本与预期及已有文献一致。其中，户主年龄对农户收入的影响表现为倒"U"型，符合收入生命周期假说。由受教育年限代表的户主人力资本对农户收入有显著的正影响，受教育年限每增加 1 年，家庭人均收入将增加 1.3%。与要素禀赋理论的预期一致，代表土地、劳动力和资本三大生产要素禀赋的人均承包地面积、劳动力比例以及人均生产性固定资产的估计系数同时显著为正，说明拥有的禀赋量依然是决定农户收入增长的重要因素。与之相反，代表家庭负担因素的老人和小孩比例、在校学生数量对农户收入有显著负向影响。职业教育和在职培训体现出的人力资本亦是影响农户收入的核心因素，家庭成员中接受过职业教育或培训者的比例越大，相应家庭人均收入也越高。家庭经营主业显示了农户取得收入的主要部门。回归结果显示，以农业经营为主的家庭人均收入相对更低，说明在当前中国农村，农业仍然是一个低收益的行业。另外，与程名望等（2016）的发现一致，在政治身份的作用下，党员干部户家庭的人均收入要比普通农户家庭高出8.1［=exp（0.078）-1］个百分点左右，显示出政治身份等社会资本对农户收入的重要作用。最后，村庄虚拟变量具有联合显著性，说明所在村庄的地理、自然条件（比如水和天气状况）也是决定农户收入的一个很重要因素。

表7-4 土地流转收入效应的OLS估计结果

解释变量	(1)	(2)	(3)	(4)
	OLS	OLS	OLS	OLS
是否参与土地流转（是=1）	0.139*** (0.034)	0.147*** (0.033)	0.135*** (0.031)	0.097*** (0.029)
户主性别（男=1）	—	-0.005 (0.053)	-0.035 (0.049)	-0.031 (0.043)
户主年龄（对数）	—	15.475*** (1.619)	5.129*** (1.503)	4.113*** (1.307)
户主年龄平方（对数）	—	-2.005*** (0.205)	-0.671*** (0.192)	-0.553*** (0.167)
户主受教育程度	—	0.024*** (0.005)	0.014*** (0.004)	0.013*** (0.004)
劳动力比例	—	—	0.304*** (0.084)	0.314*** (0.077)
人均承包地面积（对数）	—	—	0.128*** (0.017)	0.247*** (0.032)
人均生产性固定资产（对数）	—	—	0.035*** (0.004)	0.032*** (0.004)
老人和小孩比例	—	—	-0.384*** (0.052)	-0.368*** (0.047)

续表

解释变量	(1)	(2)	(3)	(4)
	OLS	OLS	OLS	OLS
在校学生数量	—	—	-0.095*** (0.015)	-0.038*** (0.014)
受过职业教育或培训者比例	—	—	0.183*** (0.051)	0.234*** (0.056)
家庭经营主业(农业=1)	—	—	-0.241*** (0.033)	-0.146*** (0.033)
是否党员干部户(是=1)	—	—	0.104*** (0.027)	0.078*** (0.023)
截距项	9.477*** (0.012)	-20.435*** (3.194)	-0.653 (2.933)	1.265 (2.544)
村庄虚拟变量	否	否	否	是
R2	0.0059	0.0672	0.1936	0.4973
样本量	2993	2993	2993	2993

注：限于篇幅，略去村庄虚拟变量的汇报结果。***、**、* 分别表示在1%、5%和10%的显著性水平上显著，括号内为异方差稳健标准误。下同。

7.5.2 内生性检验：工具变量法和内生处理效应模型

然而，由于农户是否参与土地流转是一个自我选择的过程，存在一些可观测和不可观测的因素同时影响了其流转决策和收入，直接采用OLS进行估计将出现偏差。针对这类问题，通常做法是寻找一个或多个与土地流转相关，但不受当期收入影响的工具变量，使用两阶段最小二乘法(2SLS)来获得参数 δ 的一致估计。工具变量尽管能够控制由于遗漏变量(自选择偏误可视为一种特殊的遗漏变量偏误)和反向因果(进行土地流转活动的家庭本身就是收入较高的家庭)等带来的内生性影响，在一定程度上修正选择问题引起的估计偏误，但每个农户是否参与土地流转的决策以及土地流转收入效应的影响机制可能不同。当存在不可观测的因素同时影响农户的土地流转决策及其收入，且这种影响因农户而异时，使用OLS回归和工具变量法均无法得到参数 δ 的无偏、一致估计量。为了得到一致性的估计结果，一些研究采用了内生转换回归(ESR)模型。该模型有效率的地方在于可以同时估计两组结果方程和一个选择方程，但需要假定选择方程和结果方程的误差项服从三元联合正态分布（史常亮等，2017a）。比内生转换回归模型更加灵活的是内生处理效应估计（ETE）。这种方法放松了对上述假定条件的要求，利用控制函数和广义矩估计对模型参数进行估计，比采用全信息极大似然估计的内生转换回归模型更为简洁（杨素红，2018）。因此，接下来本章将首先采用工具变量法来解决由于个体自选择而导致的内生性问题；然后，在考虑了内生性选择和异质性效应的基础上，采用内生处理效应（ETE）模型，对上文的实证结果进行稳健性检验。

1. 工具变量法。使用工具变量方法的关键是找到合适的工具变量。同大多数研究一样（肖龙铎、张兵，2017；史常亮等，2017a），我们使用“村庄内参与土地流转的农户比例（剔除该农户自身的样本[①]）”作为家户是否参与土地流转的工具变量。表 7 - 5 的第（1）列报告了使用工具变量的 2SLS 回归[②]结果。但该结果是否可信取决于所构建的工具变量的有效性。一般而言，有效的工具变量需要满足两个条件：一是相关性，即工具变量要与内生解释变量高度相关；二是排他性，即工具变量与误差项无关，或者说对被解释变量没有直接影响。对于第一个条件，2SLS 第一阶段回归中“村庄内参与土地流转的农户比例”系数在 1% 水平上显著，表明工具变量对内生解释变量有着非常强的解释力。因此，工具变量满足所需要的相关性条件。对于第二个条件，我们利用基于异方差的识别技术进行检验。根据 Lewbel（2012），如果用内生变量对模型中的其他控制变量和外生变量进行回归后的残差是异方差的，则该残差与去掉平均趋势后的外生变量的乘积将是内生变量的较好的工具变量。借鉴胡翠等（2015）的做法，我们首先用“是否参与土地流转”对模型（7 - 1）的所有控制变量以及“村庄内参与土地流转的农户比例”进行回归得到残差，对残差进行 Breusch-Pagan 检验，结果拒绝了同方差的原假设（$P\text{-}val = 0.000$）。因此，可以用残差与除去平均值后的“村庄内参与土地流转的农户比例”的乘积作为

① 这样做的目的是尽量保证作为工具变量的村庄指标与农户样本的严格外生性（陆铭、张爽，2008）。

② 当内生解释变量是二值变量的时候，通过 2SLS 对式（7 - 1）进行估计并不用做特殊的考虑，因为原理上它的有效性并不依赖于第一阶段条件期望函数的形式是否正确设定（卡梅伦、特里维迪，2015；乔舒亚·安格里斯特、约恩 - 斯特芬·皮施克，2012；伍德里奇，2007）。

“是否参与土地流转”的工具变量。其次，根据上述新的工具变量，对包含“村庄内参与土地流转的农户比例”的模型（7－1）进行2SLS回归，估计结果显示，不能拒绝“村庄内参与土地流转的农户比例”的估计系数显著异于零的原假设（*P-val*＝0.256）。因此，“村庄内参与土地流转的农户比例”对模型（7－1）来说是外生的，工具变量的排他性条件也能够得以满足。此外，弱工具变量检验Kleibergen-Paaprk Wald F统计量为225.591，大于Stock-Yogo检验在10%水平下的临界值16.38，表明不存在弱工具变量问题；不可识别检验Kleibergen-Paap rk LM统计量的p值为0，拒绝工具变量不可识别的原假设。这些检验都从不同侧面表明本研究所使用的工具变量是有效的。

表7－5第（1）列工具变量法的估计结果显示，在克服了内生性问题后，参加土地流转仍然显著地增加了农户收入；其系数大小表明，在其他条件不变的情况下，参与土地流转将使得农户家庭的人均收入平均增加24.2%［＝exp（0.217）－1］。这说明在克服可能存在的内生性问题后，本研究的实证结果依然稳健。

2. 内生处理效应模型。工具变量法虽然能够在一定程度上解决因为遗漏变量和反向因果带来的内生性问题，但是每个农户是否参与土地流转的决策以及土地流转对其家庭收入的影响机制或许不同。当同时存在样本选择偏差和异质性处理效应时，我们仍然无法通过工具变量法获得土地流转对农户收入影响的无偏、一致估计量（李雪松、赫克曼，2004；史常亮等，2017b）。为此，考虑继续引入内生处理效应（ETE）模型。记农户的土地流转决策选择为$rent$，影响农户决定是否参与土地流转的可观测因素为Z、不可观测因素为ν，则农户土地流转决策的选择模型可以设置为：

$$rent_i^* = Z_i\gamma + \nu_i \text{，并且} \begin{cases} rent_i = 1, \text{若 } rent^* > 0 \\ rent_i = 0, \text{若 } rent^* \leqslant 0 \end{cases} \quad (7-2)$$

式中：$rent^*$为农户土地流转决策的潜变量，不可观测；γ为待估计参数向量，ν为误差项。在不同的土地流转决策下，每个农户i都有对应的潜在收入y_{1i}和y_{0i}①，而在不同选择下，每个农户行为表现的机制也应该是

① 我们观察到的收入可表达为潜在收入的线性组合：$y_i = y_{oi} + (y_{ri} - y_{oi})\, rent_i$。

不同的。内生处理效应模型借助式（7－2）定义的选择方程，对参与和未参与土地流转的农户家庭的收入方程分别进行刻画：

$$若\ rent_i = 1, 则\ y_{1i} = X_i \beta_1 + \varepsilon_{1i} \tag{7-3}$$

$$若\ rent_i = 0, 则\ y_{0i} = X_i \beta_0 + \varepsilon_{0i} \tag{7-4}$$

式（7－3）、式（7－4）中：下标 0 表示未参与土地流转，为控制组；1 表示参与土地流转，为处理组；y_1为处理组当前的家庭人均收入对数值，y_0为控制组当前的家庭人均收入对数值；X 代表影响农户家庭收入的可观测因素，本研究将其设置为前文 2SLS 估计中所有的控制变量；ε_1 和 ε_0 均为误差项。通过 Probit 模型估计出选择方程（7－2）的残差项 $\hat{v}$ 后，将其引入收入决定方程（7－3）和（7－4），然后采用广义矩估计即可对模型参数进行估计。

为了使方程（7－2）、（7－3）、（7－4）满足识别条件，向量 Z 中至少应该包含一个不存在于向量 X 中的变量，该变量影响农户的土地流转决策但不直接影响农户的家庭收入，即作为工具变量。综合已有相关研究成果（史常亮，2019），我们仍然选取“村庄内参与土地流转的农户比例”作为内生处理效应模型的识别变量。相关估计结果报告在表 7－5 的第（2）列。其中，选择方程残差项 $\hat{v}$ 在两个收入决定方程中的估计系数都显著为负，说明农户是否参与土地流转存在选择偏差；进一步地，Wald 联合显著性检验在 1% 显著性水平上拒绝了选择方程和收入方程相关性为 0 的原假设，说明存在不可观测的因素同时决定了农户的家庭收入和土地流转决策选择，有必要使用内生处理效应模型进行估计。

表 7－5 第（2）列内生处理效应模型的估计结果表明，即使考虑了土地流转对农户收入影响的异质性并校正了样本选择偏差，土地流转仍然给参与流转的农户带来了十分可观的收益，其平均处理效应（即处理组平均效应，ATT）为 32.8% [＝exp（0.284）－1]，意味着对于已流转过土地的农户，参与土地流转能为其家庭人均收入平均带来约 32.8% 的收入增幅。该结果进一步说明了本研究实证结果的稳健性，并保证了结论的可靠性。

表 7－5　工具变量法和内生处理效应模型的估计结果

解释变量	(1)		(2)		
	2SLS		ETE		
	第二阶段	第一阶段	收入方程		选择方程
			流转户	未流转户	
是否参与土地流转（是＝1）	0.217** (0.089)	—	0.284*** (0.079)		—
户主性别（男＝1）	－0.053 (0.046)	0.048* (0.027)	－0.280** (0.137)	－0.030 (0.051)	0.294 (0.196)
户主年龄（对数）	4.890*** (1.389)	1.387* (0.802)	7.250 (7.323)	4.647*** (1.514)	10.976** (5.341)
户主年龄平方（对数）	－0.650*** (0.178)	－0.182* (0.103)	－0.978 (0.918)	－0.608*** (0.194)	－1.422** (0.684)
户主受教育程度	0.011** (0.004)	－0.003 (0.003)	0.009 (0.012)	0.015*** (0.005)	－0.019 (0.014)
劳动力比例	0.387*** (0.083)	0.020 (0.003)	0.342 (0.242)	0.287*** (0.090)	0.064 (0.263)
人均承包地面积（对数）	0.110*** (0.023)	－0.006 (0.013)	0.167*** (0.065)	0.138*** (0.017)	－0.069 (0.053)
人均生产性固定资产（对数）	0.029*** (0.004)	0.005** (0.002)	0.041*** (0.013)	0.035*** (0.004)	0.029** (0.013)
老人和小孩比例	－0.409*** (0.049)	0.053* (0.028)	－0.398*** (0.133)	－0.391*** (0.056)	0.311** (0.147)
在校学生数量	－0.063*** (0.015)	0.002 (0.009)	－0.101** (0.045)	－0.098*** (0.016)	0.019 (0.047)
受过职业教育或培训者比例	0.191*** (0.050)	－0.028 (0.025)	0.264* (0.153)	0.175*** (0.054)	－0.111 (0.153)
家庭经营主业（农业＝1）	－0.207*** (0.032)	－0.035 (0.022)	－0.146* (0.076)	－0.239*** (0.037)	－0.179* (0.104)
是否党员干部户（是＝1）	0.113*** (0.025)	0.013 (0.015)	0.054 (0.066)	0.107*** (0.029)	0.088 (0.078)
所在村到最近乡镇或县城距离（对数）	－0.110*** (0.017)	0.006 (0.008)	－0.142*** (0.046)	－0.114*** (0.017)	0.045 (0.047)
村庄内参与土地流转的农户比例	—	0.747*** (0.050)	—	—	3.221*** (0.159)
截距项	－0.016 (2.705)	－2.651* (1.546)	－3.522 (14.568)	0.418 (2.944)	－23.115** (10.388)
省份虚拟变量	是	是	是	是	是

续表

解释变量	(1)		(2)		
	2SLS		ETE		
	第二阶段	第一阶段	收入方程		选择方程
			流转户	未流转户	
R^2	0.2879		—		
Kleibergen-Paap rk LM	*P-val* = 0.0000		—		
Kleibergen-Paap rk Wald F	*P-val* = 0.0000		—		
$\hat{v}$	—		-0.175^{*} (0.089)	-0.346^{***} (0.117)	—
内生性检验	*P-val* = 0.0031[a]		*P-val* = 0.0021[b]		
样本量	2993		2993		

注：(1) 由于选取的工具变量来自村庄层面，为避免产生多重共线性问题，2SLS 和 ETE 估计时将村庄虚拟变量调整为省份虚拟变量，并使用“所在村到最近乡镇或县城距离”对地理位置因素进行控制。(2) ETE 模型无法直接估计出土地流转对农户收入的影响效应，需要利用反事实分析框架进行计算。表中报告的是基于 ETE 模型计算得到的处理组的平均处理效应，即 ATT。(3) a 为异方差稳健的 Durbin-Wu-Hausman 内生性检验结果，原假设为“模型中所有解释变量均为外生”，拒绝原假设表明存在内生解释变量；b 为 Wald 联合显著性检验结果，原假设为“选择方程和收入方程的相关性为 0”，拒绝原假设说明存在内生性。(4) 为节约篇幅，省份虚拟变量的估计结果未予汇报。下同。

7.5.3　稳健性分析

接下来本研究采用改变核心解释变量、更换被解释变量、区分土地转入和土地转出、选择子样本、剔除异常值等一系列检验来继续确认结论的稳健性。以下回归结果均为完整估计模型。为节约篇幅，我们仅汇报了核心解释变量的回归结果，其他控制变量的结果由于未发生实质性变化，故未列出。

1. 改变核心解释变量。考虑到仅仅用是否参与土地流转还不足以刻画农户的土地流转市场参与程度，而且虚拟变量形式的指标在精确度上比数值型变量要差一些，为了检验核心解释变量的度量对估计结果的影响，此处选择用土地流转面积作为农户土地流转行为的度量指标。为降低异方差的扰动，我们将土地流转面积数据加 1 进行对数化处理后再引入模型，估计结果列示于表 7－6 的第（1）列。使用 OLS 和 2SLS 回归的结果均一致显示，核心解释变量土地流转面积至少在 5% 水平上显著为正，说明本研究结论并没有因土地流转变量的度量方式的影响而出现差异。

2. 更换被解释变量。为了检验实证结果对被解释变量度量方式的稳健性，我们将被解释变量由人均收入的对数更换为人均纯收入的对数。相比于总收入指标，纯收入扣除了转移性支出和经营费用性支出，更能反映农户家庭的实际收入状况。从表 7－6 的第（2）列可以看出，更换被解释变量后，核心解释变量“是否参与土地流转”的系数在三种估计方法下均显著为正，并且在数值上也没有表现出非常大的差异，这不仅说明本研究结果的可靠性，也说明了本研究结论不受被解释变量度量指标的影响。

表 7－6　稳健性检验 I 和 II：替换核心解释变量和被解释变量

解释变量	(1)		(2)		
	被解释变量：人均收入		被解释变量：人均纯收入		
	OLS	2SLS	OLS	2SLS	ETE
土地流转面积（对数）	0.106*** (0.018)	0.115** (0.047)	—	—	—
是否参与土地流转（是＝1）	—	—	0.091*** (0.028)	0.305*** (0.094)	0.395*** (0.085)
其他控制变量	是	是	是	是	是
村庄/省份虚拟变量	是	是	是	是	是
R^2	0.5027	0.2976	0.4966	0.2366	—
内生性检验	—	*P-val* = 0.0239[a]	—	*P-val* = 0.0002[a]	*P-val* = 0.0007[b]
观测值	2993	2993	2993	2993	2993

注：为节省空间，表中未报告 2SLS 第一阶段的回归结果和 ETE 模型选择方程的回归结果；同时，略去村庄/省份虚拟变量的汇报结果。下同。

3. 区分土地转入和土地转出。在理论分析部分，我们论述了转入户和转出户两类家庭在参与土地流转后的不同收入增长路径。为了明确这种不同路径的收入增长效应，我们将参与土地流转的农户进一步细化为土地转入户和土地转出户，并分别估计了这两类家庭参与土地流转的收入效应。表 7－7 的第（1）、（2）列报告了分别以是否转入土地、是否转出土地为核心解释变量的回归结果。在回归时，为了保证所有比较参照组都是非流转户，在考察土地转入的时候，将转出了土地的农户样本剔除；在考察土地转出的时候，将转入了土地的农户样本剔除。估计结果显示，无论农户是转入土地还是转出土地，进行土地流转整体上均能显著增加其收入。这再次确认了本研究结论的稳健性。

4. 剔除异常值。为避免数据中极端值对研究稳健性的影响，我们还对所有连续型变量进行上下 1% 的 Winsorize 缩尾处理，并重新回归。表 7 - 8 第（1）列的估计结果显示，在剔除极端值影响后，核心解释变量“是否参与土地流转”的估计系数和显著性并没有实质性改变，表明本研究结论在缩尾样本下依然是稳健的。

5. 选择子样本。在我们的初始样本中，包括了一些之前就曾流转过土地的农户。因为参与土地流转的好处可能会随着时间的推移而变化，多年前就已转入或转出土地的农户与最近才转入或转出土地的农户，他们的处理效应是不同的。为了样本的纯净，我们剔除了这部分农户，然后对剩余的子样本重新回归，结果见表 7 - 8 的第（2）列。对剔除了有流转经历农户后的子样本的回归结果显示，在不同估计方法下，核心解释变量“是否参与土地流转”均至少在 5% 的水平上显著为正，结果依然稳健。

7.6　进一步讨论：谁从土地流转中获益更多

前文定量分析了土地流转的收入效应，其结果表明，在平均意义上参与土地流转能为农户带来显著的经济收益，有助于促进农户家庭收入增长。据此，如果土地流转的目标只是增加农民收入，那么培育农村土地流转市场、鼓励和推进土地经营权流转毫无疑问是有效的。但在效率之外，我们也同样关心平等问题，即不同阶层的农户能否共享土地流转收益。如果不能，那么究竟是哪部分群体从中获益更多。这需要我们进一步考察位于收入分布不同位置的农户参与土地流转的获益状况。

在进行正式的回归分析之前，我们先来看不同收入水平的农户参与土地流转的情况。按照人均收入从低到高的顺序，我们采用“五等分法”将所有样本农户分为最低收入组、中低收入组、中等收入组、中高收入组和最高收入组 5 组，然后统计每个组别的农户的土地流转参与率及土地流转面积，并使用单因素方差分析法对比各个组之间的差异。如表 7 - 9 所述，总体上收入水平越高的农户群体，其参与土地流转市场的比例和流转的土地规模相应也越高；相比之下，低收入农户不仅更不可能进入市场，而且

表 7－7　稳健性检验 III：区分土地转入和土地转出

解释变量	(1)			(2)		
	OLS	2SLS	ETE	OLS	2SLS	ETE
是否转入土地 (是＝1)	0. 151 *** (0. 038)	0. 382 *** (0. 148)	0. 371 *** (0. 121)	—	—	—
是否转出土地 (是＝1)	—	—	—	0. 078 * (0. 042)	0. 324 ** (0. 133)	0. 381 *** (0. 122)
其他控制变量	是	是	是	是	是	是
村庄/省份虚拟变量	是	是	是	是	是	是
R^2	0. 5040	0. 2847	—	0. 2029	0. 1926	—
内生性检验	—	*P-val* ＝0. 0029[a]	*P-val* ＝0. 0013[b]	—	*P-val* ＝0. 0463[a]	*P-val* ＝0. 0258[b]
观测值	2789	2789	2789	2774	2774	2774

表 7－8　稳健性检验 IV 和 V：剔除异常值和选择子样本

解释变量	(1)			(2)		
	OLS	2SLS	ETE	OLS	2SLS	ETE
是否参与土地流转 (是＝1)	0. 098 *** (0. 029)	0. 216 ** (0. 090)	0. 281 *** (0. 079)	0. 096 *** (0. 030)	0. 198 ** (0. 096)	0. 178 ** (0. 085)
其他控制变量	是	是	是	是	是	是
村庄/省份虚拟变量	是	是	是	是	是	是
R^2	0. 4949	0. 2857	—	0. 5290	0. 2967	—
内生性检验	—	*P-val* ＝0. 0035[a]	*P-val* ＝0. 0023[b]	—	*P-val* ＝0. 0370[a]	*P-val* ＝0. 0004[b]
观测值	2993	2993	2993	2417	2417	2417

在市场上交易的土地数量也最少。这一结论对于转入土地和转出土地的农户都成立。以土地转入为例，我们看到，最低收入组中仅有 4.01% 的农户转入了土地，而在最高收入组中这一比例达到了 11.54%，高出前者近 8 个百分点，并且这一差异具有统计显著性；再从转入的土地规模看，最低收入组中户均转入土地面积只有 1.69 亩，而最高收入组中户均转入土地面积则达到了 21.60 亩，几乎是前者的 13 倍，并且该差异同样具有统计显著性。而就土地转出看，虽然分组的两两均值检验结果表明转出户的参与率与土地转出规模不存在不同收入组之间的显著差异，但我们仍能看到最低收入组中参与转出的农户比例和转出的土地规模都要低于其他收入组。这些事实不仅在一定程度上验证了前文理论分析中关于高收入农户更有实力参与土地流转的推测，也反映出农户在选择参与或不参与土地流转时所遵从的可能是正选择机制，即那些收入水平越高的农户，选择参与土地流转的可能性以及流转的土地面积也越大。

表 7－9　收入分组与农户土地流转参与

五等分组	参与农户比例（%）			流转土地面积（亩/户）		
	土地流转	转入土地	转出土地	土地流转	转入土地	转出土地
最低收入组	10.18	4.01	6.18	2.55	1.69	3.04
中低收入组	13.19 (3.01)	6.18 (2.17)	7.01 (0.83)	3.81 (1.26)	4.27 (2.58)	3.41 (0.37)
中等收入组	13.71 (3.53)	7.02 (3.02)	6.69 (0.51)	5.51 (2.96)	5.84 (4.16)	5.17 (2.13)
次高收入组	15.53 (5.34)	7.85 (3.84)	7.68 (1.50)	7.35 (4.80)	11.56 (9.88)	3.11 (0.07)
最高收入组	18.06 (7.88***)	11.54 (7.53***)	6.52 (0.34)	15.29 (12.74***)	21.60 (19.92**)	4.12 (1.08)

注：表中以最低收入组为对照组，采用 Scheffe 法检验了各组样本与对照组是否存在显著差异，其中括号内为分组间差异，***、**、* 分别表示在 1%、5% 和 10% 的统计水平上有显著差异。

表 7－10 给出了农户土地流转的收入效应可能存在异质性的描述性证据。在表中，我们将 164 个样本村庄按照村里是否有调查户参与土地流转划分为两组，然后分别计算了每组样本的人均收入十等分份额。可以看到，以未发生过土地流转的村庄为参照，在发生过土地流转的村庄中从第

1 到第 8 等分组每组收入在总收入中的份额均有所下降，而第 9 和第 10 等分组的收入份额则在上升，并且增幅较大。土地流转的作用更多地使得高收入农户的收入份额获得增长，而无助于低收入农户收入份额的增加，这意味着在土地流转的调节下，财富更多地流向了高收入群体，相对贫困的低收入农户并没有从中获益或者获益相对较少。结合前面的分析，这一结果表明，与高收入农户相比，低收入农户不仅更不可能进入土地市场、在市场上交易的土地数量更少，而且从土地流转中的获益也最小，土地流转市场发展带来的收入增长将更多地使高收入农户受益。这就支持了本研究关于土地流转对高收入农户的帮助更大的推论。

表 7－10　收入十等分组的收入份额变化

十等分组	未发生过土地流转的村庄（%）	发生过土地流转的村庄（%）	后者－前者
第 1 组	3.16	2.52	－0.65
第 2 组	4.48	4.24	－0.24
第 3 组	5.81	5.26	－0.56
第 4 组	7.21	6.16	－1.05
第 5 组	6.41	6.10	－0.31
第 6 组	9.22	8.52	－0.69
第 7 组	10.69	9.95	－0.74
第 8 组	12.81	11.57	－1.24
第 9 组	14.55	16.24	1.69
第 10 组	25.66	29.36	3.70

注：等分组是根据农户家庭人均收入从低到高划分的。

表 7－10 给出的结论是猜测性的，有必要通过回归分析去查看实际情况。分位数回归（QR）是一种基于被解释变量特定分位数的条件分布（conditional quantile）来拟合自变量的线性函数的回归方法，可以借此方法考察土地流转对位于收入分布不同位置的农户收入的异质性作用。在均值回归的基础上，我们建立如下分位数回归模型：

$$Q_{\tau}(\ln y_i \mid \Omega) = \delta_{\tau} rent_i + X_i \beta_{\tau} + \varepsilon_i \tag{7-5}$$

式中：$Q_{\tau}(\ln y_i \mid \Omega)$ 是收入对数的 τ 条件分位数；其他变量的含义同式（7－1），但回归系数表示的是各变量对收入分布在 τ 分位点上的影响。

充分考虑参数异质性，我们共选取了 0.1、0.25、0.5、0.75、0.9 这 5 个最具代表性的分位点进行参数估计，回归结果列示于表 7 - 11 的第一行。从表中可以看出，无论在低分位还是高分位上，核心解释变量“是否参与土地流转”的估计系数都显著为正，说明土地流转给不同收入水平上的农户都带来了好处，这与前文均值回归结果保持一致；但横向比较看，从低分位到高分位，随着分位数增加，土地流转对农户家庭人均收入的边际贡献总体上也在增加。其中在 0.1 分位点上，流转户的家庭人均收入只比未流转户高 7.5% [= exp（0.072） - 1]，而在 0.9 分位点，这一差距则扩大为 12.3% [= exp（0.116） - 1]。可见，在保持其他条件相同的情况下，土地流转对处在收入条件低端分布群体的增收作用要明显小于对其高端分布群体的影响，这就为本章的研究假说 2 提供了经验证据，即土地流转对不同收入层次农户的增收作用具有异质性，相比于低收入农户，高收入农户参与土地流转获得的收益更大。

然而，如前文所述，农户自己决定是否参与土地流转，自选择问题的存在会导致传统分位数回归无法得到一致的参数估计。为此，我们采取 Chernozhukov 和 Hansen（2008）提出的工具变量分位数回归法（IVQR）进行重新估计检验，该方法的核心是将工具变量技术融入分位数回归方法中。这里仍然选择“村庄内参与土地流转的农户比例”作为工具变量，表 7 - 11 的第二行报告了基于式（7 - 5）的 IVQR 估计结果。可以看出，在控制了由自选择导致的模型内生性问题后，核心解释变量“是否参与土地流转”的系数估计值均不同程度地有所提高，说明传统分位数估计存在向下的偏倚；但从各分位点的系数值和显著性来看，与传统分位数回归结果一致，土地流转的增收效应仍表现出明显的异质性特征，对处在收入条件分布低端的群体而言，其参与土地流转的收入增长效应并没有高端部分的群体那么明显。

无论是传统分位数回归还是工具变量分位数回归，都属于条件分位数回归（CQR）技术，得到的都是土地流转对具有某一特征群体（比如家庭经营主业都是农业）的收入的影响。但实际上，政策制定者可能更想了解土地流转对于农户收入的一般边际影响，而无论该农户的个体特征如何，这就涉及所谓收入关于土地流转的无条件分位数回归（Unconditional Quantile Regression，UQR）问题。本研究使用 Powell（2013）提出的广义分位数回归（GQR）来估计土地流转对于整个收入分布的无条件影响。与传统的分位数回归相比，GQR 的优势在于，一方面，估计时区分了政策变量和控制变量，回归结果可直接用于政策解释，即分位点处的回归系数直接度量了土地流转对该分位点处收入的影响，而不是对控制变量条件下收入的影响；另一方面，在 GQR 框架下，可以实现对自变量内生性的处理，并且该内生变量既可以是连续型变量也可以是有序变量。具体到本研究，以“是否参与土地流转”为政策变量，以“村庄内参与土地流转的农户比例”作为工具变量，采用 GQR 对式（7－5）进行估计。表 7－11 第三行的结果表明，随着分位点由低到高的变化，“是否参与土地流转”的回归系数具有递增倾向。其中在 0.1 分位点处为 0.250，表明参与土地流转仅能使处于 0.1 分位的这部分农户的人均收入提高 28.4%［= exp（0.250）－1］，低于之前基于内生处理效应模型估得的平均效应；之后随着分位点的提高，回归系数逐渐增大，在 0.9 分位点处达到最大值 0.448，表明参与土地流转可使处于 0.9 分位的这部分农户的人均收入提高 56.5%［= exp（0.448）－1］，是平均效应的 1.72 倍。这些结果再次印证了不同收入水平的农户从土地流转中的获益是不同的，而以往研究捕捉到的平均效应主要是中、高收入农户驱动的，他们参与土地流转后的收入溢价高于均值。由此假说 2 得到进一步验证。

表 7－11　谁从土地流转中获益更多

估计方法	分位点				
	0.1	0.25	0.5	0.75	0.9
QR	0.072*** (0.012)	0.059*** (0.016)	0.073*** (0.018)	0.104*** (0.012)	0.116*** (0.031)
IVQR	0.224* (0.117)	0.114 (0.091)	0.223*** (0.084)	0.271*** (0.092)	0.541*** (0.121)
GQR	0.250*** (0.046)	0.328*** (0.051)	0.372*** (0.078)	0.431*** (0.077)	0.448*** (0.130)

注：（1）控制变量与前述回归相同。为节约篇幅，QR、IVQR 都只报告了我们所关注的核心解释变量“是否参与土地流转”的估计系数。（2）QR、IVQR 括号内报告的是稳健标准误，GQR 括号内报告的是 MCMC 标准误。

为了能更仔细地看到土地流转对不同收入层次农户增收效应的异质

性，图 7－1 在［0.1，0.9］分位区间，以 0.02 为步长绘制了共 41 个分位点的回归结果。图中，横轴代表收入分布的分位数，纵轴为边际贡献率，

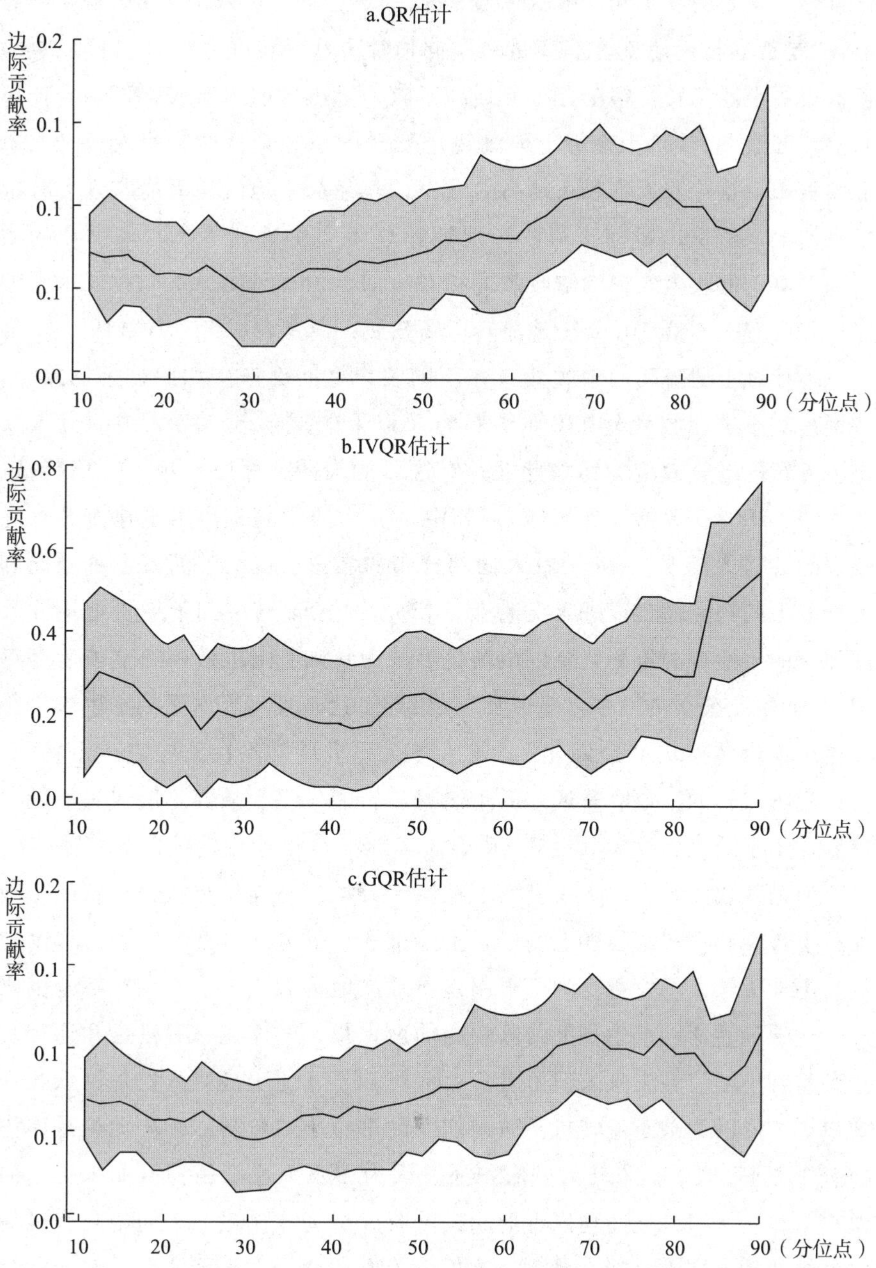

图 7－1　全样本下土地流转对农户收入分布的影响

阴影代表95%置信区间，中间实线为核心解释变量“是否参与土地流转”的系数估计值，它直观反映了不同分位点上土地流转对农户收入影响的变化轨迹。从图中我们可以得到以下两点结论：第一，在0.1～0.9分位点上，“是否参与土地流转”变量在不同估计方法下的系数估计值都显著为正，表明土地流转在整个分布上提高了农户家庭的收入水平；第二，在不同估计方法下，“是否参与土地流转”变量的系数估计值的曲线都是向右上倾斜的，意味着人均收入越高的农户，其参与土地流转后的收入上升幅度也越大，反映出目前进行的土地流转总体上更有利于高收入农户的增收，而对于低收入农户的增收效应相对有限。由此可见，不同收入水平的农户并没有平等地获益于土地流转市场发展，而是表现出“益富性”。

为什么土地流转的增收效应在不同农户之间会产生如此显著的差异，特别是对于处在收入分布0.1分位点及以下的这部分“穷人中的穷人”，土地流转的增收效应为何如此之小？这可能与两方面原因相关（田传浩、贾生华，2008；史常亮，2019）。其中一方面原因是，由于土地流转存在一定的“进入门槛”，处于收入低端分布的农户会因为经营资金的缺乏和生产能力的约束而难以进入土地流转市场。土地流转区别于“土地均分”，所强调的土地资源再配置是以市场化手段为基础，追求效率的“能者经营田”，而不是公平的“耕者有其田”。因此，达不到门槛水平的贫困农户仍会被土地流转市场“边缘化”，导致要么完全被排除在土地流转市场外，要么实际流转的土地数量远远低于愿意流转的水平，从而不能或只能较少地获益于土地流转发展。表7－9中，实际参与土地流转的多为高收入农户，而最低收入组农户不仅进入土地流转市场的可能性更低，流转的土地面积也最少，在一定程度上验证了上述推测。另外一方面原因是，贫困地区的土地流转市场发育受到了限制，导致该地区农户被排除在获益范围之外。土地流转能够产生预期增收效应的前提是，个体能够有机会和途径真正参与到土地流转中来。但由表7－12可知，相比于高收入农户，低收入农户更可能因为缺乏流转机会而未能实际进行土地流转活动。无论是因为“流转不到土地”而未转入的农户还是因为“没人愿意租种”而未转出的农户，各收入组别之间均以中低和最低收入组为比例最大，而中高和最高收入组的情况则不是那么严重。这种由于土地市场发育不完善、市场机会不均等原因，造成处于收入分布低端位置的农户难以通过参与土地流转

“撬动”初始发展动力，进而导致这部分农户被土地流转的整体增收效应“平均化”。田传浩和贾生华（2008）认为，从贫困源头的不同解释出发，土地流转减贫的机制可以从两个方面入手：一是市场视角，二是能力视角。前者是土地流转减贫的基本手段，促进贫困地区的土地流转市场发育可能有助于促进该地区农户收入水平的提高；而后者是对土地流转减贫的更高要求，除了关注和重视贫困农户的土地流转意愿，为其提供必要的土地流转信贷支持和保障力度外，还应该通过技术培训、资金扶持等方式增强其参与市场的能力，确保他们能够真正有资格和能力参与到土地流转中来，分享土地流转带来的收益。

表 7－12　因为“没有流转机会”而未参与土地流转的农户数

单位：%

收入分组	因“流转不到土地”而未转入			因“没人愿意租种”而未转出		
	均值	组间差异	显著性	均值	组间差异	显著性
最低收入组	12.45	—	—	35.11	—	—
中低收入组	12.27	0.18	1.000	29.15	5.96	0.381
中等收入组	10.04	2.41	0.822	25.80	9.31**	0.037
中高收入组	9.44	3.01	0.666	25.53	9.57**	0.029
最高收入组	8.84	3.61	0.488	22.81	12.29***	0.001

注：分组间差异显著性以低收入组为参照，采用 Scheffe 法进行检验。***、**、* 分别表示在 1%、5% 和 10% 的统计水平上有显著差异。

7.7　本章总结

本章在前述章节基础上，接着回答了当前土地流转中所关注的另两个问题：一是农户参与土地流转是否有助于自身收入水平的提升，二是不同阶层的农户能否平等分享土地流转带来的收益。针对第一个问题，本章研究发现，在使用工具变量法纠正了样本自选择偏差后，在平均意义下土地流转能使任意样本农户家庭的人均收入增加 24.2%，高于基于普通最小二乘法估得的结果（10.2%）；当利用内生处理效应模型进一步考虑了不同农户土地流转决策选择的异质性后，测得土地流转的平均处理效应为

32.8%，即对于已流转过土地的农户，参与土地流转能使其家庭人均收入增加32.8%。稳健性检验的结果表明，无论是改变核心解释变量、更换被解释变量、区分土地转入和土地转出，还是剔除异常值、选择使用部分子样本进行回归，土地流转变量的回归系数均未改变影响方向和显著性水平。

针对第二个问题的分位数回归则揭示了土地流转收入效应对于不同收入水平农户的异质性特征。本章研究发现，不同收入水平的农户并没有平等地获益于土地流转市场发展，处于收入分布高端的农户从土地流转中获得的收益要高于处于收入分布低端的农户，而以往研究所捕捉到的土地流转增收效应主要是中、高收入农户驱动的，他们参与土地流转后的收入溢价高于均值。基于描述性统计分析，本研究同时还发现，不同收入水平的农户能够参与土地流转过程中的机会以及最终的土地流转参与程度都有很大的不同：相比于高收入农户，低收入农户表现出更低的土地流转参与率，面临着更为严重的土地流转配给。这一点可以用来解释为什么处在收入分布低端分位点的农户参与土地流转的获益相对更小。

需要注意的是，本研究并不拒绝土地流转对农户收入的正效应，而是指出这样的正效应可能会因为“进入门槛”和市场不完善而无法被低收入阶层获得。就中国现状来看，土地流转的门槛效应十分明显，土地流转市场不完善、有效性不足的现象亦十分普遍。这意味着，在土地流转推行过程中，如果政府不采取主动的干预措施将会使贫困群体逐步被边缘化，从而不利于农村反贫困和收入差距的缩小。因此，虽然面临相关制度设计的挑战，本书仍建议政府的土地流转政策应该适度向贫困地区和弱势农户倾斜，一方面降低他们所面临的土地流转市场进入门槛，将有流转需求却被排除在土地市场之外的农户重新纳入；另一方面提高贫困农户参与土地流转市场的能力，助其积累人力资本并获取市场参与机会。

第8章　结论与展望

土地流转是我国农村土地制度改革和农业发展的方向性选择，土地流转市场发育则是当前我国农村经济发展中遇到的新情况。作为重新配置资源的重要手段，土地流转的发生不仅改变了土地禀赋在农户间的原有格局，而且还将在很大程度上改变农户家庭的资源配置方式和配置格局，深刻改变农户的经济状况。本书从家庭资源配置和收入两个维度，评估和分析土地流转对农户生产生活的影响，旨在加深对土地流转市场建设重要性的认识。本书首先回顾了承包制实施以来中国农村土地流转政策沿革的历程、土地流转在不同阶段的发展特征，梳理了土地流转的多重政策目标；其次，使用农业部全国农村固定观察点2015年调查数据和中国农业大学在此基础上的补充调查数据，对我国土地流转市场发展的最新情况和特征进行统计描述，并考察当前各项农村土地权利政策的落实情况和农户拥有的土地权利状况；最后，采用大量计量经济学的方法，实证分析了土地流转对农户资源配置及收入的影响。

8.1　基本结论

第一，在政策层面上，目前土地经营权流转的实施已不存在实质性障碍。从实践来看，首先，虽然土地的行政性调整依然没有完全停止，仍有一成农户自二轮承包以后发生过土地调整；但与以前相比，土地调整的频次减少了，同时农户对“未来发生土地调整”的预期也大大下降了。其次，农户承包土地的确权工作有较大改善，近七成农户同时持有土地承包合同和土地承包经营权证书；新一轮土地确权登记颁证工作进展顺利，绝大多数村庄和农户都已完成土地确权登记颁证。最后，农民已经具有了几乎是完全独立的土地自主经营权，但在参与土地流转时，仍然较多受到来自村组的干预或限制，虽然这种限制随着时间的推移趋于减弱。

第二，中国农村土地流转的发展是相当快的，特别是2008年以来，在地方政府的行政推动下，全国土地流转速度明显加快。从农户调查数据看，样本中已有接近1/5的农户同时耕种着自家地和转入地。目前土地流转交易主要还是发生在本村村民之间。土地流转后的用途仍然以“粮地粮用”为主。虽然土地无偿流转仍然普遍存在，但有偿流转也得到了发展。土地流转市场发育的地区差异明显，比起中西部地区，东北地区和东部沿海地区的土地流转市场明显更活跃一些，土地流转的正规性也更好些。

第三，目前中国农村土地流转市场的发育仍很不完善，一些农户对土地流转的需求仍无法得到满足。对农户未进行土地流转原因的调查显示，约28%的农户是因为“没有人愿意租种”而未转出土地；与此同时，约11%的农户是因为“流转不到土地”而放弃了转入土地。

第四，现行土地流转市场总体上发挥了把耕地向更有效率的农户手中转移的配置功能，并显著提高了这部分农户的农业生产水平。通过参与土地流转市场，那些具有更高农业生产能力的农户将有机会从市场中获得更多的土地，这一结论在不同地区、不同模型方法和样本下均具有相当好的稳健性。在此基础上，对农户转入土地所能获得的生产收益大小的估计显示，转入土地后，农户的种植业产出实现了极为可观的增长，大约提高67%。

第五，不完善的土地流转市场给农户家庭的劳动力资源配置带来了负面影响。本书从市场对农户土地流转需求的满足程度出发，构建了一个“土地流转配给指数”来衡量当地土地流转市场发育程度（指数越大，意味着有越多农户的土地流转需求未得到满足，市场发育越不完善），结果发现：不完善的土地流转市场，①不利于农户劳动力的向外转移，如果土地流转配给指数从0（市场完全成熟）增加到100%（市场完全不成熟），家庭平均外出务工的劳动力数量将显著减少1.21～1.29人/户；②会扭曲家庭的劳动力配置决策，使得家庭无法将其劳动力集中在具有比较优势的生产部门，从而一方面导致外出务工劳动力性别结构趋向于男性化，另一方面也使得农业生产的劳动力趋向于女性化和老龄化；③降低家庭的农业劳动生产率和总劳动生产率，土地流转配给指数每增加1个百分点，将造成家庭的农业劳动生产率显著下降1.62%，总的劳动生产率显著下降2.73%。

第六，虽然土地流转总体上有利于农户增收，但是这种增收效应在不同收入阶层之间存在着差异，其中低收入农户从土地流转中的获益少于中、高收入农户。一方面，在使用工具变量法纠正了样本自选择偏差后，本书发现在平均意义下土地流转能使任意样本农户家庭的人均收入增加24.2%，高于基于普通最小二乘法估得的结果（10.2%）；当利用内生处理效应模型进一步考虑了不同农户土地流转决策选择的异质性后，测得土地流转的平均处理效应为32.8%，即对于已流转过土地的农户，参与土地流转能使其家庭人均收入增加32.8%。稳健性检验的结果表明，无论是改变核心解释变量、更换被解释变量、区分土地转入和土地转出，还是剔除异常值、选择使用部分子样本进行回归，土地流转变量的回归系数均未改变影响方向和显著性水平。另一方面，对不同分位点处农户参与土地流转的获益的估计显示，不同收入阶层的农户并没有平等地获益于土地流转市场发展，处于收入分布高端的农户从土地流转中的获益要高于处于收入分布低端的农户，以往研究所捕捉到的土地流转增收效应主要是中、高收入农户驱动的，他们参与土地流转后的收入溢价高于均值。基于描述性统计分析，本书同时还发现，不同收入水平的农户能够参与土地流转过程中的机会以及最终的土地流转参与程度都有很大的不同：相比于中、高收入农户，低收入农户表现出更低的土地流转参与率，面临着更为严重的土地流转配给。因此，本研究并不拒绝土地流转对农户收入的正效应，而是指出这样的正效应可能会因为“进入门槛”的阻碍和市场不完善而无法被低收入农户获得。

8.2　政策启示

上述研究结论表明了这样一个基本事实：土地流转市场发展不仅提高了参与农户的家庭资源配置效率，而且还是实现农民增收一个新途径；相反，对土地流转的限制，一方面不利于农户家庭资源的高效配置，带来效率损失，另一方面也减少了可以使贫困农户获益的土地流转交易的范围，给收入分配公平带来负面影响。

由该结论引申出的政策含义是明确的。首先，合理的土地流转应该得到鼓励。在这方面，现行政策存在三点可改进之处。一是政府（也适于村集体）应该在坚持农民自愿的原则下，加强对土地流出和受让农户的引导。在鼓励和推动那些农业生产能力低的农户流转出土地的同时，确保那些具有较高农业生产能力的农户能够顺利地从市场上流转到他们所希望转入的土地。二是政府应该主动采取措施降低农户参与土地流转的交易成本，比如建立、完善土地流转中介服务机构，取消对土地流转的村级管制等，以使那些有流转意愿的农户都能够参与其中，以最大限度地发挥土地流转市场的潜能。三是考虑到农户参与土地流转还需要以规范、完善的土地经营权流转市场为基础和平台，政府应该把农村土地流转市场的培育作为关键任务，鼓励并推进土地经营权在公开市场上流转，同时建立健全土地流转中介服务体系，以此降低土地流转过程中的交易成本，特别是让那些有土地流转意愿的农户家庭在现实中也能够有机会和途径真正参与到土地流转过程中来。

其次，注意到不同收入阶层的群体并不会平等地获益于土地流转发展，处于收入分布中、高端位置的农户从土地流转中的获益要明显高于处于收入分布低端位置的农户。因此，如果政府希望把推进土地流转作为现阶段促进农民收入增长、进而完善现有农村土地制度的一个新途径，就必须重视对土地流转中处于相对不利地位的低收入农户的权益的保护。在不断加强对新型规模经营主体支持的同时，也要妥善解决好“小农户和现代农业发展有机衔接”的问题。对此，政府一方面必须重视对农村土地流转市场的培育和完善，努力减少土地流转过程中的各种非市场因素的限制，创造出良好的土地流转基础，使更多有意参与土地流转的农户尤其是低收入农户能够真正参与到土地流转中来；另一方面，相关的制度设计应有意识地向贫困地区和弱势农户倾斜，对不具有土地流转比较优势的低收入者，可以通过技术培训、提供土地流转信贷支持和保障力度等方式，降低他们所面临的土地市场进入门槛，提高其参与市场的能力，确保他们同样有机会分享土地流转带来的收益，从而改善农村的收入分配。

最后，尽管现阶段土地流转市场在促进农户家庭的资源优化配置和收入提高方面，都起到了积极的作用，但尚有进一步开发和改善的潜力。发展中国家的一个普遍现象是市场发育不充分、交易成本高，中国农村土地流转市场也不例外。在我们的样本中，至少有 1/3 的农户虽然有意参与土地流转，但最终实际未能参与。从增强政策的瞄准性来看，提高农户土地流转市场的参与率，重点应该放在这部分农户上。这需要研究清楚妨碍这些农户真正参与土地流转市场的具体因素，并向他们提供有针对性的帮助。

8.3　研究展望

土地是农村发展的核心资源，也是农民安身立命之所在，土地流转牵一发而动全身。这决定了对土地流转问题的研究必须全面深入地把握各种社会因素，从不同层面、不同角度进行全方位的分析综合。回视本书的研究，针对土地流转可能产生的影响，还有以下两个问题值得在未来的研究中进一步探讨、完善。

第一，本研究发现，目前中国农村的土地流转市场还很不完善，在土地供给和需求方面都存在大量的配给情况，并且即使在现行租金价格水平下，配给仍然占到了相当大的比例。但对于具体是哪些因素导致了土地流转配给的发生，受限于主客观条件，本书并未进一步展开分析。为保持研究的连贯性，下一步可针对此进行相关研究。

第二，本研究主要从经济学视角，探讨了农户土地流转的福利改进效果。但土地流转不仅是经济问题、农业问题和农民问题，更是关系到农村社会稳定发展的社会问题、政治问题。同时，土地流转政策目标具有多元性，通过土地流转实现农业规模经营、促进农业现代化发展、保障国家粮食安全同等重要。如何将土地流转的各方面影响完全纳入一个统一的分析框架内进行评估，是后续研究需要努力的方向之一。

参考文献

[1] Abadie A, Angrist J, Imbens G. Instrumental variables estimates of the effect of subsidized training on the quantiles of trainee earnings [J]. Econometrica, 2002, 70 (1): 91 – 117.

[2] Abdulai A, Huffman W. The Adoption and impact of soil and water conservation technology: an endogenous switching regression application [J]. Land Economics, 2014, 90 (1): 26 – 43.

[3] Alia D, Kusunose Y, Theriault V. Land rental, farm investment, and efficiency in Burkina Faso [C]. 2016 Agricultural and Applied Economics Association Annual Meeting, July 31 – August 2, Boston, 2016.

[4] Asfaw S, Shiferaw B, Simtowe F, et al. Impact of modern agricultural technologies on smallholder welfare: evidence from Tanzania and Ethiopia [J]. Food Policy, 2012, 37 (3): 283 – 295.

[5] Benin S, Ahmed M, Pender J, et al. Development of land rental markets and agricultural productivity growth: The case of northern Ethiopia [J]. Journal of African Economies, 2005, 14 (1): 21 – 54.

[6] Bhattacharya P. Determinants of land leasing decisions in shrimp farming in west Bengal, India: implications for government policy [J]. Asian Journal of Agriculture and Development, 2013 (1).

[7] Bond E, Riezman R, Wang P. Urbanization and economic development: a tale of two barriers [R]. CESifo Working Paper, No. 5742, 2016.

[8] Borooah V K, Gustafsson B, Li S. China and India: income inequality and poverty north and south of the Himalayas [J]. Journal of Asian Economics, 2006, 17 (5): 797 – 817.

[9] Boucher S R, Barham B L, Carter M R. The impact of "market-friendly" reforms on credit and land markets in Honduras and Nicaragua [J]. World Development, 2005, 33 (1): 107 - 128.

[10] Brandt L, Rozelle S, Turner M A. Local government behavior and property right formation in rural China [J]. Journal of Institutional and Theoretical Economics, 2004, 160 (4): 627 - 662.

[11] Bravo-Ureta B E, Solis D, Cocchi H, et al. The impact of soil conservation and output diversification on farm income in Central American hillside farming [J]. Agricultural Economics, 2006, 35 (3): 267 - 276.

[12] Carter M R, Yao Y. Local versus global separability in agricultural household models: The factor price equalization effect of land transfer rights [J]. American Journal of Agricultural Economics, 2002, 84 (3): 702 - 715.

[13] Carter M R, Yao Y. Specialization without regret: Transfer rights, agricultural productivity, and Investment in an Industrializing Economy [M]. World Bank Publications, 1999.

[14] Carter M R, Zimmerman F J. The dynamic cost and persistence of asset inequality in an agrarian economy [J]. Journal of Development Economics, 2000, 63 (2): 265 - 302.

[15] Chamberlin J, Ricker-Gilbert J. Participation in rural land rental markets in Sub-Saharan Africa: who benefits and by how much? evidence from Malawi and Zambia [J]. American Journal of Agricultural Economics, 2016: 1507 - 1528.

[16] Chen C, Restuccia D, Santaeulàlia-Llopis R. Land markets, resource allocation, and agricultural productivity [R]. Unpublished Manuscript, University of Toronto, 2017a.

[17] Chen C, Restuccia D, Santaeulàlia-Llopis R. The effects of land markets on resource allocation and agricultural productivity [R]. NBER Working Paper, No. 24034, 2017b.

[18] Chernozhukov, V., Hansen, C.. Instrumental variable quantile regression: a robust inference approach [J]. Journal of Econometrics, 2008, (142): 379 - 398.

[19] Cragg J G. Some statistical models for limited dependent variables with application to the demand for durable goods [J]. Econometrica, 1971, 39 (5): 829 - 844.

[20] Crookes T J, Lyne M C. Efficiency and equity gains in the rental market for arable land: Observations from a communal area of KwaZulu-Natal, South Africa [J]. Development Southern Africa, 2003, 20 (5): 579 - 593.

[21] De Brauw A, Huang J, Rozelle S, et al. The evolution of China's rural labor markets during the reforms [J]. Journal of Comparative Economics, 2002, 30 (2): 329 - 353.

[22] De Brauw A, Mueller V. Do limitations in land rights transferability influence mobility rates in Ethiopia? [J]. Journal of African Economies, 2012, 21 (4): 548 - 579.

[23] De Janvry A, Emerick K, Gonzalez-Navarro M, et al. Delinking land rights from land use: Certification and migration in Mexico [J]. American Economic Review, 2015, 105 (10): 3125 - 49.

[24] De La Rupelle M, Deng Q, Shi L, et al. Land rights insecurity and temporary migration in rural China [R]. IZA Discussion Paper, No. 4668, 2009.

[25] Deininger K W, Carletto C, Savastano S. Land market development and agricultural production efficiency in Albania [C]. 104th IAAE-EAAE Seminar, Hungary, Sep 6 - 8, 2007.

[26] Deininger K, Ali D A, Alemu T. Assessing the functioning of land rental markets in Ethiopia [J]. Economic Development and Cultural Change, 2008b, 57 (1): 67 - 100.

[27] Deininger K, Ali D A, Alemu T. Impacts of land certification on tenure security, investment, and land market participation: evidence from Ethiopia [J]. Land Economics, 2011, 87 (2): 312 - 334.

[28] Deininger K, Feder G. Land institutions and land markets [J]. Handbook of agricultural economics, 2001, 1: 287 - 331.

[29] Deininger K, Jin S, Nagarajan H K. Efficiency and equity impacts of rural land rental restrictions: Evidence from India [J]. European Economic Review, 2008a, 52 (5): 892 - 918.

[30] Deininger K, Jin S, Xia F, et al. Moving off the farm: land institutions to facilitate structural transformation and agricultural productivity growth in China [J]. World Development, 2014, 59: 505 -520.

[31] Deininger K, Jin S. Land sales and rental markets in transition: evidence from rural Vietnam [J]. Oxford bulletin of Economics and Statistics, 2008, 70 (1): 67 -101.

[32] Deininger K, Jin S. The potential of land rental markets in the process of economic development: Evidence from China [J]. Journal of Development Economics, 2005, 78 (1): 241 -270.

[33] Deininger K, Zegarra E, Lavadenz I. Determinants and impacts of rural land market activity: Evidence from Nicaragua [J]. World Development, 2003, 31 (8): 1385 -1404.

[34] Deininger K. Land markets in developing and transition economies: Impact of liberalization and implications for future reform [J]. American Journal of Agricultural Economics, 2003, 85 (5): 1217 -1222.

[35] Deininger, K., Ali, D. A., and Alemu, T. Assessing the functioning of land rental markets in ethiopia [J]. Economic Development and Cultural Change, 2008, 57 (1): 67 -100.

[36] Dong X Y. Two-tier land tenure system and sustained economic growth in post-1978 rural China [J]. World Development, 1996, 24 (5): 915 -928.

[37] Duan N, Manning W. G., Morris C., et al. A comparison of alternative models for the demand for medical care [J]. Journal of Business & Economic Statistics, 1983, 1 (2): 115 - 126.

[38] Fafchamps M, Pender L J. Land rental markets and agricultural efficiency in Ethiopia [R]. Land Policy and Administration Paper, Washington: World Bank, 2000.

[39] Fan S. Effects of technological change and institutional reform on production growth in Chinese agriculture [J]. American Journal of Agricultural Economics, 1991, 73 (2): 266 -275.

[40] Feder G, Nishio A. The benefits of land registration and titling: economic and social perspectives [J]. Land use policy, 1998, 15 (1): 25 -43.

[41] Field E. Entitled to work: Urban property rights and labor supply in Peru [J]. The Quarterly Journal of Economics, 2007, 122 (4): 1561 - 1602.

[42] Frölich M, Melly B, Frolich M. Estimation of quantile treatment effects with Stata [J]. Stata Journal, 2010, 10 (3): 423 - 457.

[43] Frölich M, Melly B. Unconditional quantile treatment effects under endogeneity [J]. Journal of Business & Economic Statistics, 2013, 31 (3): 346 - 357.

[44] Galiani S, Schargrodsky E. Property rights for the poor: effects of land titling [J]. Journal of Public Economics, 2010, 94 (9): 700 - 729.

[45] Gaynor M, Putterman L. Productivity consequences of alternative land division methods in China's decollectivization An econometric analysis [J]. Journal of Development Economics, 1993, 42 (2): 357 - 386.

[46] Giles J, Mu R. Village political economy, land tenure insecurity, and the rural to urban migration decision: evidence from China [J]. American Journal of Agricultural Economics, Forthcoming, 2017.

[47] Goldstein M, Udry C. The profits of power: Land rights and agricultural investment in Ghana [J]. Journal of political Economy, 2008, 116 (6): 981 - 1022.

[48] Gray C L. Environment, land, and rural out-migration in the southern Ecuadorian Andes [J]. World Development, 2009, 37 (2): 457 - 468.

[49] Haberfeld Y, Menaria R K, Sahoo B B, et al. Seasonal migration of rural labor in India [J]. Population Research and Policy Review, 1999, 18 (5): 471 - 487.

[50] Hare D. 'Push' versus 'pull' factors in migration outflows and returns: determinants of migration status and spell duration among China's rural population [J]. The Journal of Development Studies, 1999, 35 (3): 45 - 72.

[51] Hartman R S. A Monte Carlo analysis of alternative estimators in models involving selectivity [J]. Journal of Business & Economic Statistics, 1991, 9 (1): 41 - 49.

[52] Hartog J, Oosterbeek H. Public and private sector wages in the Nether-

lands [J]. European Economic Review, 2004, 37 (1): 97 -114.

[53] Hayashi F, Prescott E C. The depressing effect of agricultural institutions on the prewar Japanese economy [J]. Journal of political Economy, 2008, 116 (4): 573 -632.

[54] Heckman J J, Urzua S, Vytlacil E. Understanding instrumental variables in models with essential heterogeneity [J]. The Review of Economics and Statistics, 2006, 88 (3): 389 -432.

[55] Heckman J. Instrumental Variables: A Study of implicit behavioral assumptions used in making program evaluations [J]. Journal of Human Resources, 1997, 32 (3): 441 -462.

[56] Holden S T, Ghebru H. Land rental market legal restrictions in Northern Ethiopia [J]. Land Use Policy, 2016, (55): 212 -221.

[57] Holden S, Ghebru H. Kinship, transaction costs and land rental market participation [R]. Discussion paper, Department of Economics and Management, Norwegian University of Life Sciences, 2005.

[58] Houngbedji K. Property rights and labour supply in Ethiopia [R]. PSE Working Papers, No. 2015 -1, 2015.

[59] Huang J, Gao L, Rozelle S. The effect of off-farm employment on the decisions of households to rent out and rent in cultivated land in China [J]. China Agricultural Economic Review, 2012, 4 (1): 5 -17.

[60] Huang J, Rozelle S. Technological change: Rediscovering the engine of productivity growth in China's rural economy [J]. Journal of Development Economics, 1996, 49 (2): 337 -369.

[61] Huy H T, Lyne M, Ratna N, et al. Drivers of transaction costs affecting participation in the rental market for cropland in Vietnam [J]. Australian Journal of Agricultural and Resource Economics, 2016, 60 (3): 476 -492.

[62] Ito J, Bao Z, Ni J. Land rental development via institutional innovation in rural Jiangsu, China [J]. Food Policy, 2016, (59): 1 -11.

[63] Jacoby H G, Minten B. Land titles, investment and agricultural productivity in Madagascar: A poverty and social impact analysis [R]. The World

Bank, No. 12661, 2006.

[64] Jacoby H G, Li G, Rozelle S. Hazards of expropriation: tenure insecurity and investment in rural China [J]. The American Economic Review, 2002, 92 (5): 1420 - 1447.

[65] James K K. Equal entitlement versus tenure security under a regime of collective property rights: peasants' preference for institutions in post - reform Chinese agriculture [J]. Journal of Comparative Economics, 1995, 21 (1): 82 - 111.

[66] Ji X, Qian Z, Zhang L, et al. Rural labor migration and households´land rental hehavior: evidence from China [J]. China & World Economy, 2018, 26 (1): 66 - 85.

[67] Jin S, Deininger K. Land rental markets in the process of rural structural transformation: Productivity and equity impacts from China [J]. Journal of Comparative Economics, 2009, 37 (4): 629 - 646.

[68] Jin S, Jayne T S. Land rental markets in Kenya: implications for efficiency, equity, household income, and poverty [J]. Land Economics, 2013, 89 (2): 246 - 271.

[69] Kevane M. Agrarian structure and agricultural practice: typology and application to western Sudan [J]. American Journal of Agricultural Economics, 1996, 78 (1): 236 - 245.

[70] Key N, Sadoulet E, Janvry A D. Transactions costs and agricultural household supply response [J]. American Journal of Agricultural Economics, 2000, 82 (2): 245 - 259.

[71] Kimura S, Otsuka K, Sonobe T, et al. Efficiency of land allocation through tenancy markets: evidence from China [J]. Economic Development and Cultural Change, 2011, 59 (3): 485 - 510.

[72] Klaus Deininger, Songging Jin, Scott Rozelle. Rural land and labor markets in the process of Economic Development: Evidence from China [R]. Working Paper, Washington DC: World Bank Research Department, 2004.

[73] Kung J K. Off-farm labor markets and the emergence of land rental markets in rural China [J]. Journal of Comparative Economics, 2002, 30 (2):

395 -414.

[74] Kung J K. The ' Meitan Puzzle' : origins and outcome of a land tenure system ahead of its time [R]. Working Paper, Social Sciences Division, Hong Kong University of Sciences and Technology, 1999.

[75] Lee L F, Trost R P. Estimation of some limited dependent variable models with application to housing demand [J]. Journal of Econometrics, 1978, 8 (3): 357 -382.

[76] Lewbel A. Using heteroscedasticity to identify and estimate mismeasured and endogenous regressor models [J]. Journal of Business & Economic Statistics, 2012, 30 (1): 67 -80.

[77] Li G, Rozelle S, Brandt L. Tenure, land rights, and farmer investment incentives in China [J]. Agricultural Economics, 1998, 19 (1): 63 -71.

[78] Li J, Yao Y. Egalitarian land distribution and labour migration in rural China [J]. Land Reform, Land Settlement and Cooperatives, 2002, (1): 80 -91.

[79] Liao P J, Wang Y C, Wang P, et al. Education and rural-urban migration: the role of Zhaosheng in China [R]. Working Paper, Chinese University of Hong Kong, 2014.

[80] Lin J Y, Cai F, Li Z. Competition, policy burdens, and state-owned enterprise reform [J]. The American Economic Review, 1998, 88 (2): 422 -427.

[81] Lin J Y. Endowments, technology, and factor markets: a natural experiment of induced institutional innovation from China's rural reform [J]. American Journal of Agricultural Economics, 1995, 77 (2): 231 -242.

[82] Lin J Y. Rural reforms and agricultural growth in China [J]. American Economic Review, 1992, 82 (1): 34 -51.

[83] Lohmar B, Zhang Z, Somwaru A. Land rental market development and agricultural production in China [C]. Annual Meeting of the American Agricultural Economics Association, August 5 -8, Chicago, 2001.

[84] Lokshin, M., Z. Sajaia. Maximum likelihood estimation of endogenous switching regression models [J]. Stata Journal, 2004, 4 (3): 282 -289.

[85] Long JS. Regression Models for Categorical and Limited Dependent Variables [M]. Thousand Oaks, Calif: Sage Publications, 1997.

[86] Ma X, Heerink N, Ierland E, et al. Land tenure insecurity and rural-urban migration in rural China [J]. Papers in Regional Science, 2016, 95 (2): 383 –406.

[87] Maddala G S. Limited-dependent and qualitative variables in econometrics [M]. Cambridge University Press, 1983.

[88] Mezger Kveder C, Beauchemin C. The Role of international migration experience for investment at home: direct, indirect, and equalising effects in Senegal [J]. Population, Space and Place, 2015, 21 (6): 535 –552.

[89] Min S, Waibel H, Huang J. Smallholder participation in the land rental market in a mountainous region of Southern China: Impact of population aging, land tenure security and ethnicity [J]. Land Use Policy, 2017, 68: 625 –637.

[90] Mullan K, Grosjean P, Kontoleon A. Land tenure arrangements and rural-urban migration in China [J]. World Development, 2011, 39 (1): 123 –133.

[91] Murray M P. Avoiding Invalid instruments and coping with weak instruments [J]. Journal of Economic Perspectives, 2006, 20 (4): 111 –132.

[92] Nawata K. Estimation of sample selection bias models by the maximum likelihood estimator and Heckman's two-step estimator [J]. Economics Letters, 1994, 45 (1): 33 –40.

[93] Nee V. The emergence of a market society: changing mechanisms of stratification in China [J]. American journal of sociology, 1996, 101 (4): 908 –949.

[94] Nelson F D. Efficiency of the two-step estimator for models with endogenous sample selection [J]. Journal of Econometrics, 1984, 24 (1 –2): 181 –196.

[95] North D C. Structure and change in economic history [M]. New York: Norton, 1981.

[96] Otsuka K, Hayami Y. Theories of share tenancy: A critical survey [J]. Economic Development and Cultural Change, 1988, 37 (1): 31 –68.

[97] Pant C. Tenancy and family resources: A model and some empirical analysis [J]. Journal of Development Economics, 1983, 12 (1/2): 27 -39.

[98] Papke L E, Wooldridge J M. Econometric methods for fractional response variables with an application to 401 (K) plan participation rates [J]. Journal of Applied Econometrics, 1996, 11 (6): 619 -632.

[99] Powell D. A new framework for estimation of quantile treatment effects: nonseparable disturbance in the presence of covariates [R]. RAND Working Paper Series No. WR -824 -1, 2013.

[100] Rahman S. Determinants of agricultural land rental market transactions in Bangladesh [J]. Land Use Policy, 2010, 27 (3): 957 -964.

[101] Restuccia D, Santaeulalia-Llopis R. Land misallocation and productivity [R]. NBER WorKing Paper, No. 23218, 2017.

[102] Roodman D. Estimating fully observed recursive mixed-process models with cmp [J]. The Stata Journal, 2011, 11 (2): 159 -206.

[103] Rosenbaum P. R., Rubin D. B. The central role of the propensity score in observational studies for causal effects [J]. Biometrika, 1983, 70 (1): 41 -55.

[104] Rosenzweig M R, Wolpin K I. Credit market constraints, consumption smoothing, and the accumulation of durable production assets in low-income countries: investments in bullocks in India [J]. Journal of Political Economy, 1993, 101 (2): 223 -244.

[105] Rozelle S, Guo L, Shen M, et al. Leaving China's farms: survey results of new paths and remaining hurdles to rural migration [J]. The China Quarterly, 1999, 158: 367 -393.

[106] Shahe Emran M, Shilpi F. General equilibrium effects of land market restrictions on labor market: evidence from wages in Sri Lanka [R]. Policy Research Working Paper Series 5461, World Bank, 2010.

[107] Skoufias E. Household resources, transaction costs, and adjustment through land tenancy [J]. Land Economics, 1995, 71 (1): 42 -56.

[108] Staiger D., Stock J. Instrumental variables regression with weak instruments [J]. Econometrica, 1997, 65 (3): 557 -586.

[109] Su B, Li Y, Li L, et al. How does nonfarm employment stability influence farmers´farmland transfer decisions? Implications for China's land use policy [J]. Land Use Policy, Forthcoming, 2017.

[110] Taylor T G, Shonkwiler J S. Alternative stochastic specifications of the frontier production function in the analysis of agricultural credit programs and technical efficiency [J]. Journal of Development Economics, 1986, 21 (1): 149 - 160.

[111] Teklu T, Lemi A. Factors affecting entry and intensity in informal rental land markets in Southern Ethiopian highlands [J]. Agricultural Economics, 2004, 30 (2): 117 - 128.

[112] Valsecchi M. Land property rights and international migration: evidence from Mexico [J]. Journal of Development Economics, 2014, (110): 276 - 290.

[113] Van den Broeck J, Koop G, Osiewalski J, et al. Stochastic frontier models: A Bayesian perspective [J]. Journal of Econometrics, 1994 (2).

[114] Vranken L, Swinnen J. Land rental markets in transition: theory and evidence from Hungary [J]. World Development, 2006, 34 (3): 481 - 500.

[115] Wang H, Riedinger J, Jin S. Land documents, tenure security and land rental development: Panel evidence from China [J]. China Economic Review, 2015, (36): 220 - 235.

[116] Winters P, Davis B, Carletto G, et al. Assets, activities and rural income generation: evidence from a multicountry analysis [J]. World Development, 2009, 37 (9): 1435 - 1452.

[117] Wooldridge, J. M. Econometric Analysis of Cross Section and Panel Data [M]. MIT Press, 2002.

[118] Y Che. Off-farm employments and land rental behavior: evidence from rural China [J]. China Agricultural Economic Review, 2016, 8 (1): 37 - 54.

[119] Yami M, Snyder K A. After all, land belongs to the state: examining the benefits of land registration for smallholders in Ethiopia [J]. Land Degradation & Development, 2016, 27 (3): 465 - 478.

[120] Yan W, Klein K K. Transfer of land use rights in China: results from a

survey of rural: households in 8 counties of Hebei province [J]. International Journal of Agricultural Science and Technology, 2013, 1 (3): 33 - 42.

[121] Yan X, Bauer S, Huo X. Farm size, land reallocation, and labour migration in rural China [J]. Population, Space and Place, 2014, 20 (4): 303 - 315.

[122] Yan X, Huo X. Drivers of household entry and intensity in land rental market in rural China: Evidence from North Henan Province [J]. China Agricultural Economic Review, 2016, 8 (2): 345 - 364.

[123] Yang D T. China's land arrangements and rural labor mobility [J]. China Economic Review, 1997, 8 (2): 101 - 115.

[124] Yao Y. The development of the land lease market in rural China [J]. Land Economics, 2000, 76 (2): 252 - 266.

[125] Yao, Y. Three essays on the implications of imperfect markets in rural China [M]. University of Wisconsin, Madison, Wisconsin, 1996.

[126] Zhang Q F, Qingguo M, Xu X. Development of land rental markets in rural Zhejiang: Growth of off-farm jobs and institution building [J]. The China Quarterly, 2004, (180): 1031 - 1049.

[127] Zhao, X. To reallocate or not? Optimal land institutions under communal tenure: evidence from China [R]. New Haven, Conn.: Campus Press, 2015.

[128] A. 科林·卡梅伦，普拉温·K. 特里维迪. 用 Stata 学微观计量经济学 [M]. 肖光恩，杨洋，王保双，等译. 重庆：重庆大学出版社，2015.

[129] A. 恰亚诺夫. 农民经济组织 [M]. 萧正洪译. 北京：中央编译出版社，1996.

[130] Brandt L，李果，黄季焜，等. 中国的土地使用权和转移权：现状评价 [J]. 经济学（季刊），2004a，3 (4)：951 - 982.

[131] Carter M，姚洋. 工业化、土地市场和农业投资 [J]. 经济学（季刊），2004，3 (4)：983 - 1002.

[132] 北京天则经济研究所《中国土地问题》课题组. 土地流转与农业现代化 [J]. 管理世界，2010，(7)：66 - 85.

[133] 蔡昉. 中国城市限制外地民工就业的政治经济学分析 [J]. 中国人

口科学，2000，(4)：1－10.

[134] 蔡洁，夏显力．农地确权真的可以促进农户农地流转吗？——基于关中—天水经济区调查数据的实证分析［J］．干旱区资源与环境，2017，31（7）：28－32.

[135] 陈丹，任远，戴严科．农地流转对农村劳动力乡城迁移意愿的影响［J］．中国农村经济，2017，(7)：56－71

[136] 陈飞，翟伟娟．农户行为视角下农地流转诱因及其福利效应研究［J］．经济研究，2015，(10)：163－177.

[137] 陈海磊，史清华，顾海英．农户土地流转是有效率的吗？——以山西为例［J］．中国农村经济，2014，(7)：61－71.

[138] 陈会广．农户兼业化与农村土地制度变迁——基于家庭内部分工的分析框架及政策含义［J］．甘肃行政学院学报，2009，(1)：4－20.

[139] 陈剑波．农地制度：所有权问题还是委托—代理问题？［J］．经济研究，2006，(7)：83－91.

[140] 陈珏宇，姚东旻，洪嘉聪．政府主导下的土地流转路径模型——一个动态博弈的视角［J］．经济评论，2012，(2)：5－15.

[141] 陈林，伍海军．国内双重差分法的研究现状与潜在问题［J］．数量经济技术经济研究，2015，32（7）：133－148.

[142] 陈强．高级计量经济学及 Stata 应用［M］．北京：高等教育出版社，2014.

[143] 陈胜祥．农民土地所有权认知与农地制度创新——基于 1995—2008 年实证研究文献的统计分析［J］．中国土地科学，2009，(11)：21－26.

[144] 陈卫平．农村产权改革对劳动迁移的影响［J］．经济学（季刊），2004，4（1）：163－190.

[145] 陈锡文．我国的农村改革与发展［J］．领导科学论坛，2017，(6)：3－15.

[146] 陈训波，武康平，贺炎林．农地流转对农户生产率的影响——基于 DEA 方法的实证分析［J］．农业技术经济，2011，(8)：65－71.

[147] 陈园园，安详生，凌日萍．土地流转对农民生产效率的影响分析——以晋西北地区为例［J］．干旱区资源与环境，2015，29（3）：45－49.

[148] 陈媛媛，傅伟．土地承包经营权流转、劳动力流动与农业生产［J］．管理世界，2017，(11)：79－93.

[149] 陈志刚，曲福田，王青，等．农地承包权配置对土地利用的影响——来自苏赣农村的经验［J］．农业技术经济，2007，(5)：66－74.

[150] 陈志刚，曲福田．农地产权制度的演变与耕地绩效——对转型期中国的实证分析［J］．财经研究，2003，(6)：25－30.

[151] 陈中伟，陈浩．农村劳动力转移与土地流转统筹发展分析［J］．中国人口科学，2013，(03)：46－53.

[152] 程令国，张晔，刘志彪．农地确权促进了中国农村土地的流转吗？［J］．管理世界，2016 (1)：88－98.

[153] 程名望，史清华，Jin Yanhong，等．农户收入差距及其根源：模型与实证［J］．管理世界，2015，(7)：17－28.

[154] 程名望，史清华，Jin Yanhong，等．市场化、政治身份及其收入效应——来自中国农户的证据［J］．管理世界，2016，(3)：46－59.

[155] 程名望，史清华，Jin Yanhong. 农户收入水平、结构及其影响因素——基于全国农村固定观察点微观数据的实证分析［J］．数量经济技术经济研究，2014，31 (5)：3－19.

[156] 程名望，史清华．个人特征、家庭特征与农村剩余劳动力转移——一个基于 Probit 模型的实证分析［J］．经济评论，2010，(4)：49－55.

[157] 党国英．当前中国农村土地制度改革的现状与问题［J］．华中师范大学学报（人文社会科学版），2005，44 (4)：8－18.

[158] 邓大才．承包土地流转的理论障碍与基础构建［J］．甘肃理论学刊，2001，(4)：42－44.

[159] 蒂莫西·J. 科埃利，D·S·普拉萨德·拉奥，克里斯托弗·J. 奥唐奈，等．效率与生产率分析引论［M］．王忠玉，译．北京：中国人民大学出版社，2008.

[160] 丁玲，钟涨宝．农村土地承包经营权确权对土地流转的影响研究——来自湖北省土地确权的实证［J］．农业现代化研究，2017，38 (3)：452－459.

[161] 都阳．影子工资率对农户劳动供给水平的影响——对贫困地区农户

劳动力配置的经验研究［J］. 中国农村观察，2000，(5)：36－42.

［162］杜润生．杜润生自述：中国农村体制变革重大决策纪实［M］. 北京：人民出版社，2005.

［163］杜鑫．劳动力转移、土地租赁与农业资本投入的联合决策分析［J］. 中国农村经济，2013，(10)：63－75.

［164］厄尔·O. 黑迪，约翰·L. 狄龙．农业生产函数［M］. 北京：农业出版社，1991.

［165］樊丽明，解垩．公共转移支付减少了贫困脆弱性吗？［J］. 经济研究，2014，(8)：67－78.

［166］房建恩．农村土地“三权分置”政策目标实现的经济法路径［J］. 中国土地科学，2017，31（1）：80－87.

［167］丰雷，蒋妍，叶剑平．诱致性制度变迁还是强制性制度变迁？——中国农村土地调整的制度演进及地区差异研究［J］. 经济研究，2013，(6)：4－18.

［168］弗兰克·艾利思著．农民经济学——农民家庭农业和农业发展［M］. 胡景北，译．上海：上海人民出版社，2006.

［169］付江涛，纪月清，胡浩．新一轮承包地确权登记颁证是否促进了农户的土地流转——来自江苏省3县（市、区）的经验证据［J］. 南京农业大学学报（社会科学版），2016，16（1）：105－113.

［170］付振奇，陈淑云．政治身份影响农户土地经营权流转意愿及行为吗？——基于28省份3305户农户调查数据的分析［J］. 中国农村观察，2017，(5)：130－144.

［171］盖庆恩，朱喜，程名望，等．土地资源配置不当与劳动生产率［J］. 经济研究，2017，52（5）：117－130.

［172］盖庆恩，朱喜，史清华．劳动力转移对中国农业生产的影响［J］. 经济学（季刊），2014，13（3）：1147－1170.

［173］高圣平，严之．从“长期稳定”到“长久不变”：土地承包经营权性质的再认识［J］. 云南大学学报（法学版），2009，(4)：34－39.

［174］高小贤．当代中国农村劳动力转移及农业女性化趋势［J］. 社会学研究，1994，(2)：83－90.

［175］郜亮亮，黄季焜，冀县卿．村级流转管制对农地流转的影响及其变

迁［J］. 中国农村经济，2014，(12)：18－29.

［176］龚启圣，刘守英. 农民对土地产权的意愿及其对新政策的反应［J］. 中国农村观察，1998，(2)：20－27.

［177］顾钰民，汪艳. "三权分置"：中国特色社会主义农村集体土地产权模式的创新［J］. 学习与实践，2017，(10)：41－48.

［178］郭继强，陈敏，费舒澜. 受雇农民工数量和工资的变化趋势研究［J］. 浙江大学学报（人文社会科学版），2014，44（6）：50－62.

［179］郭剑雄，李志俊. 劳动力选择性转移条件下的农业发展机制［J］. 经济研究，2009，(5)：31－41.

［180］郭君平，曲颂，夏英，等. 农村土地流转的收入分配效应［J］. 中国人口·资源与环境，2018，28（5）：160－169.

［181］郭申阳，马克·W. 弗雷泽. 倾向值分析：统计方法与应用［M］. 郭志刚，巫锡炜，译. 重庆：重庆大学出版社，2012.

［182］郭熙保，苏桂榕. 我国农地流转制度的演变、存在问题与改革的新思路［J］. 江西财经大学学报，2016，(1)：78－89.

［183］韩俊. 中国农村土地制度建设三题［J］. 管理世界，1999，(3)：184－195.

［184］何安华，孔祥智. 农户土地租赁与农业投资负债率的关系——基于三省（区）农户调查数据的经验分析［J］. 中国农村经济，2014（1）：13－24.

［185］何安华. 土地股份合作机制与合作稳定性——苏州合作农场与土地股份合作社的比较分析［J］. 中国农村观察，2015，(5)：51－61.

［186］何国俊，徐冲. 城郊农户土地流转意愿分析——基于北京郊区6村的实证研究［J］. 经济科学，2007，(5)：111－124.

［187］何军，李庆，张姝弛. 家庭性别分工与农业女性化——基于江苏408份样本家庭的实证分析［J］. 南京农业大学学报（社会科学版），2010（1）：50－56.

［188］何欣，蒋涛，郭良燕，等. 中国农地流转市场的发展与农户流转农地行为研究——基于2013～2015年29省的农户调查数据［J］. 管理世界，2016，(6)：79－89.

［189］贺铁英. 人口增长与土地调整的关系：一个理论推导［J］. 中国农

村观察，2004，(4)：31－36.

[190] 贺振华．农村土地流转的效率：现实与理论［J］．上海经济研究，2003，(3)：11－17.

[191] 贺振华．农户外出、土地流转与土地配置效率［J］．复旦学报（社会科学版），2006，(4)：95－103.

[192] 洪名勇．欠发达地区的农地流转分析——来自贵州省4个县的调查［J］．中国农村经济，2009，(8)：79－88.

[193] 洪炜杰，陈小知，胡新艳．劳动力转移规模对农户农地流转行为的影响——基于门槛值的验证分析［J］．农业技术经济，2016，(11)：14－23.

[194] 侯建昀，霍学喜．信贷可得性、融资规模与农户农地流转——以专业化生产农户为例［J］．中国农村观察，2016（6）：29－39.

[195] 侯建昀，霍学喜．专业化农户农地流转行为的实证分析——基于苹果种植户的微观证据［J］．南京农业大学学报（社会科学版），2016，16（2）：93－104.

[196] 胡翠，林发勤，唐宜红．基于"贸易引致学习"的出口获益研究［J］．经济研究，2015，50（3）：172－186.

[197] 胡家强，王静波．对我国农村土地承包经营权流转原则的探讨［J］．中国海洋大学学报（社会科学版），2008，(3)：73－76.

[198] 胡奇．土地流转对农村剩余劳动力数量影响的研究［J］．人口与经济，2012，(5)：102－108.

[199] 胡新艳，洪炜杰，王梦婷，等．中国农村三大要素市场发育的互动关联逻辑——基于农户多要素联合决策的分析［J］．中国人口·资源与环境，2017，27（11）：61－68.

[200] 胡新艳，罗必良，王晓海．村落地权的实践：公平理念与效率逻辑——以广东省茂名市浪山村为例［J］．中国农村观察，2013（3）：10－18.

[201] 胡新艳，罗必良．新一轮农地确权与促进流转：粤赣证据［J］．改革，2016，(4)：85－94.

[202] 胡新艳，杨晓莹，罗锦涛．确权与农地流转：理论分歧与研究启示［J］．财贸研究，2016，(2)：67－74.

[203] 黄枫，孙世龙．让市场配置农地资源：劳动力转移与农地使用权市场发育［J］．管理世界，2015，(7)：71－81.

[204] 黄季焜，冀县卿．农地使用权确权与农户对农地的长期投资［J］．管理世界，2012，(9)：76－81.

[205] 黄善林，卢新海，孙丹．土地因素对农户劳动力乡城永久转移意愿的影响研究——基于安徽省、湖北省602户农户调查［J］．中国地质大学学报（社会科学版），2013，13（3）：134－139.

[206] 黄善林，卢新海．土地制度对农村劳动力转移影响研究综述［J］．中国地质大学学报（社会科学版），2010，10（5）：22－27.

[207] 黄振华，杨明．农村土地确权政策的执行进展与绩效评估——基于全国303个村庄7476份问卷的分析［J］．河南师范大学学报（哲学社会科学版），2017，44（1）：141－146.

[208] 黄祖辉．发挥好“三大制度”的优势［C］．正当其时的合作社应怎样发展——研讨会观点摘编［J］．中国农民合作社，2012（1）：41－43.

[209] 霍雨佳，张良悦，程传兴．中国农村土地流转政策演变与未来展望［J］．农业展望，2015，11（11）：27－32.

[210] 吉登艳，马贤磊，石晓平．土地产权安全对土地投资的影响：一个文献综述［J］．南京农业大学学报（社会科学版），2014，14（3）：52－61.

[211] 季秀平．论土地承包经营权抵押制度的改革与完善［J］．南京社会科学，2009，(1)：116－120.

[212] 冀县卿，黄季焜．改革三十年农地使用权演变：国家政策与实际执行的对比分析［J］．农业经济问题，2013，(5)：27－32.

[213] 冀县卿，钱忠好，葛轶凡．交易费用、农地流转与新一轮农地制度改革——基于苏、桂、鄂、黑四省区农户调查数据的分析［J］．江海学刊，2015，(2)：83－89.

[214] 贾生华，田传浩，张宏斌．农地租赁市场与农业规模经营——基于江、浙、鲁地区农业经营大户的调查［J］．中国农村观察，2003，(1)：37－45.

[215] 姜法芹．农村土地流转中的政策目标分析［J］．农村经济，2010，

(11): 17 - 20.

[216] 蒋乃华，卞智勇．社会资本对农村劳动力非农就业的影响［J］．管理世界，2007，(12): 158 - 159.

[217] 金松青，Klaus Deininger. 中国农村土地租赁市场的发展及其在土地使用公平性和效率性上的含义［J］．经济学（季刊），2004，(3): 1003 - 1028.

[218] 孔祥智，刘同山，郑力文．土地流转中村委会的角色及其成因探析——基于鲁冀皖三省15个村庄的土地流转案例［J］．东岳论丛，2013，34（5）: 103 - 108.

[219] 孔祥智．中国农村土地制度：形成、演变与完善［J］．中国特色社会主义研究，2016，(4): 16 - 22.

[220] 冷智花，付畅俭，许先普．家庭收入结构、收入差距与土地流转——基于中国家庭追踪调查（CFPS）数据的微观分析［J］．经济评论，2015，(5): 111 - 128.

[221] 李承政，顾海英，史清华．农地配置扭曲与流转效率研究——基于1995 - 2007浙江样本的实证［J］．经济科学，2015，(3): 42 - 54.

[222] 李谷成，冯中朝，范丽霞．小农户真的更加具有效率吗？来自湖北省的经验证据［J］．经济学（季刊），2009，9（1）: 95 - 124.

[223] 李昊，李世平，南灵．中国农户土地流转意愿影响因素——基于29篇文献的Meta分析［J］．农业技术经济，2017，(7): 78 - 93.

[224] 李杰，张光宏．农村土地制度与城镇化进程：制度变迁下的历史分析［J］．农业技术经济，2013，(2): 104 - 111.

[225] 李菁，林毅夫，姚洋．信贷约束、土地和不发达地区农户子女教育投资［J］．中国人口科学，2002（06）: 12 - 28.

[226] 李静，赵海．农村劳动力非农就业决策——基于农户家庭调查的实证分析［J］．理论月刊，2011，(9): 177 - 181.

[227] 李力东．调整或确权：农村土地制度的公平与效率如何实现？——基于山东省L村的调查研究［J］．公共管理学报，2017，14（1）: 117 - 127.

[228] 李龙，宋月萍．农地流转对家庭化流动的影响——来自流出地的证据［J］．公共管理学报，2016，13（2）: 76 - 83.

[229] 李旻，赵连阁．农村劳动力流动对农业劳动力老龄化形成的影响——基于辽宁省的实证分析 [J]. 中国农村经济，2010，(9)：68－75.

[230] 李宁，何文剑，仇童伟，等．农地产权结构、生产要素效率与农业绩效 [J]. 管理世界，2017，(3)：44－62.

[231] 李庆海，李锐，王兆华．农户土地租赁行为及其福利效果 [J]. 经济学（季刊），2011，(1)：269－288.

[232] 李实，魏众，丁赛．中国居民财产分布不均等及其原因的经验分析 [J]. 经济研究，2005，(6)：4－15.

[233] 李实，朱梦冰，詹鹏．中国社会保障制度的收入再分配效应 [J]. 社会保障评论，2017，1（4）：3－20.

[234] 李实．对基尼系数估算与分解的进一步说明——对陈宗胜教授评论的再答复 [J]. 经济研究，2002，(5)：84－87.

[235] 李停．农地产权对劳动力迁移模式的影响机理及实证检验 [J]. 中国土地科学，2016，30（11）：13－21.

[236] 李学永．农民土地权利流转制度研究——兼评《物权法》的用益物权制度 [J]. 政法论丛，2008，(2)：37－41.

[237] 李雪松，詹姆斯·赫克曼．选择偏差、比较优势与教育的异质性回报：基于中国微观数据的实证研究 [J]. 经济研究，2004，(4)：91－99

[238] 李中．农村土地流转与农民收入——基于湖南邵阳市跟踪调研数据的研究 [J]. 经济地理，2013，33（5）：144－149.

[239] 梁玉成．社会资本和社会网无用吗？ [J]. 社会学研究，2010，25（5）：50－82.

[240] 廖洪乐．农户兼业及其对农地承包经营权流转的影响 [J]. 管理世界，2012，(5)：62－70.

[241] 林善浪，王健，张锋．劳动力转移行为对土地流转意愿影响的实证研究 [J]. 中国土地科学，2010，24（2）：19－23.

[242] 林文声，秦明，苏毅清，等．新一轮农地确权何以影响农地流转？——来自中国健康与养老追踪调查的证据 [J]. 中国农村经济，2017，(7)：29－43.

[243] 林文声．新一轮农地确权何以影响农地流转？——来自中国健康与养老追踪调查的证据 [J]. 中国农村经济，2017，(7)：29－43.

[244] 林毅夫．制度、技术与中国农业发展 [M]．上海：上海三联书店、上海人民出版社，2005．

[245] 刘承芳，何雨轩，罗仁福，等．农户认知和农地产权安全性对农地流转的影响 [J]．经济经纬，2017，34 (2)：31－36．

[246] 刘承芳，张林秀，樊胜根．农户农业生产性投资影响因素研究——对江苏省六个县市的实证分析 [J]．中国农村观察，2002，(4)：34－42．

[247] 刘芬华．是何因素阻碍了中国农地流转——基于调研结果及相关观点的解析 [J]．经济学家，2011，(2)：83－92．

[248] 刘俊杰，张龙耀，王梦珺，等．农村土地产权制度改革对农民收入的影响——来自山东枣庄的初步证据 [J]．农业经济问题，2015，36 (6)：51－58．

[249] 刘克春，林坚．农地承包经营权市场流转与行政性调整：理论与实证分析——基于农户层面和江西省实证研究 [J]．数量经济技术经济研究，2005，22 (11)：99－111．

[250] 刘克春，苏为华．农户资源禀赋、交易费用与农户农地使用权流转行为——基于江西省农户调查 [J]．统计研究，2006，(5)：73－77．

[251] 刘守英．土地制度与农民权利 [J]．中国土地科学，2000，(3)：1－9．

[252] 刘守英．中国的农业转型与政策选择 [J]．行政管理改革，2013，(12)：27－31．

[253] 刘涛，曲福田，金晶，等．土地细碎化、土地流转对农户土地利用效率的影响 [J]．资源科学，2008，30 (10)：1511－1516．

[254] 刘晓宇，张林秀．农村土地产权稳定性与劳动力转移关系分析 [J]．中国农村经济，2008，(2)：29－39．

[255] 刘晓昀，Terry Sicular，辛贤．中国农村劳动力非农就业的性别差异 [J]．经济学（季刊），2003，(2)：711－720．

[256] 刘秀梅，亢霞．农户家庭劳动时间配置行为分析 [J]．中国农村观察，2004 (2)：46－52．

[257] 刘远风．农户土地流转的收入效应分析 [J]．西北农林科技大学学报（社会科学版），2016，16 (3)：17－25．

[258] 刘云生，吴昭军．政策文本中的农地三权分置：路径审视与法权建构 [J]．农业经济问题，2017，(6)：12－22．

[259] 刘子兰. 中国农村养老社会保险制度反思与重构 [J]. 管理世界, 2003, (8): 46-56.

[260] 柳凌韵, 周宏. 正规金融约束、规模农地流入与农机长期投资——基于水稻种植规模农户的数据调查 [J]. 农业经济问题, 2017, (9): 65-76.

[261] 楼建波. 农户承包经营的农地流转的三权分置——一个功能主义的分析路径 [J]. 南开学报 (哲学社会科学版), 2016, (4): 53-69.

[262] 陆铭, 张爽. 劳动力流动对中国农村公共信任的影响 [J]. 世界经济文汇, 2008, (4): 77-87.

[263] 陆文聪, 吴连翠. 兼业农民的非农就业行为及其性别差异 [J]. 中国农村经济, 2011, 6: 54-62.

[264] 罗必良, 胡新艳. 中国农业经营制度: 挑战、转型与创新——长江学者、华南农业大学博士生导师罗必良教授访谈 [J]. 社会科学家, 2015, (5): 3-6.

[265] 罗必良. 科斯定理: 反思与拓展——兼论中国农地流转制度改革与选择 [J]. 经济研究, 2017, (11): 178-193.

[266] 罗必良. 农地流转的市场逻辑"产权强度—禀赋效应—交易装置"的分析线索及案例研究 [J]. 南方经济, 2014, (5): 1-24.

[267] 罗必良. 农地确权、交易含义与农业经营方式转型——科斯定理拓展与案例研究 [J]. 中国农村经济, 2016, (11): 2-16.

[268] 罗楚亮. 农村贫困的动态变化 [J]. 经济研究, 2010, 45 (05): 123-138.

[269] 罗迈钦. 我国农地流转瓶颈及其破解——基于湖南省225792农户家庭土地流转情况的调查分析 [J]. 求索, 2014, (6): 77-80.

[270] 罗明忠, 刘恺, 朱文珏. 确权减少了农地抛荒吗——源自川、豫、晋三省农户问卷调查的PSM实证分析 [J]. 农业技术经济, 2017, (2): 15-27.

[271] 罗思高, 黄季焜, 大塚启二郎. 中国农业的发展动力: 生物技术进步、市场化和土地租赁 [J]. 华中师范大学学报 (人文社会科学版), 2006, (1): 16-29.

[272] 罗晓东. "三农"问题分而治之——从方法论的角度探究可操作性

政策 [J]. 农业经济问题, 2005, (3): 35 - 39.

[273] 罗玉辉, 林龙飞, 侯亚景. 集体所有制下中国农村土地流转模式的新设想 [J]. 中国农村观察, 2016, (4): 84 - 93.

[274] 骆永民, 樊丽明. 土地: 农民增收的保障还是阻碍? [J]. 经济研究, 2015, 50 (8): 146 - 161.

[275] 马敬桂, 樊帆, 韦鸿. 农村土地确权情况调查 [J]. 经济纵横, 2016, (4): 66 - 69.

[276] 马瑞, 柳海燕, 徐志刚. 农地流转滞缓: 经济激励不足还是外部市场条件约束? ——对4省600户农户2005～2008年期间农地转入行为的分析 [J]. 中国农村经济, 2011, (11): 36 - 48.

[277] 马晓河, 崔红志. 建立土地流转制度　促进区域农业生产规模化经营 [J]. 管理世界, 2002, (11): 63 - 77.

[278] 冒佩华, 徐骥, 贺小丹, 等. 农地经营权流转与农民劳动生产率提高: 理论与实证 [J]. 经济研究, 2015, (11): 161 - 176.

[279] 冒佩华, 徐骥. 农地制度、土地经营权流转与农民收入增长 [J]. 管理世界, 2015, (5): 63 - 74.

[280] 聂建亮, 钟涨宝. 保障功能替代与农民对农地转出的响应 [J]. 中国人口·资源与环境, 2015, 25 (1): 103 - 111.

[281] "农村土地问题立法研究"课题组. 农村土地法律制度运行的现实考察——对我国10个省调查的总报告 [J]. 法商研究, 2010, 27 (1): 119 - 131.

[282] 农业部农村合作经济研究课题组. 1990: 中国农村土地承包经营制度及合作组织运行考察 [J]. 农业经济问题, 1991, (8): 33 - 40.

[283] 农业部农村合作经济研究课题组. 中国农村土地承包经营制度及合作组织运行考察 [J]. 农业经济问题, 1993, (11): 45 - 53.

[284] 农业部农村合作经济研究课题组. 中国农村土地承包经营制度及合作组织运行考察 [J]. 农业经济问题, 1996, (2): 38 - 43.

[285] 彭代彦, 吴扬杰. 农地集中与农民增收关系的实证检验 [J]. 中国农村经济, 2009, (4): 17 - 22.

[286] 戚焦耳, 郭贯成, 陈永生. 农地流转对农业生产效率的影响研究——基于DEA-Tobit模型的分析 [J]. 资源科学, 2015, 37 (9): 1816 - 1824.

[287] 钱龙，洪名勇．非农就业、土地流转与农业生产效率变化——基于CFPS的实证分析［J］．中国农村经济，2016，(12)：2-16.

[288] 钱龙，钱文荣．社会资本影响农户土地流转行为吗？——基于CFPS的实证检验［J］．南京农业大学学报（社会科学版），2017，17(5)：88-99.

[289] 钱文荣．农地市场化流转中的政府功能探析——基于浙江省海宁、奉化两市农户行为的实证研究［J］．浙江大学学报（人文社会科学版），2003，(5)：155-161.

[290] 钱忠好，冀县卿．中国农地流转现状及其政策改进——基于江苏、广西、湖北、黑龙江四省（区）调查数据的分析［J］．管理世界，2016，(2)：71-81

[291] 钱忠好，王兴稳．农地流转何以促进农户收入增加——基于苏、桂、鄂、黑四省（区）农户调查数据的实证分析［J］．中国农村经济，2016，(10)：39-50.

[292] 钱忠好．非农就业是否必然导致农地流转——基于家庭内部分工的理论分析及其对中国农户兼业化的解释［J］．中国农村经济，2008，(10)：13-21.

[293] 钱忠好．农村土地承包经营权产权残缺与市场流转困境：理论与政策分析［J］．管理世界，2002，(6)：35-45.

[294] 钱忠好．农地承包经营权市场流转：理论与实证分析——基于农户层面的经济分析［J］．经济研究，2003a，(2)：83-91.

[295] 钱忠好．农地承包经营权市场流转的困境与乡村干部行为——对乡村干部行为的分析［J］．中国农村观察，2003b，(2)：10-13.

[296] 钱忠好．中国农村土地制度变迁和创新研究［M］．北京：中国农业出版社，1999.

[297] 乔舒亚·安格里斯特，约恩—斯特芬·皮施克．基本无害的计量经济学［M］．郎金焕，李井奎，译．上海：格致出版社，2012.

[298] 秦晖．关于基尼系数与社会分化问题——与张曙光先生商榷［J］．社会学研究，2000，(5)：121-125.

[299] 仇童伟．农地产权、要素配置与家庭农业收入［J］．华南农业大学学报（社会科学版），2017，16（4）：11-24.

[300] 曲福田，陈海秋，杨学成．经济发达地区农村土地30年使用权政策的调查研究——以江苏省为例［J］．农业经济问题，2001，(4)：17-25.

[301] 史常亮，栾江，朱俊峰，等．土地流转对农户收入增长及收入差距的影响——基于8省农户调查数据的实证分析［J］．经济评论，2017a，(5)：152-166.

[302] 史常亮，栾江，朱俊峰．土地经营权流转、耕地配置与农民收入增长［J］．南方经济，2017b，(10)：36-58.

[303] 史常亮，栾江，朱俊峰．土地流转促进了农地资源的优化配置吗？——基于8省858个农户样本的经验分析［J］．西北工业大学学报（社会科学版），2016，36（4）：20-29.

[304] 史常亮．农户土地流转收入效应的异质性分析［J］．学习与实践，2019，(3)：37-46.

[305] 史清华，贾生华．农户家庭农地流转及形成根源——以东部沿海苏鲁浙三省为例［J］．中国经济问题，2003，(5)：41-54.

[306] 史清华，贾生华．农户家庭农地要素流动趋势及其根源比较［J］．管理世界，2002，(1)：71-77.

[307] 宋伟．农地流转的效率与供求分析［J］．农村经济，2006，(4)：34-38.

[308] 速水佑次郎，弗农·拉坦著．农业发展的国际分析［M］．郭熙保，译．北京：中国社会科学出版社，2001.

[309] 孙德超，曹志立．农地三权分置改革的理论内涵与价值意蕴［J］．经济问题，2018，(1)：1-7.

[310] 唐茂华，黄少安．农地制度、劳动力迁移决策及其工资变动——基于“收入补充论”的分析框架［J］．制度经济学研究，2009，(3)：1-19.

[311] 陶婧．农村土地流转市场发展与收入分配——来自中国农村的证据［D］．北京：北京大学硕士学位论文，2009.

[312] 陶然，童菊儿，汪晖，等．二轮承包后的中国农村土地行政性调整——典型事实、农民反应与政策含义［J］．中国农村经济，2009，(10)：12-20.

[313] 陶然，徐志刚．城市化、农地制度与迁移人口社会保障——一个转轨

中发展的大国视角与政策选择 [J]. 经济研究, 2005, (12): 45 - 56.

[314] 田传浩, 方丽. 土地调整与农地租赁市场: 基于数量和质量的双重视角 [J]. 经济研究, 2013, 48, (2): 110 - 121.

[315] 田传浩, 贾生华. 农地市场对土地使用权配置影响的实证研究——基于苏、浙、鲁 1083 个农户的调查 [J]. 中国农村经济, 2003, (10): 24 - 30.

[316] 田传浩, 贾生华. 农地市场发育、耕地配置与反贫困——基于苏浙鲁村庄的经验 [A]. 中国土地学会编. 2008 年中国土地学会学术年会论文集 [C]. 北京: 中国土地学会, 2008.

[317] 田传浩, 贾生华. 农地制度、地权稳定性与农地使用权市场发育: 理论与来自苏浙鲁的经验 [J]. 经济研究, 2004, (1): 112 - 119.

[318] 田传浩, 李明坤. 土地市场发育对劳动力非农就业的影响: 基于浙、鄂、陕的经验 [J]. 农业技术经济, 2014, (8): 11 - 24.

[319] 田欧南, 韩星焕, 郭庆海. 吉林省农村土地不同流入主体流转行为影响因素的实证分析 [J]. 吉林农业大学学报, 2012, 34 (5): 584 - 590.

[320] 田先红, 陈玲. "阶层地权": 农村地权配置的一个分析框架 [J]. 管理世界, 2013, (9): 69 - 88.

[321] 田旭, 王善高. 中国粮食生产环境效率及其影响因素分析 [J]. 资源科学, 2016, 38 (11): 2106 - 2116.

[322] 万广华, 周章跃, 陆迁. 中国农村收入不平等: 运用农户数据的回归分解 [J]. 中国农村经济, 2005, (5): 4 - 11.

[323] 王春超. 农村土地流转、劳动力资源配置与农民收入增长: 基于中国 17 省份农户调查的实证研究 [J]. 农业技术经济, 2011, (1): 93 - 101.

[324] 王晓兵, 侯麟科, 张砚杰, 等. 中国农村土地流转市场发育及其对农业生产的影响 [J]. 农业技术经济, 2011, (10): 40 - 45.

[325] 王亚辉, 李秀彬, 辛良杰. 农业劳动力年龄对土地流转的影响研究——来自 CHIP2013 的数据 [J]. 资源科学, 2017, 39 (8): 1457 - 1468.

[326] 王亚楠, 纪月清, 徐志刚, 等. 有偿 VS 无偿: 产权风险下农地附加价值与农户转包方式选择 [J]. 管理世界, 2015, (11): 87 - 94.

[327] 王银梅. 中国社会化小农与农村土地流转 [J]. 农业经济问题,

2010, 31 (5): 45 - 50.

[328] 王银梅，刘语潇．从社会保障角度看我国农村土地流转 [J]. 宏观经济研究，2009，(11): 40 - 45.

[329] 王子成．劳动力外出对农户生产经营活动的影响效应研究——迁移异质性视角 [J]. 世界经济文汇，2015，(2): 74 - 90.

[330] 王子成．外出务工、汇款对农户家庭收入的影响——来自中国综合社会调查的证据 [J]. 中国农村经济，2012 (4): 4 - 14.

[331] 魏后凯，刘同山．论中国农村全面转型——挑战及应对 [J]. 政治经济学评论，2017，8 (5): 84 - 116.

[332] 文华成．中国农业劳动力女性化：程度、成因与影响——基于历史宏观截面数据的验证 [J]. 人口学刊，2014，36 (4): 64 - 73.

[333] 吴鸾莺，李力行，姚洋．农业税费改革对土地流转的影响——基于状态转换模型的理论和实证分析 [J]. 中国农村经济，2014，(7): 48 - 60.

[334] 伍德里奇．横截面与面板数据的经济计量分析 [J]. 王忠玉，译．北京：中国人民大学出版社，2007.

[335] 肖龙铎，张兵．土地流转与农户内部收入差距扩大——基于江苏 39 个村 725 户农户的调查分析 [J]. 财经论丛，2017，(9): 10 - 18.

[336] 肖卫东，梁春梅．农村土地“三权分置”的内涵、基本要义及权利关系 [J]. 中国农村经济，2016，(11): 17 - 29.

[337] 谢冬水．农地转让权，劳动力迁移与城乡收入差距 [J]. 中国经济问题，2014，(1): 49 - 59.

[338] 辛宝英．农业转移人口市民化成本障碍及其对策研究——以农村土地流转为视角 [J]. 马克思主义与现实，2017，(6): 32 - 37.

[339] 徐旭，蒋文华，应风其．农地产权：农民的认知与意愿——对浙江农户的调查 [J]. 中国农村经济，2002，(12): 36 - 43.

[340] 徐志刚，宁可，朱哲毅，等．市场化改革、要素流动与我国农村内部收入差距变化 [J]. 中国软科学，2017，(9): 38 - 49.

[341] 许庆，刘进，钱有飞．劳动力流动、农地确权与农地流转 [J]. 农业技术经济，2017，(5): 4 - 16.

[342] 许庆，田士超，徐志刚，等．农地制度、土地细碎化与农民收入不平

等［J］. 经济研究，2008，(02)：83－92.

［343］许庆，尹荣梁，章辉. 规模经济、规模报酬与农业适度规模经营——基于我国粮食生产的实证研究［J］. 经济研究，2011，46（3）：59－71.

［344］许庆. 家庭联产承包责任制的变迁、特点及改革方向［J］. 世界经济文汇，2008，(1)：93－100.

［345］许泉，张龙耀，吴比. 信贷市场对农地流转市场发育的影响［J］. 华南农业大学学报（社会科学版），2016，4：19－30.

［346］徐卫. 土地承包经营权集合信托模式的构建逻辑与制度设计——契合土地流转目标的一种路径［J］. 暨南学报（哲学社会科学版），2015，37（2）：50－59.

［347］薛凤蕊，乔光华，苏日娜. 土地流转对农民收益的效果评价——基于DID模型分析［J］. 中国农村观察，2011（2）：36－42.

［348］闫小欢，霍学喜. 农民就业、农村社会保障和土地流转——基于河南省479个农户调查的分析［J］. 农业技术经济，2013，(7)：34－44.

［349］杨丹，高汉. 信贷市场与农地使用权流转——基于双变量Probit模型的实证分析［J］. 世界经济文汇，2012，(2)：60－73.

［350］杨进，陈志钢. 劳动力价格上涨和老龄化对农村土地租赁的影响［J］. 中国农村经济，2016，(5)：71－83.

［351］杨素红. 专业匹配能带来工资溢价吗——基于江苏高校毕业生就业选择的内生处理效应估计［J］. 北京大学教育评论，2018，16（4）：79－104.

［352］杨学成，曾启. 试论农村土地流转的市场化［J］. 中国社会科学，1994，(4)：16－22.

［353］杨学成，赵瑞莹，岳书铭. 农村土地关系思考——基于1995～2008年三次山东农户调查［J］. 管理世界，2008（7）：53－61.

［354］杨子，马贤磊，诸培新，等. 土地流转与农民收入变化研究［J］. 中国人口·资源与环境，2017，27（5）：111－120.

［355］姚洋. 非农就业结构与土地租赁市场的发育［J］. 中国农村观察，1999，(2)：16－22.

［356］姚洋. 农地制度与农业绩效的实证研究［J］. 中国农村观察，1998，

(6): 3 – 12.

[357] 姚洋. 中国农地制度：一个分析框架 [J]. 中国社会科学, 2000, (2): 54 – 65.

[358] 姚洋. 自由公正与制度变迁 [M]. 郑州: 河南人民出版社, 2002.

[359] 姚洋. 土地、制度和农业发展 [M]. 北京: 北京大学出版社, 2004.

[360] 叶剑平, 丰雷, 蒋妍, 等. 2008 年中国农村土地使用权调查研究——17 省份调查结果及政策建议 [J]. 管理世界, 2010, (1): 64 – 73.

[361] 叶剑平, 蒋妍, 罗伊·普罗斯特曼, 等. 2005 年中国农村土地使用权调查研究——17 省调查结果及政策建议 [J]. 管理世界, 2006, (7): 77 – 84.

[362] 叶剑平, 罗伊·普罗斯特曼, 徐孝白, 等. 中国农村土地农户 30 年使用权调查研究——17 省调查结果及政策建议 [J]. 管理世界, 2000, (2): 163 – 172.

[363] 叶剑平, 田晨光. 中国农村土地权利状况: 合约结构、制度变迁与政策优化——基于中国 17 省 1956 位农民的调查数据分析 [J]. 华中师范大学学报（人文社会科学版）, 2013, 52 (1): 38 – 46.

[364] 叶敬忠, 吴惠芳, 许惠娇, 等. 土地流转的迷思与现实 [J]. 开放时代, 2016, (5): 76 – 91.

[365] 俞海, 黄季焜, Scott Rozelle, 等. 地权稳定性、土地流转与农地资源持续利用 [J]. 经济研究, 2003, (9): 82 – 91.

[366] 张凤华. 新农村建设背景下的农村女性民主参与 [J]. 江海学刊, 2008, (3): 124 – 128.

[367] 张红宇. 中国农村土地产权政策: 持续创新——对农地使用制度变革的重新评判 [J]. 管理世界, 1998, (6): 168 – 177.

[368] 张红宇. 中国农地调整与使用权流转: 几点评论 [J]. 管理世界, 2002, (5): 76 – 87.

[369] 张建, 诸培新, 王敏. 政府干预农地流转: 农户收入及资源配置效率 [J]. 中国人口·资源与环境, 2016, 26 (6): 75 – 83.

[370] 张锦华, 刘进, 许庆. 新型农村合作医疗制度、土地流转与农地滞留 [J]. 管理世界, 2016, (1): 99 – 109.

[371] 张璟, 程郁, 郑风田. 市场化进程中农户兼业对其土地转出选择的

影响研究 [J]. 中国软科学, 2016, (3): 1-12.

[372] 张良悦. 农业发展的目标性、制度变迁的规范性与农地流转的工具性——对经济新常态下农地流转与现代农业发展的认识 [J]. 河北经贸大学学报, 2016, 37 (2): 91-98.

[373] 张良悦, 刘东. 农村劳动力转移与土地保障权转让及土地的有效利用 [J]. 中国人口科学, 2008, (2): 72-79.

[374] 张路雄. 我国耕地制度存在的问题及政策选择 [J]. 红旗文稿, 2009, (6): 9-12.

[375] 张曙光, 程炼. 复杂产权论和有效产权论——中国地权变迁的一个分析框架 [J]. 经济学 (季刊), 2012, 11 (4): 1219-1238.

[376] 张务伟, 张福明, 杨学成. 农业富余劳动力转移程度与其土地处置方式的关系——基于山东省2421位农业转移劳动力调查资料的分析 [J]. 中国农村经济, 2009, (3): 85-90.

[377] 张永丽, 章忠明. 风险与不确定性对农户劳动力资源配置的影响——基于西部地区8个样本村的实证分析 [J]. 华南农业大学学报 (社会科学版), 2010, 9 (4): 11-19.

[378] 张照新. 中国农村土地流转市场发展及其方式 [J]. 中国农村经济, 2002, (2): 19-24.

[379] 张宗毅, 杜志雄. 土地流转一定会导致"非粮化"吗? ——基于全国1740个种植业家庭农场监测数据的实证分析 [J]. 经济学动态, 2015, (9): 63-69.

[380] 章奇, 米建伟, 梁勤. 要素禀赋、政策性干预与90年代中国农村土地租赁市场中的配给现象——一个基于局部可观测模型的估计 [J]. 世界经济文汇, 2007, (3): 1-15.

[381] 赵峰, 黄寿海. 农村土地承包经营权流转碎片化及其整体性治理 [J]. 宏观经济研究, 2016, (1): 13-19.

[382] 赵光, 李放. 养老保险对土地流转促进作用的实证分析 [J]. 中国人口·资源与环境, 2014, 24 (9): 118-128.

[383] 赵剑治, 陆铭. 关系对农村收入差距的贡献及其地区差异——一项基于回归的分解分析 [J]. 经济学 (季刊), 2010, 9 (1): 363-390.

[384] 赵西亮. 基本有用的计量经济学 [M]. 北京: 北京大学出版

社，2017.

[385] 赵阳．城镇化背景下的农地产权制度及相关问题［J］．经济社会体制比较，2011，(2)：20－25.

[386] 郑晶，孙良媛．广东耕地资源配置效益的变化及评价［J］．华南农业大学学报（社会科学版），2009，8（1）：33－39.

[387] 郑志浩，高杨．中央“不得调地”政策：农民的态度与村庄的土地调整决策——基于对黑龙江、安徽、山东、四川、陕西5省农户的调查［J］．中国农村观察，2017，(4)：72－86.

[388] 钟甫宁，纪月清．土地产权、非农就业机会与农户农业生产投资［J］．经济研究，2009，(12)：43－51.

[389] 钟士宇，游达明，李中，等．农村土地流转与社会保障、就业水平：理论与实证［J］．系统工程，2014，32（7）：108－114.

[390] 钟文晶，罗必良．禀赋效应、产权强度与农地流转抑制——基于广东省的实证分析［J］．农业经济问题，2013，34（3）：6－16.

[391] 周瑾，李逸波，张亮．我国新型职业农民培育的阶段性探索与成效［J］．河北农业大学学报（农林教育版），2015，17（2）：118－122.

[392] 周文，赵方，杨飞，等．土地流转、户籍制度改革与中国城市化：理论与模拟［J］．经济研究，2017，(6)：183－197.

[393] 周振，伍振军，孔祥智．中国农村资金净流出的机理、规模与趋势：1978～2012年［J］．管理世界，2015，(1)：63－74.

[394] 朱建军，郭霞，常向阳．农地流转对土地生产率影响的对比分析［J］．农业技术经济，2011，(04)：78－84.

[395] 朱建军，舒帮荣．农地经营权配置对农户收入影响的实证分析［J］．南京农业大学学报（社会科学版），2012，12（2）：77－82.

[396] 朱平芳，邸俊鹏．无条件分位数处理效应方法及其应用［J］．数量经济技术经济研究，2017，34（2）：139－155.

[397] 朱诗娥，杨汝岱，吴比．中国农村家庭收入流动：1986－2017年［J］．管理世界，2018，(10)：63－72.

[398] 朱文珏，罗必良．行为能力、要素匹配与规模农户生成——基于全国农户抽样调查的实证分析［J］．学术研究，2016，(8)：83－92.

[399] 朱喜，史清华，盖庆恩．要素配置扭曲与农业全要素生产率［J］．

经济研究，2011，46（5）：86－98.

［400］诸培新，杨子，饶芳萍．家庭生命周期对土地规模经营的影响研究［J］．中国人口科学，2017，（6）：43－53.

［401］邹宝玲，仇童伟，罗必良，等．农地福利保障如何影响农地转出——基于制度保障与社区保障调节效应的分析［J］．上海财经大学学报，2017，19（3）：68－80.

［402］邹朝晖，宋戈，陈藜藜．黑龙江省粮食主产区土地流转对土地生产率影响效果的实证研究［J］．经济地理，2017，37（4）：176－181.

图书在版编目（CIP）数据

土地经营权流转、资源配置与农户收入增长 / 史常亮著. -- 北京：社会科学文献出版社，2021.8

ISBN 978 - 7 - 5201 - 7359 - 9

Ⅰ.①土… Ⅱ.①史… Ⅲ.①农业用地 - 土地经营 - 土地流转 - 研究 - 中国②农村 - 家庭 - 资源配置 - 研究 - 中国③农户 - 收入增长 - 研究 - 中国 Ⅳ.①F321.1 ②F323.8③F126.2

中国版本图书馆 CIP 数据核字（2020）第 179818 号

土地经营权流转、资源配置与农户收入增长

著　　者 / 史常亮

出 版 人 / 王利民
责任编辑 / 隋嘉滨

出　　版 / 社会科学文献出版社 · 群学出版分社（010）59366453
地址：北京市北三环中路甲 29 号院华龙大厦　邮编：100029
网址：www.ssap.com.cn
发　　行 / 市场营销中心（010）59367081　59367083
印　　装 / 三河市尚艺印装有限公司

规　　格 / 开 本：787mm × 1092mm　1/16
印 张：13.75　字 数：226 千字
版　　次 / 2021 年 8 月第 1 版　2021 年 8 月第 1 次印刷
书　　号 / ISBN 978 - 7 - 5201 - 7359 - 9
定　　价 / 89.00 元